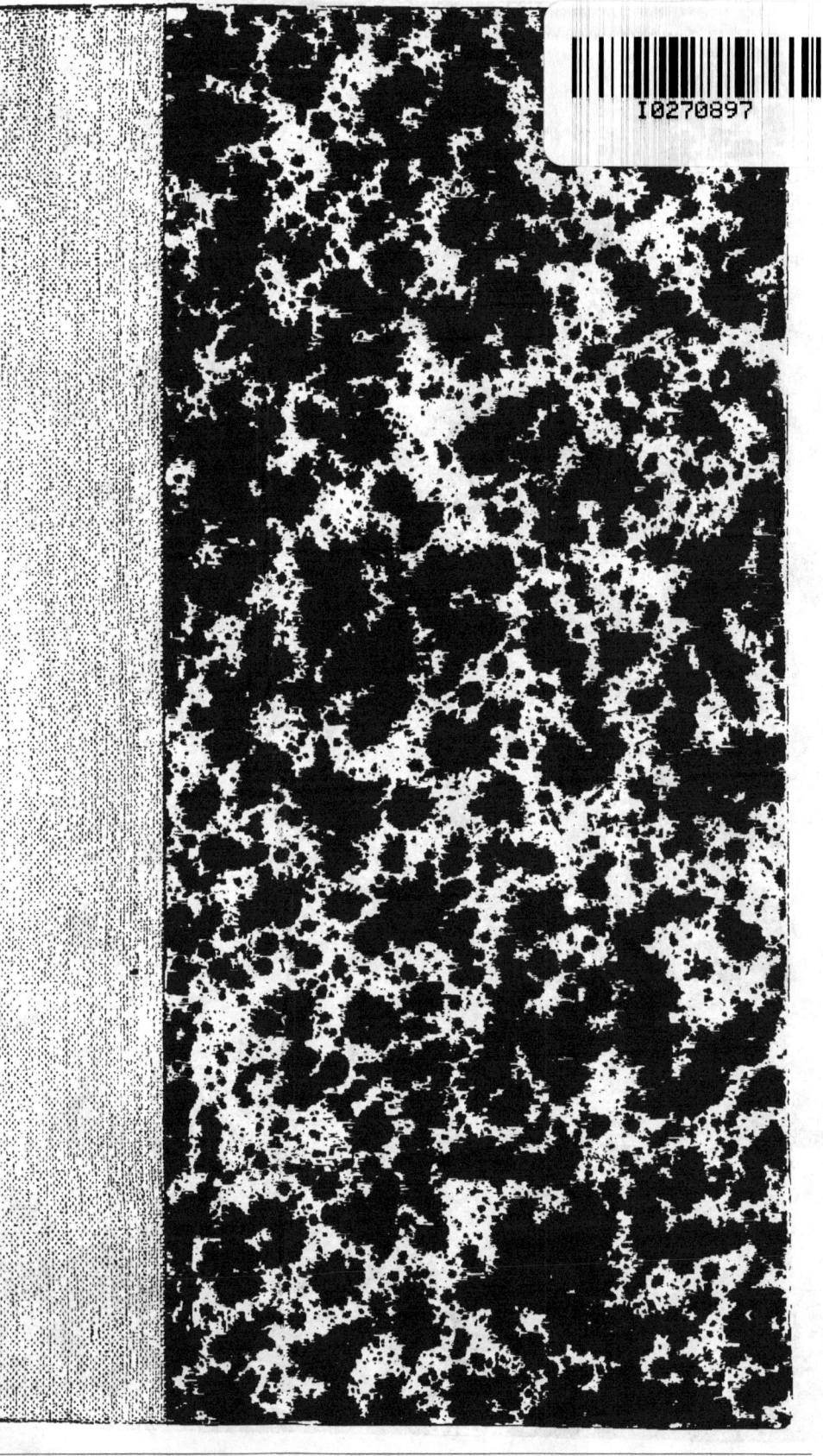

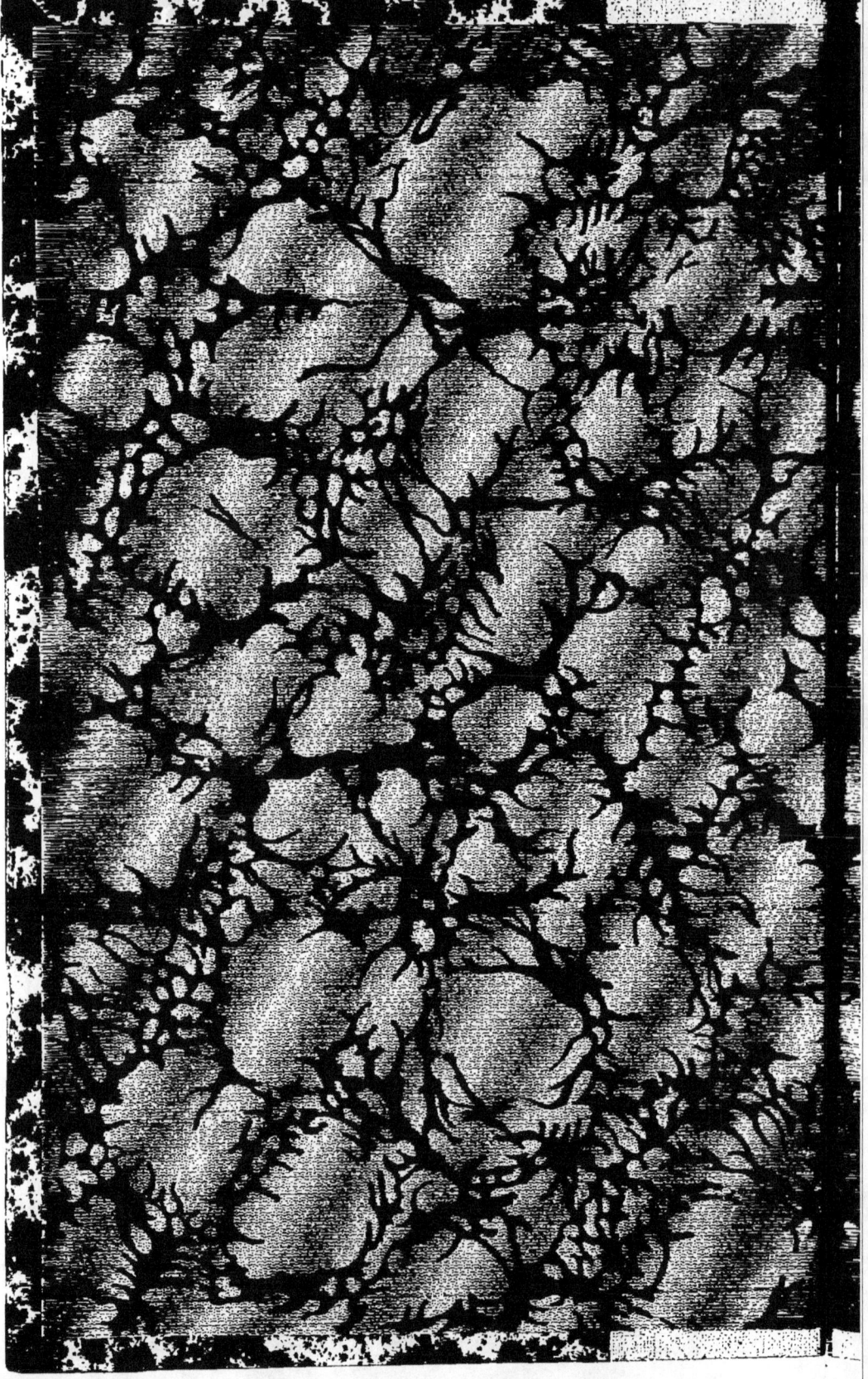

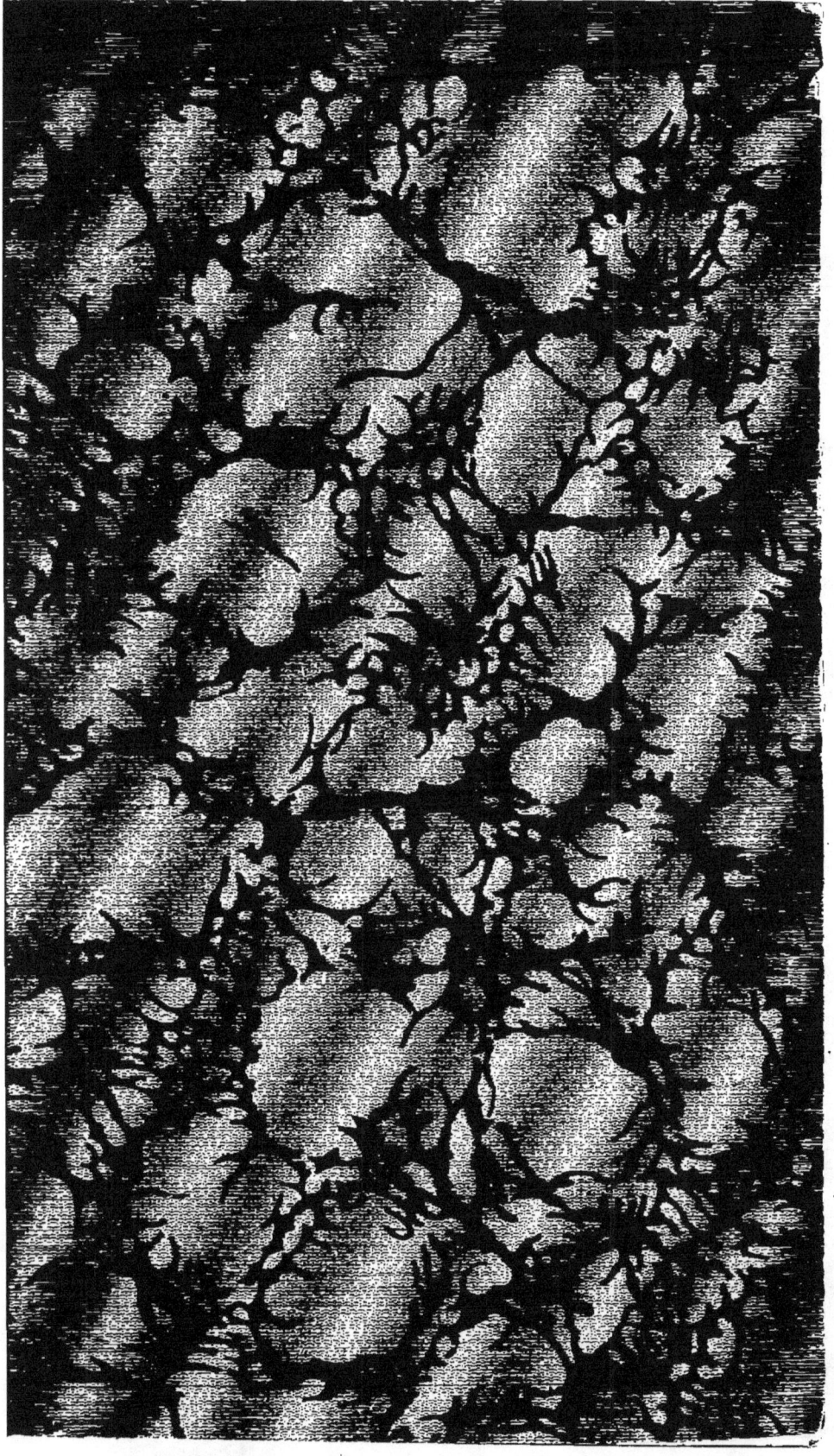

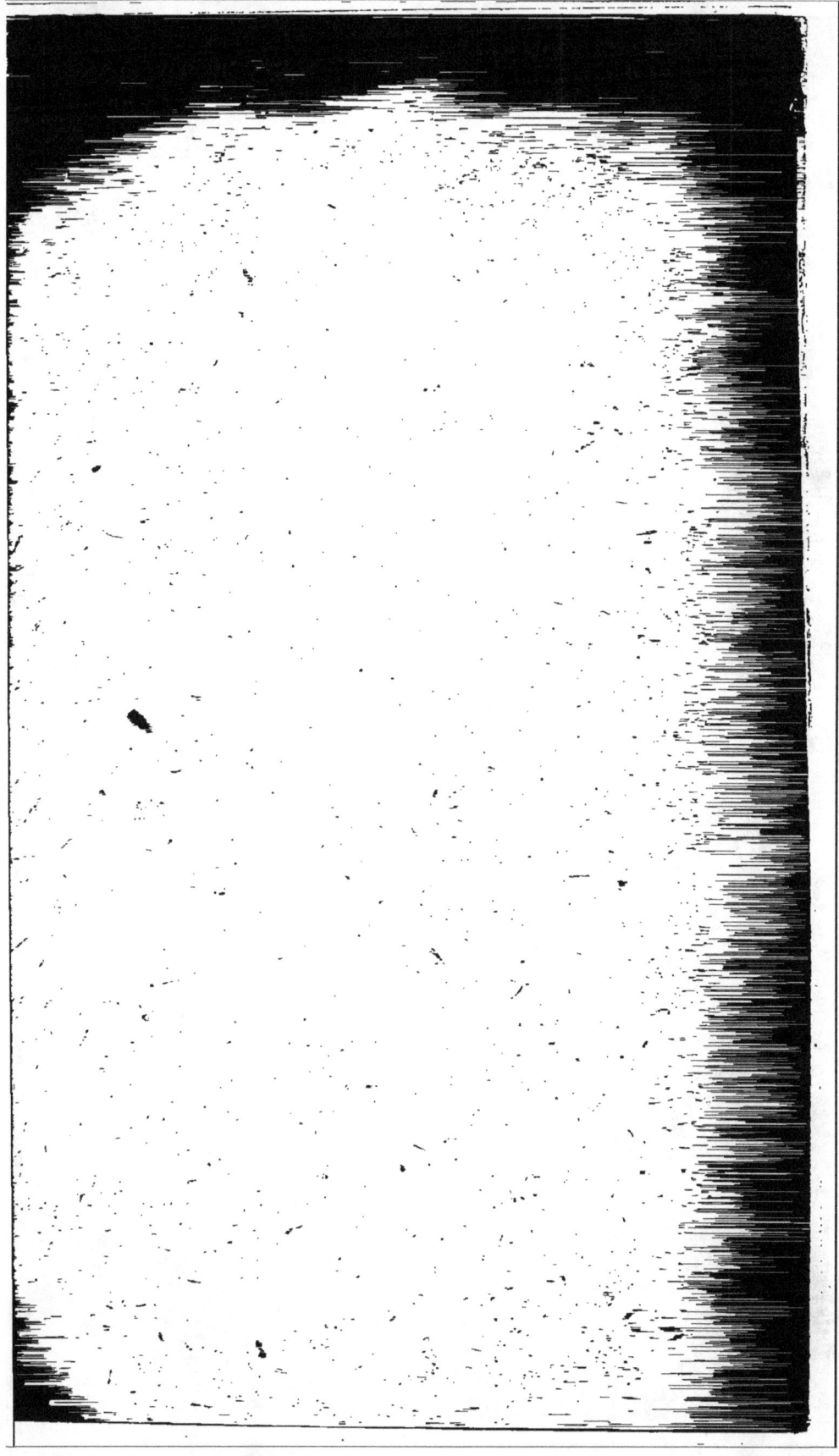

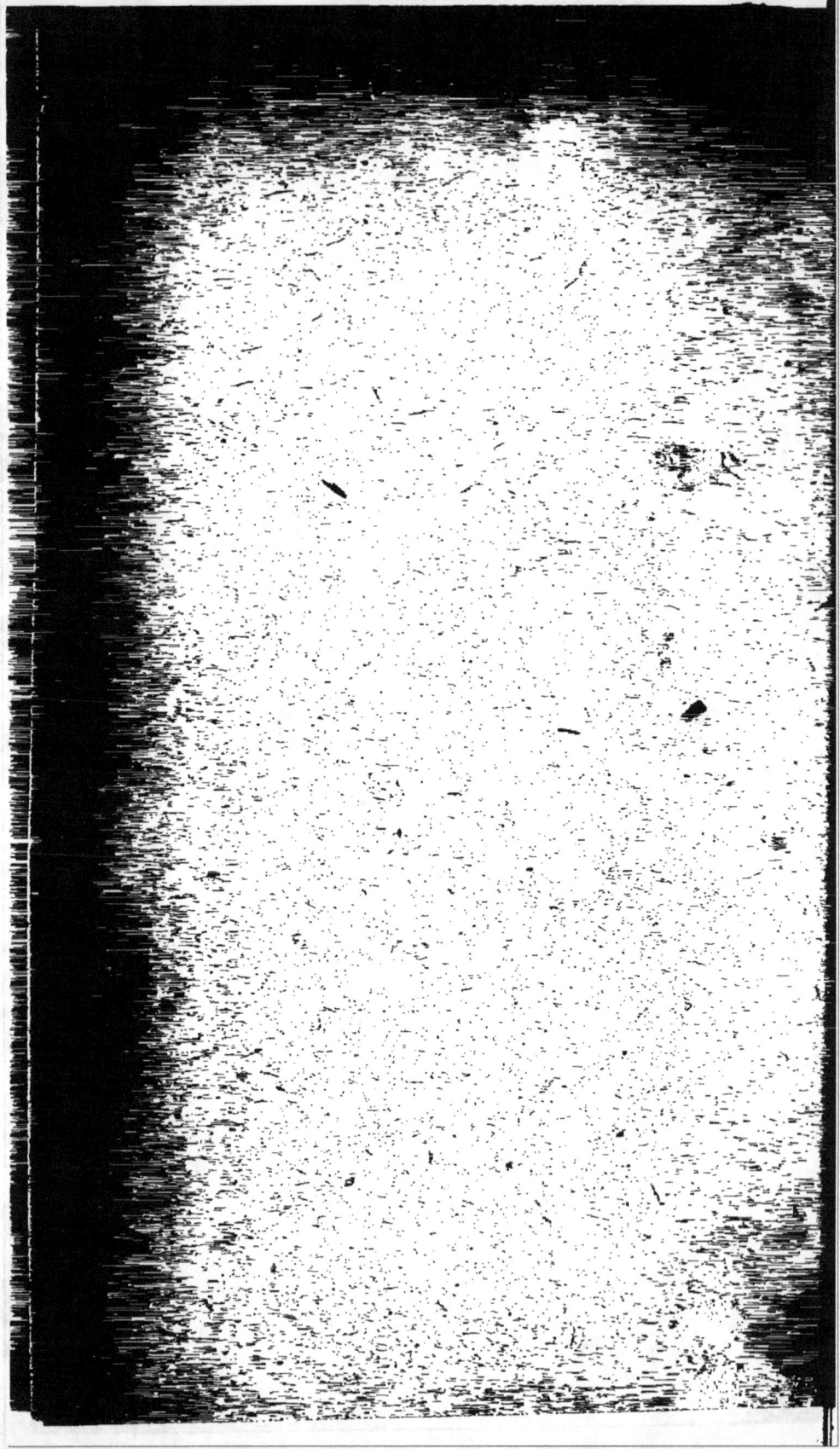

PATRIOTISME

DU

CLERGÉ CATHOLIQUE ET DES ORDRES RELIGIEUX

pendant la guerre de 1870 - 1871

PAR

H.-R. BLANDEAU

ancien Sous-Préfet.

PARIS	ANGERS
LECOFFRE FILS ET Cie	BRIAND ET HERVÉ
rue Bonaparte, 90.	rue Saint-Laud, 9.

1873.

PATRIOTISME

DU

CLERGÉ CATHOLIQUE ET DES ORDRES RELIGIEUX

IMPRIMERIE DE LAINÉ FRÈRES, RUE SAINT-LAUD, 9.

PATRIOTISME

DU

CLERGÉ CATHOLIQUE ET DES ORDRES RELIGIEUX

pendant la guerre de 1870 - 1871

PAR

H.-R. BLANDEAU

ancien Sous-Préfet.

—o—o—

PARIS	ANGERS
LECOFFRE FILS ET Cie	BRIAND ET HERVÉ
rue Bonaparte, 90.	rue Saint-Laud, 9.

—

1873.

AU LECTEUR

L'auteur de ce livre n'a pas eu pour but d'écrire l'histoire du patriotisme du Clergé catholique pendant la campagne de 1870-1871. C'est la postérité qui fera cette histoire. Aujourd'hui il ne faut que produire des documents. Depuis que le mot de *fraternité* se.lit au fronton de tous nos édifices, l'humanité, égarée par les mensonges des sectes impies, ne rêve plus que luttes fratricides, et ne croit plus à la mission divine du prêtre en ce monde. Mais nos soldats, revenus à leurs foyers, élèveront leurs fils dans le respect de ces hommes de Dieu, modèles des vertus sociales autant que des vertus religieuses, qui ont partagé leurs périls et allégé leurs peines. L'avenir est à la foi, à la charité. Ceux qui souffrent sont souvent injustes, et la France souffre en ce moment. Que les prêtres et les religieux dont le dévouement patriotique s'est élevé si haut dans nos douleurs nationales lui pardonnent ! Une ère nouvelle luira bientôt pour notre chère patrie. La France, désabusée et régénérée par un retour sincère vers Dieu, retrouvera avec sa foi chrétienne les mâles vertus qui la rendirent si grande autrefois et reprendra sa place glorieuse à la tête des nations civilisées.

CHAPITRE Ier.

Etat de la France en 1870 - 1871.

Les malheurs inouïs qui depuis quelques années accablent la France défient toute description. Après l'humiliation et la ruine de l'invasion étrangère, la guerre civile, la suspension des travaux, la misère et le déchaînement de toutes les passions brutales si longtemps caressées par nos grands philosophes du progrès.

Voilà donc les fruits que portent les sinistres doctrines des ennemis de la morale chrétienne et le terme où elles aboutissent ! La moisson a germé dans la fange où l'on avait fait les semailles. Et maintenant ces fiers penseurs s'étonnent, ils s'effraient, ils renient leur œuvre, au lieu de se renier eux-mêmes ; ils repoussent avec horreur leur progéniture et protestent qu'elle ne leur appartient pas. Les docteurs en matérialisme et en athéisme qui ont consacré tout l'effort de leur science à démontrer que l'homme, tube digestif idéalisé par un peu de phosphore, descend du singe pour retourner au chien, ont-ils donc le droit de s'étonner des conséquences de leurs doctrines ?

Où et quand s'arrêtera cette terrible leçon ? Elle ne s'arrêtera que lorsque nous l'aurons bien comprise. Elle recommencera tant que nous n'en aurons pas tiré un salutaire profit. Et si nous nous bornons à replâtrer encore, au lieu de reprendre la réédification en sous-œuvre, l'édifice vermoulu qu'on a attaqué par la base et dont les fondations ont été renversées, s'écroulera sur nos têtes.

Nous avons connu le mensonge de notre force militaire ; des malheurs plus déplorables encore que nos défaites nous ont fait connaître aussi le mensonge de notre force civile.

Au point où nous en sommes, ce ne sont pas les hommes de guerre ni les hommes politiques qui peuvent nous sauver ; cette tâche difficile ne peut s'accomplir que par un retour sincère vers Dieu.

Avec quoi donc les journaux insensés qui ont perdu la France pourraient-ils rendre un peu de vigueur à nos pauvres tempéraments affaiblis, à nos âmes débiles ? Ils ont pu, tout à leur aise, essayer l'effet de leur matérialisme et de leur positivisme sur les masses ; depuis cinquante ans ils exercent librement le sacerdoce de l'incrédulité ; ils ont pu, tous les jours, sans être troublés, « manger du prêtre » et donner à leurs lecteurs le spectacle de cette ribotte impie ; ils ont déifié le mal et distribué l'impiété de Voltaire. Où ont-ils mené la France avec ce régime? En promenant autour de nous nos regards attristés, nous voyons les fruits de ce misérable apostolat ; nous les avions appréciés dans la paix, nous avons eu la douleur de les apprécier dans la guerre étrangère et dans la guerre civile.

Par quelle fatalité la France, naguère encore si confiante en elle-même, s'est-elle vue réduite en quelques mois aux dernières extrémités? Batailles presque toujours perdues ; surprises plus humiliantes que des défaites, selon cette parole du grand Condé : « qu'un habile capitaine peut être vaincu, mais qu'il ne lui est pas permis d'être surpris ; » capitulations ignominieuses ; Paris investi ; un tiers de notre territoire envahi et ravagé ; enfin, ce qui est sans exemple, trois cent mille Français prisonniers sur la terre étrangère ; comment, en si peu de temps, une nation telle que la nôtre a-t-elle pu descendre si bas ?

Les malheurs de la France ont été le fruit amer des infidélités dont elle a été coupable envers Dieu. L'impiété a fait table rase de tous les principes du bien, et les mœurs en sont venues à toutes les hontes et à tous les crimes du paganisme. La vie chrétienne n'est plus le fait que du petit nombre. La conjuration contre Dieu et son Christ a prévalu dans une multitude d'esprits, et, en punition d'une apostasie presque générale, la société a été livrée à toutes les horreurs de la guerre avec l'étranger victorieux, et de la guerre plus affreuse encore entre les enfants d'une même patrie. Devenus par nos prévarications des révoltés contre le ciel, nous sommes tombés dans l'abîme de l'anarchie. La terre de France a retracé l'effrayante image de ce lieu *où nul ordre n'habite*, tandis que l'avenir s'offre encore à elle avec de nouvelles terreurs en perspective, si elle ne cherche au plus vite son salut en Dieu.

Laissons les esprits qui rampent à terre mesurer à leur compas étroit les grands événements d'ici-bas, s'arrêter aux petites causes, disserter sur les incidents secondaires, et tout ramener aux proportions de leur propre stature. Pour nous rendre compte des désastres prodigieux et des abaissements inouïs de la France, rappelons-nous la haute mission que Dieu lui avait confiée.

Dieu ayant envoyé son Christ sur la terre, ç'a été pour les peuples le point de départ d'un ordre nouveau ; et comme tous ses desseins s'étaient rapportés, pendant quarante siècles, à l'enfantement futur de son Eglise, toutes choses ont convergé désormais vers cette Eglise enfantée au Calvaire dans le sang du Christ. Destiné à éclairer et à conduire tous les membres de la grande famille humaine, le flambeau allumé par la main divine ne pouvait être placé sous le boisseau. Par son emplacement prédestiné, Rome, devenue la capitale du christianisme, fut la cité, décrite dans nos livres saints, qui, posée sur la montagne, devait être en évidence à tous les regards et dont la vue ne pouvait être dérobée à personne. Et, parce qu'il était écrit que la plénitude des nations devait entrer dans l'Eglise, parce que la loi chrétienne ne devait pas être seulement la loi des individus, mais la loi des peuples, la marche providentielle des choses a créé bientôt, à Rome et autour de Rome, un territoire indépendant et un trône souverain à l'usage du Vicaire que le Christ s'est substitué à lui-même pour régir spirituellement toute la terre jusqu'à la consommation des siècles. Fille aînée de l'Eglise romaine, la nation française fut employée de Dieu à ce grand ouvrage. « Les Français, a dit un homme de génie, eurent l'honneur unique, et dont ils n'ont pas été à beaucoup près assez orgueilleux, d'avoir constitué humainement l'Eglise catholique, en donnant ou en faisant reconnaître à son chef le rang indispensablement dû à ses fonctions divines [1]. » A partir de là, et comme récompense de ce service, la France occupa sans contestation la première place parmi les nations civilisées. Et, malgré des fautes partielles, suivies de châtiments temporaires, on

---

[1] J. de Maistre.

la vit toujours monter et grandir tant qu'elle n'a pas répudié sa grande mission.

Mais on ne réagit pas impunément contre soi-même et contre sa vocation essentielle. Sachons reconnaître et confesser l'énormité de notre faute. O France des anciens jours, ce que tu avais si heureusement fait par le bras de tes géants, nous l'avons vu détruire sous nos yeux par la main des pygmées politiques au caprice desquels les révolutions t'ont jetée !

De là cette succession vraiment surnaturelle et humainement inconcevable de châtiments et de hontes, cette série extraordinaire de malheurs et de contre-temps, ces avantages de la veille qui deviennent régulièrement le signal de l'écrasement du lendemain, ces victoires de la journée qui, à la grande stupéfaction de l'ennemi, finissent par la panique du soir et par la retraite de la nuit. Pour qui connaît le génie et la fortune de la France, son infériorité numérique n'offre point d'explication suffisante : le dernier mot de toutes choses, c'est que Dieu nous avait livrés aux mains de nos adversaires.

Entendez l'appréciation d'un des hommes qui a le plus activement coopéré à la conduite de cette guerre : « Un ensemble de coïncidences malheureuses, dit-il, s'est joint à la faiblesse organique de la France pour déjouer tous ses efforts. Et cet ensemble a été tel, que véritablement, quand on l'envisage, on est tenté de se demander s'il n'y a pas eu là quelque raison supérieure aux causes physiques, une sorte d'expiation de fautes nationales, ou le dur aiguillon pour un relèvement nécessaire. En présence de si prodigieuses infortunes, on ne s'étonne plus que les âmes religieuses aient pu dire : *Digitus Dei est hic* [1]. »

Oui, vous l'avez bien dit, « le doigt de Dieu est là. » Guillaume de Prusse l'a dit aussi, et il s'est exprimé comme Attila et Genséric quand il écrivait à la reine Augusta : « Je m'incline devant Dieu qui seul nous a élus, moi, mon armée et mes alliés, pour exécuter ce qui vient d'être fait, et nous a choisis comme instruments de sa volonté. Ce n'est qu'ainsi que je puis comprendre cette œuvre. »

Entendez-vous : ils ont été les exécuteurs et les instruments de la volonté divine. Qu'ils n'en soient pas trop fiers : le rôle du bâton que tient une main vengeresse n'a rien de si glorieux, et le prophète lui a prédit son sort pour le jour où le bras de Dieu n'en aura plus besoin.

Ce jour viendra ; et nous avons pour gage de notre espérance les immortels exemples de patriotisme et de sainte abnégation de nos prêtres, de nos religieux, de nos soldats chrétiens pendant ces jours de deuil national.

---

[1] La guerre en province pendant le siége de Paris, par Ch. de Freycinet, VIe édit., p. 358 et 351.

D'ailleurs, qu'on le sache bien, l'honneur des armes françaises est une des gloires de l'humanité.

La religion elle-même est intéressée à le prendre sous sa sauvegarde, car la France dépouillée de son mérite et de son prestige guerrier, ce n'est plus la France, et la France de moins, à quelle autre nation sera confiée la défense des intérêts catholiques dans le monde ?

Mais que la France n'oublie pas que le réveil de sa foi religieuse peut seul lui rendre sa force et sa grandeur ! Qu'elle en finisse avec tous ces systèmes dissolvants, engendrés par l'impiété de la fausse philosophie du XVIIIe siècle et qui sont aussi funestes à ses intérêts matériels qu'à l'ordre moral ! Qu'elle ne confonde plus la tolérance civile avec l'indifférence philosophique qui s'applique aux doctrines et accorde égalité de traitement et d'honneur à la vérité et à l'erreur ! C'est avec ce système d'indifférence, de capitulations, de transactions, de condescendance, de concessions, de compromis et d'accommodements qu'on ruine dans les esprits l'estime et le respect de la vérité. C'est ce système qui fait les âmes molles, enlève aux caractères leur fermeté et augmente chaque jour le nombre de ces esprits indifférents au bien et au mal, incapables de faire l'un et d'empêcher l'autre.

Voyez la différence qui existe entre l'homme de devoir et celui qui a foulé aux pieds ses croyances religieuses. Dans nos désastres récents on a pu établir la comparaison avec les uns et les autres.

Cherchez au premier rang de l'armée, aux avant-postes, en face des canons : qui s'est battu avec furie ? Quels sont ceux qui ont bravé la mort et l'ont reçue héroïquement ? Qui a-t-on vu marcher à l'assaut de Villejuif, à Châtillon, au Bourget, à Montretout ? Qui s'est distingué à Coulmiers, à Orléans, à Patay, au Mans ? Ce sont les Bretons, les Vendéens, les paysans de l'Anjou, du Maine, du Périgord, de la Gironde, les zouaves pontificaux ; nos soldats et nos marins religieux ; ce sont les fils de nos vieilles familles françaises, élevés dans le respect de Dieu et dans le culte chrétien.

Sur *onze cents officiers* sortis des deux collèges de Sainte-Geneviève de Paris et de Saint-Clément de Metz, dirigés par les révérends Pères Jésuites, *cent cinq* sont morts devant l'ennemi, et *quatre-vingt-quinze* ont obtenu, par leur bravoure pendant la dernière guerre, la croix de la Légion-d'Honneur.

Leurs maîtres, du reste, avaient été les révérends Pères Ollivaint, Ducoudray, Caubert et Clerc, ces nobles et courageuses victimes de la *Commune*.

On a mis à l'ordre du jour des prêtres, des

religieux, des sœurs de charité. Que le matérialisme montre ses héros ! Il en est assurément qui, sans croyance, par le seul stimulant de la gloire et d'un sentiment patriotique, n'ont point reculé devant la mort ; mais leurs exploits sont restés isolés ; ils n'ont rien eu d'éclatant, de collectif, rien qui ait provoqué l'attention publique.

On en a vu au contraire beaucoup se traîner dans les arrière-gardes, rechercher les ambulances. Paris en a vu un trop grand nombre se dérober cyniquement au premier feu ; d'autres se sont réservés pour la guerre civile. Les plus prudents se sont mis à l'abri dans de calmes sinécures. Ce qu'ils savaient faire avec vaillance, c'était se parer d'uniformes brillants et de képis invraisemblables, c'était discourir dans les clubs en faveur de la guerre à outrance. Ils troublaient le pays et y jetaient des ferments de discorde pendant que les soldats chrétiens versaient leur sang pour défendre l'honneur national.

Maintenant, l'expérience est faite et la question est jugée. La France ne peut être régénérée et sauvée qu'en revenant aux sources du vrai patriotisme, à la foi religieuse de ses grandes époques.

Il faut rendre justice à la partie saine de la nation française. Elle a recherché la cause de nos défaites ; elle a voulu étudier les fautes commises, afin de les réparer et de les éviter à l'avenir. Elle a voulu étudier les institutions de nos vainqueurs, et elle s'est demandé s'il n'y avait pas en Allemagne des leçons à méditer et des exemples à suivre.

Organiser une armée, c'est très-bien ; mais pour composer cette armée il faut des hommes, et ces hommes, il faut bien les prendre tels que le pays les fournit. L'éducation exerce nécessairement une influence prépondérante sur le succès ou l'insuccès des institutions militaires ou civiles. Si le jeune homme apporte au régiment un caractère déjà plié à la discipline, un esprit disposé à accepter les épreuves de la vie militaire comme un bon citoyen subit les sacrifices imposés à son patriotisme, il sera un soldat solide et utile. S'il arrive sous le drapeau avec des habitudes de désordre, un esprit toujours disposé à la discussion ou à la révolte, il sera nécessairement un mauvais soldat. Fût-il brave, — et le courage est trop rarement le compagnon de l'indiscipline, — son courage sera une qualité inutile la plupart du temps.

Si les Allemands deviennent de vrais militaires, si leurs généraux peuvent tirer d'eux le plus grand parti, c'est que chez eux l'éducation prépare l'enfant à devenir un bon citoyen et un bon soldat. Les Allemands ont fort bien compris que sans idée religieuse, il n'y a pas d'éducation possible.

Les Américains, dont on invoque si souvent

l'exemple sans se donner la peine d'étudier leurs lois, ni leurs coutumes, ni leurs mœurs, les Américains, si tolérants, n'admettent pas le citoyen sans religion. « Choisissez, disent-ils, la religion qui vous plaira, mais ayez-en une. Ne soyez pas un homme sans *lien* avec les autres hommes, un homme que rien ne *relie* (*religio*, de *religere*, unir, lier). Une nation n'existe pas sans institutions religieuses. »

Des milliers d'êtres humains juxta-posés ne forment pas un peuple, pas plus que des pierres ou des briques jetées en monceau ne forment un édifice ou un mur. Il faut que les matériaux soient à leur place — hiérarchie sociale, — il faut qu'ils soient unis par un ciment ; — le ciment, c'est la religion.

Aussi voyons-nous dans toutes les communes allemandes toutes les écoles confessionnelles, l'instituteur peut être catholique, luthérien, calviniste, israélite. Mais il doit professer une religion, et on ne lui confiera jamais que des élèves appartenant au même culte.

La cause du matérialisme, qui a produit tous nos malheurs, n'est pas gagnée en France, espérons-le ; mais il est temps d'aviser et de réagir avec vigueur contre sa propagande. Les écoles irréligieuses sont l'un des plus grands dangers de notre malheureuse patrie. Nous signalons ce danger sans nous laisser aller au découragement, sans même rien perdre de notre espérance.

Nous avons sous les yeux les exemples des martyrs tombés sous les balles des Prussiens en relevant les blessés sur les champs de bataille ; nous avons présents à la mémoire les sacrifices des martyrs tombés sous les balles de la Commune et sous le feu de l'ennemi. Enfin, exemple aussi instructif, plus consolant peut-être, nous avons vu les assassins de la rue Haxo et de la rue des Rosiers, appeler à leurs derniers moments ces soldats du Christ qu'ils avaient poursuivis de leurs injures et frappés de leurs armes. Ils les ont appelés au jour de l'expiation et ils les ont priés de les aider à bien mourir.

En signalant ici à la reconnaissance publique la noble conduite du clergé catholique et des ordres religieux pendant la guerre désastreuse de 1870-1871, nous voulons répondre par des faits au stupide reproche adressé par quelques journaux aux prêtres et aux religieux de rester étrangers aux intérêts de leur patrie. Pitoyable calomnie dont nous espérons faire justice en prouvant que tout dans la vie du prêtre catholique et du religieux concourt au salut de la patrie : leurs prières qui apaisent la colère de Dieu ; leur enseignement qui forme les peuples aux vertus sociales ; le dévouement et le patriotisme dont ils donnent eux-mêmes d'admirables exemples sur les champs de bataille comme dans les calamités publiques.

CHAPITRE II.

Nécessité sociale de la Prière.

Tous les grands peuples ont reconnu la nécessité de la prière. A notre époque même, les nations dont nous envions la force et la prospérité, les États-Unis d'Amérique, l'Angleterre, la Suisse, ont conservé scrupuleusement leurs prières publiques, leurs jeûnes officiels et leurs expiations.

Dans leurs calamités, les Anglais, au lieu de se répandre en fanfaronnades bruyantes, ordonnent un jour de pénitence et reconnaissent hautement leurs fautes.

Les Suisses, sans distinction de communion religieuse, observent chaque année un jeûne rigoureux pour implorer la miséricorde divine.

Au milieu de la guerre de la sécession, le Président de la République américaine, Abraham Lincoln, fit prier, et, trois jours avant sa mort, il décrétait un jour d'actions de grâces. — Pendant cette même guerre, ce grand citoyen prononça aussi ces paroles mémorables :

Avec Dieu, pas de revers ;
Sans Dieu, pas de succès.

Les Irlandais, dans un chant célèbre, s'écrient :

« Nous avons triomphé, parce que les bras
» qui se battent pour la patrie s'étaient d'a-
» bord élevés vers le Seigneur ! »

Lorsque nos frères du Nord, les Polonais, prirent, en 1861, la résolution de porter le deuil de leur nation et de lutter contre leurs oppresseurs, ils firent retentir à la bataille, dans les rues de Varsovie comme au fond de leurs villages, ce refrain magnifique :

« Seigneur, rends-nous la patrie, rends-nous
» la liberté. »

Tout Allemand sait aussi par cœur la prière de Kœrner pendant le combat et ses belles strophes :

» Seigneur, je te reconnais, dans le bruit
» des feuilles qui tombent à l'automne, et dans
» le tonnerre tumultueux des combats ; Père,
» je suis en tes mains, bénis-moi ! »

On sait l'invincible courage que l'armée russe opposa aux efforts de la nôtre dans la journée de Borodino : à la fin de cette journée « atroce, sans égale dans les annales humaines, » l'artillerie de la grande armée tira pendant plusieurs heures sur les masses russes, qui persistèrent à se tenir en ligne sous cette épouvantable canonnade, perdant des milliers d'hommes sans s'ébranler. « La veille de cette terrible lutte, » — M. Thiers le raconte, — « les soldats russes, tristes,
» exaspérés, résolus à mourir, n'espérant qu'en

» Dieu, étaient à genoux au milieu de mille
» flambeaux, devant une image miraculeuse de
» la Madone de Smolensk, portée en proces-
» sion par les prêtres grecs, au milieu des bi-
» vouacs du camp de Borodino. Les soldats
» étaient prosternés, et le vieux Kutusoff, le
» chapeau à la main, l'œil qui lui restait baissé
» jusqu'à terre, accompagnait, avec son état-
» major, cette pieuse procession. On la voyait
» de nos bivouacs à la chute du jour, et on
» pouvait la suivre à la trace lumineuse des
» flambeaux. » Le lendemain, ils combattaient
en héros.

Il y a bientôt cent ans, un homme illustre entre tous écrivait :

« Nos affaires ont été amenées à une crise
» terrible pour que la main de Dieu fût encore
» plus visible dans notre délivrance. *Telle est*
» *ma conviction*. L'intervention puissante de la
» volonté divine aux jours de notre plus pro-
» fond accablement, de notre plus sombre si-
» tuation, a été trop éclatante pour que je
» puisse douter de l'heureuse issue de la guerre
» actuelle. »

Ces paroles sont de Washington, et c'est avec cet esprit religieux qu'il a traversé la guerre de l'indépendance, affranchi son pays et fondé la République américaine.

Nos ancêtres aussi n'oubliaient jamais que la veille de la bataille il faut prier Dieu. Les Parisiens, dans les heures de danger, promenaient à travers leurs rues les restes de cette fille du peuple qui s'appelait sainte Geneviève, la Jeanne d'Arc de Paris. Au lieu de jeter en l'air des phrases sonores et vaines sur les mérites de leur capitale : « *ville sacrée, foyer des lumières, centre de civilisation, capitale de l'humanité ;* » au lieu d'armer leurs remparts avec des périodes, ils eussent plié le genou devant Dieu avant de marcher à l'ennemi.

N'est-ce pas à la prière que nous devons les glorieuses origines de notre nation? Rappelons cette page de notre histoire si pleine d'analogie avec les temps présents :

En l'année 496, les Allemands, au nombre de cent mille, envahirent les états de Clovis. Ce dernier réunit environ trente mille hommes, et vint présenter la bataille dans les plaines de Tolbiac (aujourd'hui Zulpich, près de Strasbourg.) La petite armée de Clovis, malgré sa valeur, commençait à plier sous le nombre. Le roi franc, levant alors son épée vers le ciel, s'écrie : « Dieu de Clotilde, donnez-moi la victoire et je vous adorerai. »

L'armée entend ce cri : les Francs se sentent plus courageux ; ils relèvent leurs armes et se jettent impétueux dans la mêlée. Les Allemands s'effraient et reculent, Clovis est vainqueur, et cette victoire lui donne l'*Alsace et la Lorraine.*

Le royal catéchumène arrivant près de Clotilde à Reims, lui dit : « Clovis a vaincu les Allemands, mais vous avez vaincu Clovis. » La pieuse reine répondit : « C'est au Dieu des armées qu'est due la gloire de ce double triomphe. »

Clovis rassembla ses Francs et leur parla ainsi : « Fils des Francs, vous vous souvenez
» des dangers de la dernière bataille. Nous
» faiblissions devant des soldats innombrables,
» lorsque le Dieu tout-puissant est venu nous
» secourir. J'ai juré de le servir désormais ;
» voulez-vous, comme moi, dédaignant des
» divinités impuissantes, adorer le Dieu
» qu'adorent Clotilde et les Chrétiens, le Dieu
» dont Rémi est le ministre ? » Un cri d'approbation accueillit ces paroles.

Saint Rémi, joyeux de ce miracle de la grâce, s'empressa d'instruire ces guerriers généreux, en même temps que leur chef, pour les préparer à la réception du baptême. Clovis surtout laissait voir la générosité de sa foi naïve et ardente. Il pleurait en entendant le récit des souffrances et de la patience de Jésus, mais son indignation éclatait au souvenir du peuple déicide qui l'avait crucifié. Un jour même, abandonnant son âme à ses généreux élans, il interrompit l'histoire de la Passion en s'écriant : « Ah ! que n'étais-je là avec mes Francs ! »

Le jour de Noël (496) fut fixé pour le baptême de la nation française. La veille de ce jour si mémorable pour la France et pour l'Eglise,

Clovis pria avec effusion devant l'autel de Notre-Dame. Dès lors la France, à l'exemple de son premier roi chrétien, a regardé Marie comme sa protectrice, et s'est appelée *le royaume de Marie.*

C'est ainsi que la nation française naquit catholique et reçut la mission de protéger l'Eglise. Chaque fois qu'elle a été infidèle à cette mission, le malheur l'a visitée, et il a fallu qu'elle se ressouvînt du Dieu de Clotilde pour retrouver une prospérité stable.

Mais nous trouvons dans notre histoire un exemple plus frappant encore de l'efficacité de la prière pour obtenir l'assistance divine dans les malheurs publics :

Après le désastre de Poitiers le salut de la France semblait impossible. La France, a dit Châteaubriand, paraît perdue ; ses finances sont épuisées ; ses armées se changent en troupes de brigands qui la déchirent ; ses peuples se soulèvent ; ses Etats attaquent le trône laissé vide par la captivité du roi ; un prince échappé de prison vient mêler aux violences de l'étranger les discordes domestiques ; il donne du poison à l'héritier de la couronne captive ; des traîtres dans l'Église et dans la noblesse, des factieux dans le tiers-état, au-dedans les séditions et les crimes, au dehors les horreurs de l'anarchie civile et militaire ; et pour seul remède à tant de maux, un prince à peine âgé de dix-huit ans, que son projet de fuite avec le roi de Navarre et sa conduite à la bataille de Poitiers n'avaient fait estimer ni des Français ni des ennemis.

Qui eut pu croire, quand le roi de France n'était plus que le roi de Bourges, tant l'Angleterre avait rétréci la France, qui eut pu croire son salut possible par le fait d'une simple bergère ! Richemond, Dunois, Xaintrailles, La Hire, soutiennent l'honneur français, sans pouvoir arracher la France aux étrangers. *Jeanne d'Arc paraît ; elle prêche la nécessité d'un retour vers Dieu ; la France humiliée et châtiée implore son pardon, et la patrie est sauvée.*

A une autre époque, malgré tous les désastres de la fin du règne de Louis XIV, la France s'humiliant devant Dieu, ne périt pas, bien que les choses fussent venues à une telle extrémité que l'on mangeât du pain d'avoine même à la cour de Versailles.

Toutes nos annales sont un monument en l'honneur de Dieu qui abaisse et élève tour-à-tour les nations, et dont la providence se montre visiblement dans des événements qu'il serait impossible d'expliquer sans une action surnaturelle.

Je suis le salut de mon peuple, a dit le Seigneur, *et quelle que soit son affliction, je l'exaucerai s'il m'invoque.*

Ah ! si la France, dans ses désastres récents, n'avait pas oublié la religion, compagne de ses anciennes victoires, avec quelle ardeur elle eût fait monter vers Dieu cette prière qu'il réclame pour sauver *son* peuple ! Le peuple de Dieu, c'est le peuple chrétien, et surtout la nation française qu'il a si longtemps protégée et comblée de ses faveurs. Si Dieu a paru nous abandonner, c'est parce que nous ne savions plus le prier de nous bénir ; c'est que nous avions méconnu ses préceptes, abusé de ses dons, et comme un père punit ses enfants pour les rendre meilleurs, Dieu nous a frappés, tout en étant prêt à arrêter le châtiment quand nous saurions lui demander grâce et pardon.

Le Prêtre et le Religieux en priant et en enseignant la prière à ceux qui ne la savent plus, remplissent donc une mission éminemment sociale et utile. Dans les malheurs publics, dans les heures critiques de la vie des nations, alors que la main de Dieu s'appesantit sur un peuple entier et que la prière d'un petit nombre ne suffit plus pour désarmer sa justice irritée, ils appellent la levée en masse, ou pour parler plus juste, l'élévation en masse des cœurs vers le Ciel. Ils parlent de Dieu à ceux qui l'ignorent ou qui ne s'en souviennent pas ; ils leur disent avec un des grands orateurs de notre siècle « que » tout peuple est un vaisseau qui a ses ancres » au Ciel, » et que la nation qui ne sait plus prier est à la veille de ne savoir plus vaincre.

C'est une vérité élémentaire et malheureusement trop méconnue, que si Dieu laisse souvent impuni sur cette terre le crime des individus, parce qu'il a l'éternité devant lui , il n'agit point de même à l'égard du crime social. Les nations n'ayant qu'une existence temporaire, subissent tôt ou tard le châtiment de leurs fautes ; c'est-là surtout que s'applique le dicton populaire : « *Dieu ne paie pas tous les sa-* » *medis, mais il ne fait jamais banqueroute.* »

Est-il besoin d'une religion très-élevée pour voir que, dans ses récents désastres, la France a payé une dette terrible à la justice divine ? Les hommes qui ont préparé et conduit la guerre de 1870 se sont mis sur les yeux un bandeau qui dénoterait la démence la plus inouïe, s'il ne laissait voir un aveuglement fatal, issu de la colère de Dieu. Après nos premiers désastres, on a pu vivre d'illusions, accuser de nos revers l'incapacité des chefs et l'indiscipline des soldats, mais lorsque tout nous a échappé dans un épouvantable effondrement, il n'a plus été possible d'incriminer les hommes, et il a bien fallu chercher ailleurs la cause réelle de nos désastres. La France, au début de la guerre, avait renié toute croyance ; esclave du plus abject matérialisme, elle avait perdu même le respect de Dieu. Le châtiment a été terrible, mais il sera la cause de notre salut, si nous voulons y voir un avertissement de la Providence. Notre malheureuse patrie humiliée, mais régénérée, se souviendra de son Dieu, et Dieu la relèvera de l'opprobre, en proportionnant son triomphe à la grandeur de son infortune.

CHAPITRE III.

Les vertus sociales et les vertus militaires ne peuvent exister sans religion.

Il est profondément regrettable que les nations européennes qui marchent si rapidement aujourd'hui vers leur décadence, ne songent pas à tirer profit de la philosophie de l'histoire : un grand nombre de peuples qui les ont précédées ont disparu après avoir étonné le monde par leur puissance ; quelle en a été la cause ? — La même pour tous. — L'affaiblissement du sentiment religieux.

Les hommes ne peuvent vivre entre eux sans se soumettre à des devoirs dont la religion doit être nécessairement le fondement et la sauvegarde. Aucune force brutale, aucun despotisme ne peut imposer ces devoirs si la conscience humaine ne les accepte, or la conscience ne relève que de Dieu.

La religion, seule, peut former la conscience ou la rétablir par le repentir quand elle n'existe plus, et, seule aussi dans le monde, elle a le droit de l'invoquer. Les politiques, les habiles, les ambitieux, en route pour parvenir ou déjà parvenus, mettent en jeu d'autres ressorts pour gagner ou manier les peuples. Ils les mènent par la crédulité, les trompent par des promesses et des espérances mensongères. Ils les mènent par la cupidité, par l'adulation, par l'envie, par la peur, souvent même par la débauche.

Pour croire à la conscience, il faut croire à la vertu ; aussi ne peut-on s'étonner si les ennemis de Dieu s'en moquent comme d'une naïveté et s'ils se font un jeu de la corrompre, à moins qu'ils ne la persécutent comme une rebelle.

Le prêtre en formant l'homme à la vie morale, le dirige par le sentiment élevé du devoir ; l'athée, au contraire, étouffe en l'homme tous les sentiments généreux et ne le conduit que par la grossièreté des instincts et l'attrait des biens matériels.

Il en est toujours résulté que lorsque la foi religieuse s'est affaiblie chez un peuple, les vertus sociales et les vertus militaires, c'est-à-dire tout ce qui fait la force d'une nation a bientôt disparu, les liens sociaux se sont relâchés et les catastrophes sont devenues inévitables. La religion seule peut enseigner aux hommes la grande loi de l'amour, qui est la vie des sociétés : l'amour de Dieu, de la famille et de la patrie, et leur inspirer l'esprit de sacrifice sans lequel il ne peut y avoir de vrai patriotisme.

Tout le monde est forcé de reconnaître que les peuples ont des devoirs à remplir, et, dans nos récents désastres, on a vu que ceux-là mêmes en parlaient le plus haut qui savaient le mieux s'en affranchir et qui s'étaient efforcés d'en tarir la source par leurs doctrines anti-religieuses et matérialistes. Mais quel résultat utile ces appels à un patriotisme de circonstance ont-ils obtenu ? Rien, absolument rien. Les hommes de devoir ne les avaient pas attendus pour apporter leurs sacrifices à la patrie malheureuse, les autres, beaucoup plus nombreux, ont trouvé les moyens les plus ingénieux pour s'abstenir.

Comment des hommes, qu'on a habitués à ne rien voir au-delà de cette vie, se montreraient-ils sensibles à des conseils d'abnégation et de sacrifices ? On leur a tant dit que l'homme n'est en ce monde que pour y chercher son bien-être qu'ils font la sourde oreille quand on leur parle de dangers et de dévouement. En détruisant en eux les sentiments religieux, on a tari la source des aspirations généreuses. En leur apprenant à regarder l'honneur, la rigidité des mœurs, le désintéressement, la fidélité à la foi jurée comme des signes de faiblesse d'intelligence, on a perdu le droit d'exiger d'eux, dans les crises sociales, la sobriété, la discipline, l'abnégation et tout ce qui pourrait troubler leur bien-être.

La perte du sens moral amène nécessairement la décadence d'un peuple. Voyez l'effrayante transformation que subit la France depuis que le sentiment religieux s'y est affaibli. Partout des luttes insensées entre ouvriers et patrons, comme si le capital et le travail, ces deux forces corrélatives, pouvaient se passer l'un de l'autre. La nouvelle génération élevée dans le matérialisme le plus abject, dans le mépris de Dieu et de ses lois, dans un esprit effréné d'indépendance, et sans autre aspiration que l'assouvissement brutal des plus coupables passions. Ailleurs, les enfants d'une même patrie se poursuivent de leurs haines réciproques, sans faire trève à leurs divisions, même devant l'ennemi commun. Tantôt c'est le pauvre qu'on excite contre le riche ; tantôt c'est l'ouvrier des villes qu'on oppose à l'habitant des campagnes, pour diviser deux classes de travailleurs également dignes de sympathie et d'honneur. Effets déplorables de ces théories perverses qui ne voulant reconnaître aucune autorité, pas même celle de Dieu, flattent l'orgueil des uns, soufflent au cœur des autres l'immoralité, la convoitise et l'envie, et, sous prétexte de refaire le plan de la Providence, arriveraient à établir sur les ruines du monde moral la misère et la barbarie.

Les hommes qui ont entrepris la guerre contre Dieu, en sont arrivés à combattre l'idée de Patrie. N'a-t-on pas vu, pendant l'invasion prussienne de 1870-1871, l'Internationale écrire à ses adeptes : « Laissons faire, notre heure n'est pas venue, *réservons-nous pour la vraie guerre !* » Les massacres et les incendies de la Commune nous ont appris à connaître cette autre guerre.

Il y a solidarité entre l'idée de Dieu et l'idée de patrie ; l'idée de la patrie ne peut être féconde que par le sacrifice et le dévouement ; et le sacrifice et le dévouement ne peuvent être le partage que de ceux qui ne croient pas au néant, mais qui ont conservé les espérances éternelles.

En perdant le sens moral, on perd nécessairement aussi le sens politique et le sens commun. Nous n'avons pas besoin de consulter l'histoire des autres peuples pour constater cette vérité, notre propre histoire vient d'en fournir la preuve la plus douloureuse et la plus saisissante. Comment la France, longtemps si puissante, est-elle devenue si rapidement l'objet de la commisération de l'Europe ? Comment a-t-elle pu arriver à ce degré d'affaissement, elle qui naguère encore était redoutée et enviée par les autres nations ? Hélas ! ce travail de décadence, qu'une catastrophe a pu seule rendre sensible au plus grand nombre, a déjà une origine éloignée. Il date de ces monstrueux systèmes qui en détruisant au milieu de nous le règne de Dieu, en soumettant l'âme aux convoitises du corps, ont fait disparaître notre génie national, avili les caractères et abaissé le niveau des intelligences. A cette époque, si orgueilleuse et si digne de pitié, nous n'eussions osé constater nous-mêmes ce triste abaissement des intelligences si nous n'y étions autorisé par les hommes les plus compétents. Dans une séance de l'Académie des Sciences (6 mars 1871), M. Sainte-Claire Deville a signalé à l'illustre Assemblée la décadence des sciences en France et la nécessité urgente de reformer l'enseignement. Ce douloureux aveu, corroboré par MM. Dumas, Chasles, Bouley, le général Morin etc., n'a pas trouvé un seul contradicteur.

Quelques esprits superficiels n'auraient voulu voir dans nos récents désastres qu'un accident malheureux. La prévoyance des hommes, ont-ils dit, s'est trouvée en défaut, et leurs calculs ont été déjoués par les combinaisons savantes d'une attaque préparée de longue main. Nous ne nions ni la coupable imprudence de nos gouvernements, ni la machiavélique préparation de nos adversaires ; mais, seules, elles ne suffiraient pas à expliquer la catastrophe dont nous avons été victimes. Lorsqu'un peuple se voit ainsi précipité du faîte de la prospérité dans l'abîme du malheur, et qu'en dépit des ressources les plus merveilleuses il se trouve réduit à un état d'épuisement où tout vient à lui manquer à la fois, jusqu'à des hommes capables de conduire ses destinées, ce n'est pas à une individualité quelconque ni à une forme politique qu'il faut demander la raison première d'une pareille déchéance : la cause en est plus générale et plus profonde ; elle plonge aux sources mêmes de la vie nationale, et se rattache à tout cet ensemble de mœurs et de croyances, d'idées et d'habitudes qui constituent l'état moral d'une société et qui en font la force ou la faiblesse.

Bien avant nos récents désastres, des observateurs attentifs avaient jeté un regard triste et inquiet sur l'avenir de la France. Sous les dehors d'une fausse civilisation, ils avaient signalé avec effroi des germes de mort et de dissolution. Un abaissement général des caractères, le culte des intérêts se substituant au respect des principes, une perversion lente mais continue du sens moral, la fièvre du gain surexcitée par l'exemple et le succès de spéculations scandaleuses, l'habitude de ne plus demander la fortune au travail persévérant et honnête, mais au hasard, l'absence de tout ressort dans beaucoup d'âmes énervées par les plaisirs, la vie humaine ramenée à ces deux mots : amasser et jouir, voilà les symptômes de décadence que dévoilait sur bien des points l'aspect du pays.

D'autres signes avant-coureurs d'une catastrophe peu éloignée n'excitaient pas moins les alarmes d'esprits prévoyants : l'abandon et le mépris des professions les plus favorables au maintien de mœurs simples et austères ; l'émigration des campagnes affluant vers les grandes villes pour y chercher trop souvent avec une existence déclassée des plaisirs faciles; l'esprit de famille et la moralité publique troublés par l'oubli de la grande loi du repos du dimanche; et enfin l'accroissement de la population subissant un temps d'arrêt, comme si les ressources même de la vie avaient été atteintes par le désordre des mœurs, c'étaient là autant d'indices qui faisaient présager pour l'avenir des larmes et des ruines.

Oubliant que la religion est le premier élément de la vie nationale, les sophistes ont voulu bannir Dieu du gouvernement des choses humaines; et plusieurs révolutions, se succédant coup sur coup, sont venues leur prouver que le pouvoir est sans force si l'autorité de Dieu ne le couvre, et la liberté sans garantie si la loi divine ne la protége. En l'absence de cette autorité tutélaire, il n'y a pas de pacte social qui puisse tenir contre les passions d'en bas et les convoitises d'en haut. Car ni les peuples ne savent obéir quand ils ne voient pas le reflet de Dieu au front de ceux qui les gouvernent, ni les souverains ne savent commander, quand ils ne se sentent pas un droit supérieur aux conventions humaines. Toute puissance vient de Dieu, car l'homme étant l'égal de tout autre homme, ne saurait tirer de lui-même le droit d'imposer sa volonté à autrui. L'obéissance à la loi humaine isolée de tout rapport avec Dieu ne serait que servitude ; ce qui la constitue devoir, c'est le sentiment qui fait remonter cette obéissance à Dieu. Dépouillés du rayon divin, les pouvoirs deviennent le jouet des multitudes qui les font et les défont à leur gré, jusqu'au jour où elles subissent elles-mêmes le joug d'un pouvoir violent et affranchi de la crainte de Dieu. C'est ainsi que les nations travaillées par l'athéisme « chancellent comme un homme ivre, » suivant la forte expression de l'Ecriture sainte, allant tour à tour du despotisme à l'anarchie, et ne sortant de l'un que pour retomber dans l'autre. Triste spectacle auquel nous assistons depuis bientôt un siècle, et qui semble avoir été donné au monde moderne pour lui prouver que le respect de l'autorité prend sa source dans la foi, et que les peuples ne méritent d'être libres qu'à la condition de rester religieux !

Après la guerre, la justice militaire a condamné à la peine capitale des traîtres qui avaient livré leurs voisins aux Prussiens pour se mettre eux-mêmes en sûreté, et nous ne pouvons blâmer cette sévérité. Mais c'est dans l'impiété, dans l'athéisme qu'il faut chercher la cause de ces trahisons, de ces lâchetés. Pour un matérialiste, le premier des devoirs est de sauver sa vie.

Nous savons bien que nos détestables réformateurs, honteux des désastres qu'ils ont attirés sur notre patrie, annoncent aujourd'hui qu'ils trouveront la régénération de la France dans une morale de convention et dans un nouveau système d'éducation dont ils exaltent, stupidement ou hypocritement, la puissance. Mais si le bien, le beau, le dévouement, le patriotisme, ne sont que de belles phrases enseignées par leur système d'éducation matérialiste, de quel droit veulent-ils inculquer, dans les esprits, ces « *splendides conventions, ces préjugés admirables,* » comme ils les appellent au nom desquels ils veulent persuader à un homme de donner sa vie pour épargner celle de son voisin ?

De deux choses l'une : ou ils ne croient pas ce qu'ils disent, et alors ils sont des charlatans ; ou bien, ils sont forcés de reconnaître que les nobles sentiments de patrie, d'honneur, de dévouement sont plus que des abstractions pures, qu'ils résultent de l'idée des devoirs imposés par Dieu, sans laquelle la société n'a pas de base, et la vie humaine n'a pas de sens.

Si Dieu le lien des êtres, la source commune de la vie universelle, n'existe pas, si la vie de chacun de nous n'est pas intimement liée à celle de nos frères ; si l'homme, accident éphémère, phénomène d'un jour, compris entre la naissance et la mort, n'a ni passé, ni avenir ; si l'on n'a à opposer à l'incontestable réalité du sentiment de la conservation, que des *abstrac-*

tions pures et des *conventions*, de quel droit osera-t-on enseigner à un homme de sacrifier sa vie pour obéir à des *abstractions* auxquelles les novateurs ne croient pas eux-mêmes et qu'ils se gardent bien de mettre en pratique ?

Dans ce cas, les hommes positifs, les logiciens, ce sont ceux qui repoussent le sacrifice de leur vie. Les rêveurs, les charlatans, ce sont ceux qui, ne croyant pas plus aux *abstractions* que les traîtres et les lâches que la justice militaire a punis, osent les accabler de leur mépris parce qu'ils ont suivi naïvement la logique de leurs instincts égoïstes, seul phare que puisse suivre l'homme privé de tout sentiment religieux.

Dieu absent ou inconnu, la société n'a pas de base ; Dieu sans providence, sans justice, et sans amour, la vie humaine n'a pas de sens. La vie n'est plus qu'une végétation, l'être organisé un animal. Au lieu de se voir enchâssé dans la vie, il se sent dévoré par la vie. Dévoré, pourquoi ? pour devenir de végétal excrément ! C'est ce que lui dit la fausse science de l'athée, et l'instinct plus encore. Et rien ne lui démontre positivement autre chose, pas plus à Paris dans les palais de la science et de la sagesse, qu'au village dans les écuries de l'instinct. Que voulez-vous qu'il fasse ? Qu'il dévore le plus possible, en attendant d'être lui-même dévoré.

Le déiste n'est guère plus apte aux grandes vertus sociales. Il n'est pas certain de son Dieu, il s'en fait une idée incomplète et fausse. Il ne se bat pas pour un principe, mais seulement pour une opinion dont il devra promptement avouer les lacunes. Son but n'est pas de conquérir la vie éternelle, sur laquelle il n'a que des idées diffuses, confuses et peu arrêtées ; il ne veut en général que conserver les avantages de la vie présente qu'il trouve plus abondante et plus agréable avec son système facile. Tout cela ne saurait le mener à la grâce du martyre, laquelle réside en haut, sur la montagne, avec les chrétiens : il réfléchit, il suppute, il descend.

Le déiste, a dit M. de Bonald, est un homme à qui, dans sa courte carrière, le temps ou l'occasion a manqué pour devenir athée.

Hors du christianisme, point de base assurée pour la société moderne, point de sens acceptable de la vie humaine, point de lumière sociale pour la science ou la politique.

On cite souvent la grande République américaine comme modèle des nations modernes. C'est à juste raison, puisque après avoir grandi avec une rapidité prodigieuse, elle ne cesse de progresser en force, en puissance et en richesse, transformant les déserts qui l'entourent en nouveaux foyers de liberté, d'indépendance et de foi chrétienne.

Mais on ignore trop généralement que le sentiment religieux a été l'âme de cet immense développement, et qu'il est resté le caractère essentiel de la force de cette grande nation.

Voici la déclaration des premiers émigrants anglais qui ont été les pères de cette puissante république en 1620.

« Nous, dont les noms suivent, qui, *pour la gloire de Dieu*, le développement de la foi chrétienne et l'honneur de notre patrie, avons entrepris d'établir la première colonie sur ces rivages reculés, nous convenons par ces présentes, par consentement mutuel et solennel, et devant Dieu, de nous former en corps de société politique dans le but de nous gouverner et de travailler à l'accomplissement de nos desseins. »

A la fin du siècle dernier, les treize colonies américaines voulant secouer le joug de l'Angleterre, entreprennent la guerre de l'indépendance, sous la conduite de Georges Washington ; puis, le 17*e jour de septembre de l'an du Seigneur 1787*, ils signent la constitution fédérale.

Voici le préambule de la constitution particulière de l'Etat de New-York :

« Pénétrés de reconnaissance envers la bonté divine qui nous a permis de choisir la forme de notre gouvernement, nous, les peuples de l'Etat de New-York, nous avons établi la présente constitution, etc. »

Cette grande nation avait compris que plus s'étend la liberté civile et politique, plus il est nécessaire que ses écarts trouvent un frein dans la conscience individuelle ; que le fondement de toutes les libertés est le respect de Dieu, le respect de ses semblables et le respect de soi-même.

Enfin, comme le dit l'auteur de *la Démocratie en Amérique* (de Tocqueville), « on ne peut établir le règne de la liberté sans celui des mœurs, ni fonder les mœurs sans croyances. »

« La civilisation américaine, ajoute-il, est le produit de deux éléments parfaitement distincts, qui ailleurs se sont fait souvent la guerre, mais qu'on est parvenu en Amérique à incorporer, en quelque sorte, l'un à l'autre, et à combiner merveilleusement : *l'esprit de religion et l'esprit de liberté.*

« La religion voit dans la liberté civile un noble exercice des facultés de l'homme, dans le monde politique un champ livré par le Créateur aux efforts de l'intelligence.

« La liberté voit dans la religion la compagne de ses luttes et de ses triomphes, le berceau de son enfance, la source divine de ses droits ; elle considère la religion comme la sauvegarde des mœurs, les mœurs comme la garantie des lois et le gage de sa propre durée. »

Les peuples impies et corrompus, au conraire, dégénèrent rapidement, et deviennent incapables même de défendre leur nationalité.

Quand l'empire romain oublia ses dieux, il donna bientôt au monde le spectacle de sa décadence, mal dissimulée par ses fêtes ; son luxe ne put cacher ses honteuses misères ; son armée énervée ne sut plus obéir, et ses généraux, affaiblis par les délices de Rome, furent incapables de porter les armes de leurs pères. Pour retarder sa chute et soutenir encore la gloire défaillante du nom romain, il fut obligé d'appeler à son aide les légions chrétiennes, et ce fut dans leurs rangs qu'il trouva encore des chefs capables de commander et des soldats sachant obéir.

Si la Bretagne et nos autres provinces de l'Ouest ont excité, pendant la dernière guerre, l'admiration et la reconnaissance de la France, cherchons-en la cause dans leur foi. Si leurs enfants ont donné si généreusement leur sang à la patrie, c'est qu'ils avaient la conviction d'accomplir un devoir religieux, le devoir d'aimer et de défendre la patrie jusqu'à la mort ; c'est que leurs prêtres étaient à côté d'eux sur le champ de bataille ou dans les ambulances pour leur ouvrir le ciel.

Dans les départements où l'influence morale du clergé était restée prépondérante, le patriotisme des populations s'est montré à la hauteur des grandes époques de notre histoire, pendant que l'impiété et l'égoïsme stupide qu'elle engendre paralysaient ailleurs la défense nationale.

Voici ce qu'écrivait, le premier septembre 1870, un commerçant de Brest, dans le *post-scriptum* d'une lettre d'affaires :

« Depuis deux jours j'ai parcouru tout le rayon. La campagne considère la guerre actuelle comme une croisade. Les mobiles sont partis en état de grâce, conduits par leurs pasteurs, qui portaient en tête de chaque commune un drapeau. Avec de telles dispositions, et qui sont générales dans le Finistère, on peut avoir confiance. Cette force qui comptera *quinze mille* hommes, fera son devoir, je vous en réponds. Ils aborderont l'ennemi avec cette devise : *Pour Dieu, pour la Patrie.* »

Voici, pour un autre département religieux, un témoignage prussien reproduit dans la *Westminster-Gazette :*

« Les habitants des localités françaises que nous avons occupées (la Lorraine) montrent d'une façon marquée leur répugnance pour les Prussiens. Ils s'éloignent de nos soldats, évitent tout commerce avec eux, et, lorsqu'on les interroge, ne donnent que des réponses polies, mais courtes.

« La situation religieuse de ces pays tout catholiques paraît excellente. Les paroisses appartiennent au diocèse de Metz. Les curés sont des hommes distingués et pieux, et leurs peuples les tiennent en grande considération. Ils ne cessent pas de s'occuper des soldats blessés, et, comme me l'ont dit le curé de Forbach et celui de Saint-Avold, il arrive rarement qu'un soldat apporté du champ de bataille meure sans avoir reçu les derniers sacrements.

« Presque tous les soldats français portent sur la poitrine la médaille de la Sainte Vierge. Avant de quitter leurs garnisons, ils se confessent et communient.

« L'état religieux de ce peuple est une excellente preuve que nous passons dans un pays véritablement catholique. De magnifiques églises, richement ornées, des croix sur les routes et dans les rues, des prêtres nombreux, même dans les petites localités, témoignent du réveil et des progrès de la vie religieuse.

« De belles rues, des plantations d'arbres, des champs bien cultivés, des prairies verdoyantes, tout annonce la prospérité et l'intelligence des habitants. Quand on traverse ces magnifiques régions qui appartenaient autrefois à l'empire germanique, on éprouve un bien vif désir de voir ce pays nous appartenir encore une fois. Mais lorsque vous entrez en conversation avec les gens du pays, vous vous apercevez bientôt qu'ils sont Français de cœur et d'âme, et qu'ils désirent rester Français. »

Le patriotisme et le dévouement sont naturels à l'homme religieux. Non pas qu'il ait un mépris brutal pour la mort, la vie est un bien, mais il y a au-dessus d'elle des biens plus précieux, la religion, la patrie, la famille, l'honneur, et il est toujours prêt à sacrifier sa vie pour ces biens supérieurs. Aussi est-il incontestable que les meilleurs de nos soldats ont dans l'âme de pieux sentiments ; ils ont dans les veines le vieux sang français qui est un sang chrétien ; ils ont, avant de quitter leur village, salué le clocher à l'ombre duquel ils ne reposeront peut-être pas ; la veille de la bataille, ils trouveront autour d'eux une main amie pour les bénir au nom du Dieu de leur enfance, une parole chrétienne pour leur parler de l'autre vie, une affection qui prenne souci, à cette heure suprême, de leur âme immortelle.

C'est de nos aïeux dans la foi que l'Ecriture a dit : *Ils allaient pleins d'ardeur portant avec eux l'aide du ciel et la pitié de Dieu, et comme des lions, ils se précipitaient sur les ennemis.*

Le patriotisme est l'héroïsme des âges de foi. Ce n'est ni de l'ivresse, ni de la rage, ni de l'audace, mais de l'abnégation à froid, c'est le journalier et persévérant oubli de soi pour tous ; c'est la mort entrevue avec joie parce qu'elle est acceptée, désirée pour Dieu et la patrie, la patrie qui comprend l'autel et le foyer, tout ce que nous avons de plus cher, la paix de nos mères, de nos sœurs, de nos enfants.

La bravoure excitée par la religion est moins bruyante, mais elle est plus sérieuse et plus énergique. La foi est la première qualité du soldat. Ecoutons sur ce point le témoignage d'un des généraux de notre armée, dans le livre intitulé : *L'armée française en 1867.*

« .... Il faut aux soldats un plus noble excitant. Il leur faut le haut sentiment des grands devoirs et du sacrifice. C'est alors que dans leur fermeté ils marchent dignement à la mort. Et parmi eux, ceux-là seulement ont la sérénité, qui croient à une autre vie. »

Bannissez des camps la foi vivante et pratique, éloignez les armées du service de Dieu, et voyez si, au moment de l'épreuve, vous saurez y maintenir ce respect de la hiérarchie et cet esprit de discipline qui, plus encore que la bravoure personnelle, préparent et assurent le succès. Non, il est des conséquences auxquelles on n'échappe point. Quand l'ordre établi de Dieu ne règne plus dans les âmes, tout se désorganise également dans les institutions, tout se désagrége et se dissout. Les troubles de l'esprit appellent les défaillances de la volonté ; et il n'y a plus de place pour la foi en la patrie dans les âmes qui en sont venues jusqu'à douter de Dieu et d'elles-mêmes.

Celui-là ne craint pas la mort, pour qui la mort n'est que le commencement d'une vie nouvelle ; lui ravir le sentiment de son immortalité, serait éteindre dans son cœur la flamme du dévouement. Celui-là est incapable de faiblesse, qui derrière le drapeau, emblème de l'honneur, sait voir encore et saluer la croix, symbole du sacrifice. Ainsi seulement se font les courages invincibles. Une poignée de Machabées eut raison de toutes les multitudes armées que l'on envoyait contre elle, parce qu'à l'idée de la patrie se rattachait pour elle, outre un sol à garder et un foyer à défendre, la foi des ancêtres, le temple, l'autel, tout ce qui fait la vie morale d'un peuple, sa grandeur dans l'histoire et son mérite devant Dieu.

CHAPITRE IV.

L'Enseignement catholique a toujours imposé le dévouement à la patrie comme un devoir.

Le prêtre décline le combat, mais il accepte le martyre. Qu'on lui permette de mourir sur le champ de bataille en arrachant les blessés au massacre et en emportant les victimes dans ses bras, il en sera reconnaissant ; mais exiger de lui le sacrifice de la vie les armes à la main, quand il l'offre sous une forme plus élevée, ce ne serait pas seulement outrager son caractère, mais encore fouler aux pieds la justice et la religion naturelle.

La République des Etats-Unis et celles de l'Amérique Méridionale dispensent du service militaire les ministres sacrés.

La République de Genève n'est pas moins libérale à cet égard.

La République de 92 ne comprit pas les sous-diacres dans sa levée en masse.

La Législation de 1802 et celle de 1848 restèrent fidèles aux mêmes principes.

Aucun peuple de l'Europe, dans ses défaites les plus désespérées, n'a requis le concours armé de ses prêtres. La Prusse en particulier, qui a fait une hécatombe si effrayante de ses enfants à son ambition ; cette puissance qui s'est mise par ses excès hors le sens moral et qui professe à la face du monde le mépris de tous les scrupules et de toutes les pudeurs ; la Prusse, dans ses rapports avec les divers sacerdoces qu'elle renferme, n'a pas donné ce scandale. Elle honorait Dieu par les exemptions de sa loi de recrutement, même quand elle l'outrageait par des victoires sans cœur et sans loyauté. Aussi ceux qui ont tenté d'ôter à notre pays les saints respects que sa rivale n'a point perdus et qui ont voulu profiter des malheurs de la France pour lui arracher un semblant d'apostasie par surprise, ceux-là conspiraient-ils contre l'honneur de la France et ils n'avaient pas le droit de parler en son nom.

D'ailleurs, plusieurs catégories d'exemption sont reconnues par la loi ; ou bien toutes seraient abrogées, ou bien celle qui concerne le clergé serait supprimée avant les autres. Or, le jour où un simple employé d'administration universitaire, postale, télégraphique serait déclaré plus nécessaire aux populations que les pasteurs des âmes, ce jour-là, une réprobation générale protesterait contre cette atteinte portée à la liberté des consciences et à la sainteté de l'ordre moral.

Enfin, il ne faut pas se dissimuler qu'une certaine mesure de tranquillité et de contentement est nécessaire à l'intérieur pour que la lutte contre l'ennemi ne soit pas énervée. Le prêtre est un instrument puissant de cette résistance indirecte ; il défend la patrie dans la dignité de ses foyers, tandis qu'elle combat sur ses remparts ; surtout il fortifie les soldats pendant leur absence, parce qu'il essuie les larmes qu'elle fait répandre, et il contribue à la victoire en soutenant de près les familles, et de loin l'âme des combattants.

Mais si le prêtre ne peut donner un concours armé pendant la guerre, il n'en accepte pas moins sa large part de sacrifices et de dangers sur les champs de bataille et dans les ambulances : la guerre de 1870 l'a surabondamment prouvé.

Et qui donc, mieux que le prêtre ou le religieux, sait comprendre les devoirs du citoyen et les sacrifices qu'ils imposent ? Ces devoirs et ces sacrifices la religion elle-même ne les leur impose-t-elle pas ? Bossuet n'a été que l'organe fidèle de la morale évangélique, quand il a formulé dans sa *Politique sacrée* cette proposition : *Il faut être bon citoyen, et sacrifier à la Patrie dans le besoin tout ce qu'on a, et sa propre vie.* (*Liv. I. Art. VI.*)

Le langage de nos évêques, pendant la dernière guerre, ne fut-il pas toujours empreint du plus admirable patriotisme ? L'un d'eux, après une série de désastres qui avaient énervé un grand nombre d'âmes, relevait ainsi les courages :

« Quelques-uns ont prononcé des paroles de découragement ; ils regardent comme un héroïsme insensé, parce qu'il est inutile, la résistance organisée par la nation. Ils veulent que la France se prêtant à tous les caprices de la force brutale, s'agenouille devant ses farouches vainqueurs et les fléchisse à force d'abaissement ; que la Lorraine, la Champagne, l'Alsace, ces héroïques provinces, soient livrées à l'étranger, comme si une mère consentait jamais à se racheter en vendant ses propres enfants !

« Pour nous, tout en respectant les opinions consciencieuses, nous repoussons énergiquement cette politique de découragement. »

Voici les admirables conseils que le même évêque adressait aux femmes chrétiennes :

« Femmes et mères chrétiennes, vous qui chaque jour tremblez et priez pour vos enfants, vos frères, vos époux, élevez votre cœur à la hauteur des devoirs que Dieu leur impose et qu'ils remplissent avec tant d'héroïsme ! Ah ! nous comprenons bien les angoisses qui vous déchirent, et pourtant c'est sur vous que nous comptons pour multiplier les chances de salut. C'est à vous que Dieu a confié la haute et douce mission de tout relever, tout consoler, encourager tous les dévouements, même ceux dont votre cœur est brisé. Tandis qu'ils combattent, continuez à vous organiser en comités de charité et de travail pour préparer les chauds vêtements que les rigueurs de la saison rendent si nécessaires au pauvre soldat, le linge et la charpie pour les blessés. Que pas un murmure ne tombe de vos lèvres ; que vos larmes mêmes ne coulent que devant Dieu, de peur d'amollir les courages autour de vous ! Rappelez-vous cette mère sublime de l'Ecriture, qui après avoir vu mourir sous ses yeux ses six enfants, disait au dernier : « Courage, mon fils, et regarde le ciel. Sois digne de tes frères, afin que je te retrouve avec eux dans la miséricorde de Dieu. » Et fortifié par ces paroles, le jeune homme répondait à ses bourreaux : « Qu'attendez-vous ? Je vous livre ma vie pour rester fidèle aux lois de mon pays, à l'exemple de mes frères. » Car ne vous y trompez pas, mourir, avec le nom de Dieu dans le cœur, pour défendre sa patrie, c'est mourir pour la justice, c'est être martyr du devoir, c'est acquérir des droits à l'éternelle récompense ! »

La plupart des évêques adressèrent au Corps législatif ou au ministre de la guerre des pétitions pour demander que leurs prêtres fussent chargés du service des blessés de l'armée.

Voici un extrait de celle de l'évêque d'Angers :

« Tous nos prêtres, sans exception, sollicitent la faveur de partager de plus près les travaux et les périls de notre brave armée. Je viens donc prier la Chambre d'insister auprès de M. le ministre de la guerre pour que *tous les infirmiers* militaires soient remplacés par des prêtres ou par des élèves de nos séminaires. Je m'offre à envoyer à mes frais tout le personnel qui me sera demandé jusqu'au poste qu'il plaira au gouvernement de lui assigner.

« Cette participation en masse du clergé à la défense nationale aura un double but : elle permettra de rendre à l'armée active tous les infirmiers militaires employés au service des blessés ; de plus, elle prouvera aux envahisseurs que la nation tout entière se dresse contre eux avec la ferme résolution de faire tous les sacrifices plutôt que de céder un pouce du sol sacré de la patrie. »

A toutes les époques de notre histoire, nos prêtres se montrèrent les premiers sur la brèche pour défendre l'honneur de la nation et l'intégrité de son territoire.

En 474, l'empereur Nepos envoya un ambassadeur dans les Gaules pour traiter de la paix avec les Wisigoths. Dès la première conférence, Enric, roi des Wisigoths, exigea, comme condition préliminaire, la cession de l'Arvernie. Les Gallo-Romains protestèrent ; les Arvernes poussèrent un cri d'indignation, et saint Sidoine Apollinaire, évêque de Clermont, adressa à Grœcus, évêque de Marseille, une admirable lettre embrasée du plus pur et du plus ardent amour pour le sol natal. Grœcus, qui partageait les sentiments de saint Sidoine, avait avec lui d'étroites relations d'amitié.

Nous citons quelques fragments de cette admirable lettre.

« Si la renommée dit vrai, écrit l'évêque de Clermont, notre pays va être plus malheureux par la paix, qu'il ne l'a été pendant la guerre.

« Il s'agit de payer la liberté d'autrui par notre servitude. Cette paix dont on parle, est-ce donc ce qu'ont mérité nos privations et nos champs ravagés par le fer, le feu et la peste, nos guerriers exténués par la famine? Est-ce donc dans l'espoir d'une semblable paix que nous nous sommes nourris des herbes cueillies dans les crevasses de nos remparts, fréquemment empoisonnés par des plantes vénéneuses que nous ne savions pas discerner et que nous cueillions d'une main aussi livide qu'elles? Ah! ne souffrez pas, nous vous en conjurons, un traité si funeste et si honteux!

« Empêchez, rompez à tout prix une paix pareille.

« Nous faut-il combattre encore, être encore affamés? Nous sommes prêts, nous sommes contents. Si nous sommes livrés, il sera constaté qu'en nous abandonnant vous avez recherché un lâche expédient, afin de faire votre paix avec le Barbare. »

Voilà comment les évêques du Ve siècle défendaient l'indépendance nationale et l'intégrité du territoire de la patrie. Les évêques de l'Alsace et de la Lorraine et, avec eux, tous les évêques de France, signeraient aujourd'hui, de grand cœur, cette éloquente protestation, nous pouvons l'affirmer, sans crainte de trop présumer de l'énergie de leur patriotisme.

CHAPITRE V.

Dévouement du Clergé catholique pendant la guerre de 1870-1871.

La plupart des journaux de Paris ont rendu un éclatant hommage au patriotisme du clergé et des ordres religieux. Le *Gaulois*, le *Figaro*, le *Soir*, *Paris-Journal* et la plupart des journaux politiques, ont publié sur ce sujet de remarquables articles.

Voici l'hommage rendu au clergé et aux ordres religieux, par le *Figaro*, sous ce titre :

Les soldats du Christ.

« Un prêtre ! si cette vanité pouvait jamais nous venir d'assimiler l'inutile et obscur labeur que nous faisons ici à l'œuvre éclatante et indiscontinue de charité, d'immolation, d'humilité et de vaillance que le clergé français, depuis l'évêque envoyant ses séminaristes au feu, jusqu'au frère ignorantin ramassant les blessés sous la mitraille, accomplit à cette heure pour le salut corporel et spirituel de cette génération qui l'abreuve encore de tant d'outrages et de persécutions, — ce qui se passe autour de nous dans la presse nous rappellerait bien vite à la modestie et au remords.

« Nous parlions d'exemples et de compensations, c'est de consolations et d'enthousiasme qu'il faut se sentir pénétré devant ces soldats du Christ, aussi intrépides, aussi résignés et dans tous les cas bien moins récompensés que ceux qu'ils accompagnent sur le champ de bataille, et à qui leur mort aussi bien que leur parole enseigne à bien mourir.

« Demandez aux Prussiens ce qu'ils pensent de nos aumôniers et de nos frères des écoles, et si leurs ministres protestants, qui ne savent, comme les nôtres, faire que des conférences, leur inspirent cette admiration et ce respect dont ils leur ont donné tant de preuves et qu'ils s'étonnent à bon droit de ne pas trouver dans certains de nos journaux !

« Demandez aux maires libres-penseurs ou athées qui ferment les écoles, proscrivent les Sœurs et décrochent les crucifix, ce que le concours de ce clergé qu'ils insultent leur vaut, — et ils vous le diront s'ils sont sincères, — de facilités pour leur propre tâche, de conciliations dans les esprits, de soulagements pour les misères de leurs administrés. Par un dernier reste de mauvaise éducation, de scrupules politiques, de fausse honte peut-être, ils s'efforcent de maintenir une barrière que la population enfin désabusée, et toujours reconnaissante, renverse sous leurs propres yeux ; mais plusieurs déjà parmi eux ne nient plus l'évidence et s'offrent d'eux-mêmes à la besogne d'apaisement. »

Dès le commencement de la guerre de 1870, le vénérable évêque de Strasbourg, Mgr Rœss, quoique octogénaire, s'empressa de quitter Rome où il prenait part aux travaux du Concile, pour venir partager avec ses chers Strasbourgeois les dangers du siége de sa ville épiscopale. Sa charité et son patriotisme furent admirables pendant cette cruelle épreuve, et quand Strasbourg eut à supporter les horreurs du bombardement, le courageux vieillard, oubliant ses infirmités et son âge, se rendit au quartier général de l'armée ennemie pour y défendre son peuple et venger les droits de l'humanité.

Un autre vieillard, l'évêque de Metz, Mgr Dupont des Loges montra un dévouement et un courage non moins admirables dans des circonstances aussi douloureuses.

Citons un fait qui peint bien le patriotisme de ce prélat. Après l'occupation de Metz par les Allemands, le gouverneur prussien fit placer une sentinelle d'honneur devant le palais de l'évêché. En voyant le factionnaire qu'on lui avait envoyé, l'évêque s'approcha du soldat et le congédia poliment, en lui disant qu'il n'avait pas besoin d'une garde particulière.

Le soldat ne se le fit pas dire deux fois, et retourna à son poste.

Le lendemain, nouveau factionnaire.

A la vue du nouvel arrivant, l'évêque, qui sortait en voiture, fit monter avec lui le fusil à aiguille et alla trouver le gouverneur, à qui il remit la sentinelle, en disant que s'il voyait un troisième factionnaire, il quitterait l'évêché. Ce fut son dernier mot.

Et depuis, l'évêque fut libre.

Plus tard, lorsqu'après nos désastres la Lorraine et l'Alsace furent annexées à l'Allemagne, Mgr Dupont des Loges refusa de prêter serment à l'empereur Guillaume et fut puni de ce refus par la privation de son traitement. Menacé de la colère du gouvernement prussien, le courageux prélat resta intrépidement à son poste, et déclara en chaire qu'il ne quitterait jamais son troupeau, quoiqu'il pût lui arriver.

Monseigneur Guibert, aujourd'hui archevêque de Paris, était, depuis plusieurs années, archevêque de Tours, donnant à tous l'exemple de la charité la plus vive quand éclata à Paris la révolution du 4 septembre 1870. Quelques jours après, une délégation du gouvernement de la Défense Nationale, obligée de quitter Paris à la veille de l'investissement, vint se fixer à Tours.

Monseigneur Guibert n'avait, — est-il besoin de le dire, — ni communauté d'idées, ni lien d'aucune sorte avec les hommes du 4 septembre. Mais oubliant tout dissentiment politique et religieux pour faire ce que commandait alors le patriotisme, il offrit aux délégués de Paris l'hospitalité de son palais. M. Crémieux accepta cette offre, et fut, pendant quatre mois, l'hôte de l'archevêque dont la demeure devint ainsi le centre politique de la France.

Il n'est personne qui n'ait admiré alors le noble exemple que donnait Mgr Guibert, en recevant sous son toit et à sa table un membre de la religion juive, un ministre dont les idées et les antécédents pouvaient, à tant d'égards, lui inspirer une légitime défiance. Mgr Guibert n'eut pas à regretter cette gracieuse hospitalité : ses rapports incessants avec le délégué du gouvernement lui permirent de rendre les plus importants services, et de sauvegarder les intérêts de la religion, menacés par le fanatisme révolutionnaire.

Dans une circonstance douloureuse Monseigneur Guibert fit preuve de la plus louable fermeté. On n'a pas oublié les détails de l'arrivée de Garibaldi à Tours. Si la faveur accordée à l'aventurier italien par le gouvernement de Tours indignait les honnêtes gens de tous les partis, elle devait affliger spécialement Mgr Guibert. Quel scandale n'eut pas causé la présence du fougueux ennemi du christianisme dans le palais archiépiscopal de Tours ! Aussi Mgr Guibert s'empressa-t-il de prévenir le gouvernement que si Garibaldi pénétrait dans sa demeure, il la quitterait aussitôt avec éclat. Le langage de l'archevêque fut écouté.

Avant de quitter Tours, le digne prélat devait rendre à cette ville un dernier et important service. A la veille de la conclusion de l'armistice, Tours fut occupé par l'ennemi. Une contribution de sept millions, réduite à quatre millions, après d'énergiques protestations, fut imposée à la ville. Le prince Fritz, fils aîné de Guillaume, étant venu passer quelques heures à Tours, Mgr Guibert s'empressa d'intervenir en faveur de ses malheureux diocésains : il sut faire impression sur ce prince, cependant peu accessible à l'émotion, et, quelques jours après, la contribution de guerre fut réduite à 1,200,000 francs, dont 500,000 fr. seulement furent versés à l'ennemi, grâce à de nouvelles démarches du prélat.

Mgr Dupanloup, évêque d'Orléans, fut aussi une providence pour son diocèse. Dans la mesure de ses forces, il épargna à sa chère ville d'Orléans tous les maux contre lesquels sa charité, son éloquence, son dévouement trouvaient un remède. Il se mit de sa personne entre elle et le vainqueur, et nous pouvons dire qu'à la première occupation d'Orléans par les Bavarois, cette voix respectée, qui tombait de si haut, fut presque toujours écoutée. Des vieillards, des enfants lui dûrent la vie.

Plus tard, après l'échec éprouvé par le 17ᵉ corps, Orléans ayant été réoccupé par l'ennemi, l'éminent évêque fut détenu prisonnier dans son palais. Cette mesure de rigueur, qui fut précédée d'outrages et de scènes de violence, fut motivée par les mandements patriotiques de ce prélat, à l'occasion des premiers succès de l'armée de la Loire.

De plus, afin de frapper l'évêque à l'endroit le plus sensible de son âme, les Allemands ne négligèrent rien pour souiller sa belle cathédrale. Ils y entassèrent des milliers de prisonniers français, les laissèrent là, portes fermées, sans pain et sans feu, et, par un raffinement de cruauté, quelques Allemands venaient, en ces heures d'angoisses, jouer de l'orgue par dérision.

Ajoutons que l'un des aumôniers français eut la tête fendue d'un coup de sabre au moment où, revêtu des insignes de l'Internationale, il exerçait son ministère de charité près des mourants, et qu'un autre ecclésiastique fut fusillé pour avoir refusé de donner aux Prussiens les renseignements qu'ils lui demandaient sur notre armée.

La ville d'Orléans, par l'organe de son conseil municipal, a payé une dette de reconnaissance à Mgr Dupanloup, et la France entière s'est associée à l'hommage rendu à cette grande figure, l'honneur de la chaire et des lettres.

Mgr Lavigerie, archevêque d'Alger, abandonna pour nos armées de terre et de mer la moitié de son traitement pendant toute la durée de la guerre.

Dans un mandement où ce prélat faisait appel à la charité de ses diocésains pour les besoins de notre armée, il disait :

« Retranchons-nous avec courage tout superflu, et, s'il le faut, une portion même du nécessaire, pour venir en aide à ceux qui combattent, à ceux qui souffrent.

« Vous pardonnerez à votre évêque s'il supprime, pendant ce temps, en tout ce qui dépend de lui, l'appareil extérieur de sa dignité, et s'il pense qu'il doit ainsi vous donner l'exemple dans cette grande épreuve de la patrie. »

L'archevêque de Lyon transforma tous ses établissements ecclésiastiques en ambulances, et les fit desservir par des séminaristes. Il établit dans son propre palais cinquante lits pour les blessés, et en disposa une autre partie pour servir d'entrepôt aux farines et aux grains appartenant à la ville.

Ce fut par les soins de ce prélat que se fonda et se développa à Lyon et à Saint-Etienne l'œuvre des prisonniers français qui rendit de si grands services à nos soldats captifs en Allemagne.

L'évêque d'Angers qui avait déjà sollicité pour ses prêtres et ses séminaristes l'honneur de servir les blessés de l'armée sur les champs de bataille, organisa à ses frais un grand nombre d'ambulances à Angers, notamment celle de la gare du chemin de fer qu'il fit construire pour donner les soins les plus urgents aux blessés.

Président de la société internationale de secours aux blessés, Mgr Freppel établit, avec son comité, des ambulances militaires dans chacun des bataillons de la garde mobile ou mobilisée du département de Maine-et-Loire ; il pourvut lui-même, au moyen de quêtes, de souscriptions et d'ateliers de charité, à la distribution de vêtements chauds pour les bataillons en campagne, et organisa même un service de correspondance entre nos braves soldats et leurs familles.

Il souscrivit et fit souscrire tous les établissements religieux de son diocèse, pour une part importante, aux emprunts municipaux et départementaux destinés à l'achat des armes et à la création d'ateliers de travail.

Plus tard, il chargea un de ses prêtres, M. l'abbé d'Arbois de Jubainville, d'aller porter des secours aux prisonniers français en Allemagne.

Enfin, se préoccupant de toutes les situations douloureuses créées par nos désastres, ce zélé

4

prélat adopta tous les enfants pauvres de son diocèse que la guerre avait laissés orphelins.

Et pendant que Mgr Freppel donnait ainsi tant de dévouement à la patrie et à ses défenseurs, sa charité créait encore à Angers douze fourneaux économiques pour les nécessiteux dont la guerre et un hiver rigoureux avaient aggravé la position.

Les Prussiens faisaient monter sur les locomotives de leurs trains les personnes notables des villes qu'ils occupaient, afin d'avoir ainsi une garantie contre les francs-tireurs qui coupaient les rails.

A Reims, Mgr Landriot s'offrit pour être un de ces otages, et la commission municipale n'ayant point insisté pour qu'il fût remplacé, les Prussiens eurent le cynisme de le faire monter sur la locomotive.

A Châlons, l'évêque s'était aussi offert pour cette pénible corvée, mais la municipalité refusa le bénéfice de ce dévouement épiscopal ; un autre notable se présenta à la place de Monseigneur Meignan.

Un grand nombre d'évêques s'exposèrent aux insultes et à la brutalité de l'ennemi pour défendre leurs malheureux diocésains. Leur courageuse intervention obtint souvent des adoucissements aux terribles exigences du vainqueur.

Après des réquisitions excessives, les Prussiens avaient encore imposé au département de la Seine-Inféreure une contribution de guerre de 26 millions dont 6 millions et demi devaient être payés par la ville de Rouen. Toutes les mesures avaient été prises par l'ennemi pour assurer le prompt recouvrement de cette somme, notamment l'apposition des scellés à cent cinquante des principaux magasins de Rouen, après évaluation des marchandises. Mgr de Bonnechose voulut tenter d'épargner à son diocèse cette nouvelle épreuve, et, n'écoutant que son zèle, il résolut de s'adresser directement aux autorités supérieures allemandes à Versailles, et, s'il se pouvait, au roi de Prusse lui-même. Dans ce but, il quitta Rouen le dimanche 12 février, de grand matin, et parvint, après un trajet pénible et semé de difficultés, le soir même à Versailles. Dès son arrivée, il commença ses démarches et obtint une audience du roi, plusieurs audiences du prince royal, du grand duc de Bade, gendre du roi, de M. de Bismark, du ministre de la guerre, du gouverneur général, M. de Fabrice, et sut intéresser à sa cause ces différents personnages. Il dépeignit au roi et à ses ministres, avec toute l'éloquence du cœur, la situation désastreuse du département de la Seine-Inférieure, fit valoir l'attitude digne qu'il avait su garder au milieu des plus cruelles extrémités, les sacrifices considérables qu'il s'était imposés et s'imposait encore tous les jours pour soulager les souffrances des classes pauvres, enfin parla en pasteur et en père qui défend son troupeau.

L'éminent archevêque, tout en s'attachant à placer sa demande sous la protection de son ministère sacré, n'oublia pas les arguments de droit politique et international dont cette cause était susceptible. Mais ces arguments devaient avoir peu de prise sur une résolution fermement arrêtée. Toutefois, les instances du courageux prélat obtinrent un succès inespéré. Le roi fit suspendre immédiatement les mesures militaires qui avaient déjà reçu à Rouen et dans le département un commencement d'exécution, et réduisit des deux tiers la contribution de guerre.

Le 1er septembre 1870, avant même le désastre de Sédan, l'Archevêque de Rennes, qui avait déjà installé depuis un mois les gardes mobiles dans ses séminaires, mit encore 200 lits pour les blessés à la disposition de l'intendance militaire. Des séminaristes furent chargés de remplir près des malades les fonctions d'infirmiers, et les Sœurs de l'Espérance prirent la direction de la pharmacie et de tout ce qui concernait le pansement des blessés. L'évêque de Rennes reçut ces blessés sans que l'intendance ait eu, pendant leur séjour dans les séminaires, les moindres frais à supporter.

Quelques jours plus tard, ce même prélat offrit encore pour les blessés toutes les communautés religieuses de son diocèse, et donna des ordres pour que chacune d'elles fît connaître le nombre qu'elle pouvait admettre.

Le vénérable cardinal Mathieu, archevêque de Besançon, frère d'un amiral qui a rendu d'éminents services à la marine française, continua les traditions de dévouement et de patriotisme de sa famille, et ne cessa de donner à son diocèse, l'un des plus éprouvés par la guerre, les plus admirables exemples de dévouement.

Après la prise de Laon, un conseil de guerre prussien avait condamné le préfet, M. Ferrand, à la peine de mort.

M. Ferrand ne dut la commutation de cette peine qu'à l'intervention courageuse de Monseigneur Landriot, archevêque de Reims.

Le 17 septembre, le général Le Flô, ministre de la guerre, adressa ses remerciements à l'archevêque de Cambrai qui avait déjà installé *cinq cent trente* blessés dans ses deux séminaires diocésains.

Les premières maisons qui s'ouvrirent à Bordeaux, pour recueillir les soldats qui revenaient mutilés ou malades des champs de bataille, furent les couvents. Un grand nombre de religieuses moururent des suites des maladies qu'elles contractèrent en soignant, dans leurs ambulances, les soldats atteints de la petite vérole.

Le cardinal archevêque de Bordeaux transforma ses séminaires en casernes ou en ambulances.

Chacun des curés de cette ville établit, dans sa paroisse, une ambulance où nos malheureux soldats reçurent tous les secours que peut prodiguer la charité la plus intelligente et la plus délicate.

Tous les évêques de France s'empressèrent de partager les sacrifices que les malheurs de la France imposaient à ses enfants. Tous transformèrent leurs établissements religieux en hôpitaux militaires, créèrent des ambulances dans leur propre résidence, et demandèrent avec instance au Corps législatif et à l'administration de la guerre que les élèves de leurs grands séminaires et les prêtres auxquels la charge pastorale n'imposait pas une résidence obligatoire, fussent admis en qualité d'aumôniers ou d'infirmiers dans les rangs de l'armée, sans autre condition que de partager l'ordinaire du soldat.

Un grand nombre d'évêques publièrent des mandements et organisèrent des quêtes pour fournir des vêtements chauds aux mobiles et aux mobilisés. Les ressources qu'ils obtinrent ainsi furent très-importantes et rendirent les plus grands services à notre jeune armée. Citons un exemple : A la quête faite dans une église d'Orléans, on trouva une parure en diamants (broche, bague, pendants d'oreille) déposée par une Orléanaise. Soumise à l'estimation d'un bijoutier, cette parure fut évaluée à deux mille francs. Le Comité décida qu'elle serait mise en loterie : deux mille billets à un franc.

Et nos pauvres soldats prisonniers en Allemagne, quels adoucissements à leur infortune n'ont-ils pas reçus de la charité de nos évêques ! Le seul diocèse de Lyon a envoyé en Allemagne plus de deux cent mille francs et on évalue à près de trois millions les sommes expédiées ainsi par les différents diocèses de France.

Les évêques acquiescèrent, sans hésiter, aux réquisitions ou même au simple désir exprimé par l'administration, pour l'emploi des églises au service des ambulances. Depuis longtemps, des saints aux vertus héroïques : les Ambroise, les Charles Borromée leur avaient appris à sacrifier généreusement tout ce que leurs églises possédaient au salut de la patrie ou aux nécessités des pauvres.

Mais si le dévouement patriotique du clergé se montra prêt à faire ce sacrifice, nous devons faire remarquer que là où l'administration eut de pareilles exigences, elle se montra bien inintelligente et bien hostile aux sentiments religieux des populations. Il est impossible, en effet, de donner pendant l'hiver, à l'atmosphère de la plupart de nos églises, la température nécessaire à des blessés, et le mode de chauffage employé à cet effet est l'antipode de celui qu'exigerait une salle d'hôpital. En outre l'air d'une église à voûte élancée n'étant jamais renouvelé, les expériences de la science ont montré qu'il renfermait toujours des germes organiques capables d'envenimer les plaies.

Avant de requérir les églises, pourquoi n'avait-on pas occupé les salles des établissements publics beaucoup plus faciles à clore, à chauffer et à aérer ? Pourquoi interrompre ainsi, sans une nécessité absolue, le service religieux de nos églises, où l'on prie, où l'on prêche l'obéissance au pouvoir établi et la charité universelle, où l'on implore le salut de la France ?

Le martyrologe du clergé français, pendant la guerre de 1870, serait long à écrire. Plusieurs prêtres succombèrent glorieusement sur les champs de bataille, un plus grand nombre trouva une mort plus obscure mais non moins héroïque en soignant nos blessés et nos malades attèints de la variole ou du typhus dans nos hôpitaux ou nos ambulances ; d'autres, victimes de leur charité et de leur patriotisme, furent maltraités ou faits prisonniers par les Prussiens ; tous enfin, à cette triste époque qui vit tant de défaillances, se montrèrent les dignes enfants de la France et conquirent l'admiration même de la presse irréligieuse.

L'ennemi lui-même rendait justice au patriotisme des prêtres français, et plusieurs fois on entendit des officiers prussiens avouer « qu'ils craignaient surtout les francs-tireurs et les curés, » et en effet ils le prouvèrent bien par leur férocité envers les uns et les autres.

Le clergé de la Moselle compta de nombreuses victimes. L'une des premières fut M. l'abbé Valter. C'était le prêtre le plus doux du diocèse de Metz. Curé à Valmont, il avait vu, comme la plupart des prêtres de ce diocèse, son presbytère occupé par l'ennemi. Il succomba aux actes de brutalité dont il fut l'objet.

Un grand nombre de prêtres furent traînés par la gendarmerie prussienne devant les conseils de guerre de Metz ou de Thionville et condamnés à la détention. Citons entre autres M. l'abbé Wurtz, M. Ravault, curé de Fixem, M. Hées, prêtre nouvellement ordonné, etc., etc.

Le vénérable curé de Launstroff, M. Dalstein, enlevé de son presbytère, fut conduit de poste en poste jusqu'à Saarbruck, où il fut emprisonné pendant dix jours, sans autre lit qu'un peu de paille, et privé même du nécessaire.

Les curés de Sierck, de Montenach, de Mandren, d'Apach, de Menskirchen et beaucoup d'autres furent obligés de s'éloigner de leur paroisse.

La plupart des presbytères furent pillés, notamment ceux d'Ondren, de Kemplich, de Garsch, de Veymerange, etc., etc.

———

A leur arrivée à Sarreguemines, les Prussiens voulant s'emparer de l'église se présentèrent chez M. Muller, curé-archiprêtre, pour lui en demander la clef. Le vénérable curé chercha à faire comprendre aux Prussiens l'inconvenance de leur demande. On discuta beaucoup, puis...

— Monsieur le curé, nous sommes fatigués de votre résistance. Sachez-le bien, nous sommes vainqueurs, tout nous appartient; si vous ne nous donnez pas la clef, nous la prendrons de force, et.....

— Messieurs, je vous comprends ; dans une exécution militaire, combien de balles tirez-vous sur le soldat condamné à mort ?

— Huit et le coup de grâce.

— Eh bien ! messieurs, avant d'entrer dans mon église et de la profaner, vous me tirerez huit balles et vous me donnerez le coup de grâce, puis vous pourrez entrer en passant sur mon corps.

Les Prussiens, furieux, se retirèrent en prononçant leur *francosen ko of* (mauvaise tête de Français).

— Voici un autre fait de même nature : M. Jacobs, curé-archiprêtre de Foulquemont, reçut aussi ordre de remettre les clefs de son église ; sur son refus, il fut sommé de se présenter chez le major de Vilhem-Fritz. Quand on connaît les procédés brutaux des Prussiens, on peut juger de la réception faite à M. Jacobs.

— Curé, tu vas donner immédiatement la clef, ou.....

— Major, un mot :

« Il est dit dans l'histoire de la Grèce qu'à la bataille de Salamine un athénien saisit un vaisseau avec la main droite. Quand cette main fut coupée, il le saisit de la main gauche ; quand elle fut encore coupée, il le saisit avec les dents ; et retint le vaisseau jusqu'à ce qu'il eut été tué.

« Je ferai de même avec les clefs ; je les garderai avec ma droite. Si elle est coupée, je les prendrai de la gauche ; si elle est coupée, je les retiendrai avec les dents jusqu'à la mort. Choisissez : je reste dans la possession de mon église ou vous me tuerez. »

Le major, rouge de colère, se promenait de long en large dans la chambre, faisait résonner le plancher avec ses éperons, le frappait avec son sabre, se cramponnait au mur, regardait le plafond en furieux. Rien n'y fit. M. Jacobs restait impassible. A la fin, le major lui dit : « Allez ! vous êtes un bon Français. »

— « Pas le seul bon Français, » répliqua M. Jacobs ; « essayez un peu, major ? »

Le curé de Bazeilles, près Sédan, fut condamné à mort par un conseil de guerre prussien, pour avoir donné asile à des soldats français et leur avoir fourni les moyens de tirer sur l'ennemi des fenêtres de son presbytère.

M. l'abbé Cor, curé de Neuville (Ardennes), vieillard octogénaire, fut attaché par les Prussiens à la queue d'un cheval et traîné ainsi à une assez grande distance. Un prussien lui avait attaché une corde à la jambe et tirait cette corde quand le pauvre vieillard voulait se relever.

Ce vénérable vieillard ayant survécu à ces cruautés, quelqu'un lui dit en le voyant couvert de boue :

« — Monsieur le curé, dans quel état vous voilà !

— « Oh ! répondit-il, c'est ma vieille soutane. »

Un rédacteur du *Gaulois*, M. Cardon, qui, après la bataille de Forbach, resta trois jours prisonnier, a raconté que l'ennemi avait fait fusiller le curé de Gunstatt, sous prétexte qu'il avait tiré sur les soldats prussiens. Cet ecclésiastique s'était borné à porter secours aux blessés.

Vers la fin d'octobre, les troupes prussiennes quittèrent le Bas-Rhin pour se diriger sur Belfort et en faire le siège. Elles purent bien vite reconnaître l'hostilité profonde de la population qui se manifestait en toutes circonstances, mais surtout par de nombreuses embuscades, dans les terrains couverts.

Le premier novembre, les colonnes ennemies abordèrent le large massif, montueux et accidenté, qui porte le nom de Sundgan, dont la population énergique s'était déjà signalée en 1815 par sa résistance à l'invasion. Au point culminant du plateau, les montagnes du Jura et des Vosges laissaient entre elles un accès ouvert : c'est la *trouée de Belfort*, célèbre chez les stratégistes. La ville est assise au milieu, environnée de ses citadelles casematées et bâties sur le roc.

A travers cette difficile contrée du Sundgan, l'ennemi se sentit harcelé à chaque pas par les corps de francs-tireurs. Dès Cernay, il lui fallut employer son artillerie. Les ravins cachaient pour lui des ennemis dangereux et cette résistance si énergique l'exaspérait jusqu'à la férocité. La rage des Prussiens s'exerçait surtout contre le clergé qu'ils regardaient, non sans raison, comme l'âme de la défense nationale. C'était entre eux à qui maltraiterait les curés du pays, et, sans l'intervention des soldats catholiques du duché de Posen et des provinces rhénanes, le nombre des victimes eut été beaucoup plus considérable. A chaque instant, des prêtres étaient arrachés à leurs paroisses et conduits à Strasbourg ou même à Rastalt.

Le matin du 2 novembre, un corps prussien arriva à Etuffont, commune peu éloignée de Belfort. L'office des morts venait de finir. Les soldats envahirent le presbytère et y saisirent violemment le curé et son vicaire qu'ils placèrent en tête d'une colonne qui allait se rapprocher de la forteresse. Le but de cet acte inhumain était d'arrêter les coups des francs-tireurs, ou d'exposer les deux prêtres à leur feu. En vue de Belfort, la colonne prussienne eut à soutenir un engagement avec la garde mobile à la suite duquel des blessés et des morts restèrent sur le terrain. On permit alors aux deux prêtres d'assister les mourants et on leur rendit ensuite la liberté.

Ils retournaient à leur paroisse lorsqu'ils rencontrèrent une autre colonne prussienne arrivant de Petit-Magny où elle avait commis des atrocités. Trois soldats se ruèrent sur le vicaire, M. l'abbé Miclaud, et le tinrent sous leurs baïonnettes pendant qu'un quatrième lui déchargeait son arme en pleine poitrine. Le jeune prêtre put encore se traîner sur le talus qui bordait la route, s'y assit et perdit connaissance. Au même instant, un officier arrivant à cheval, déchargea à son tour son pistolet sur le curé qui ne dut la vie qu'au mouvement qu'il faisait en ce moment pour secourir son malheureux confrère.

Ramené au presbytère, M. l'abbé Miclaud succomba après dix jours de souffrance. Sa mort fut d'une sérénité sublime, séraphique. En expirant il eut encore sur les lèvres des paroles de pardon et le nom de la France, demandant à Dieu d'accepter sa vie pour elle.

Un autre prêtre du même pays, le curé de Bue, ayant refusé de donner aux Prussiens des renseignements sur nos troupes, fut arrêté, accablé d'outrages, attaché au cou par une corde et conduit sous un arbre pour y être pendu. Une intervention généreuse obtint sa grâce du général Prescow.

Le curé de Sermange (Jura) mourut à la suite des blessures qu'il avait reçues des Prussiens en défendant sa commune contre les réquisitions qui lui étaient imposées.

En annonçant cette mort, l'*Electeur libre* de Paris rendit un hommage public au patriotisme et au dévouement de ce courageux ecclésiastique.

M. l'abbé Frérot, curé de Verrey (Côte-d'Or), trouva aussi la mort dans les circonstances les plus cruelles.

Le 17 janvier 1871, un engagement avait eu lieu entre Salmaise et Verrey, à la suite duquel les Prussiens avaient envahi ce dernier village, tuant ou blessant tout ce qu'ils rencontraient, sans en excepter les femmes et les enfants.

Le curé de Verrey attendait chez lui le moment de porter secours aux blessés, lorsqu'une bande de Prussiens envahit son presbytère et l'en chassa après l'avoir blessé de deux coups de baïonnette.

Le pauvre curé, tout meurtri et ensanglanté, se réfugia dans son jardin, mais il y fut poursuivi par la rage des Prussiens. Une balle lui traversa la joue gauche et lui fit une nouvelle blessure.

Baigné dans son sang, mais toujours plein de courage, M. l'abbé Frérot parvint alors à se réfugier dans une maison voisine où le docteur Lamarche, son ami, donnait des soins à un enfant blessé.

Après un premier pansement, le docteur le conduisit lui-même à son propre domicile, en tenant à la main le drapeau de la société internationale. Précaution inutile : les bourreaux retrouvèrent leur victime et s'acharnèrent à la frapper jusqu'à ce qu'elle tombât inanimée.

Le pauvre prêtre survécut pourtant encore

quelques jours à ses horribles blessures. Il supporta avec un courage héroïque cette cruelle agonie, et put adresser ces touchantes paroles au médecin qui lui prodiguait ses soins : « Je « meurs sans regret ; mais je serais heureux « que Dieu permît que ma mort servît à quel- « que chose et fût utile à mon pays. »

M. l'abbé Frérot n'avait que 37 ans.

Un pauvre curé de campagne des environs de Reims, M. l'abbé Miroy, curé de Cuchery, avait consenti, par pure obligeance, à cacher dans son presbytère des fusils de chasse appartenant à ses paroissiens qui désiraient en conserver la propriété. Ces armes étaient d'ailleurs tout-à-fait inoffensives. Mais, par suite d'une alerte, le pauvre curé fut dénoncé, arrêté, amené à Reims à peine vêtu, mis au cachot au pain et à l'eau, puis jugé, condamné à mort par un conseil de guerre et passé impitoyablement par les armes le dimanche 12 février 1871, à six heures du matin, à l'une des portes de la ville. Il mourut avec le plus grand courage, la résignation la plus touchante, ayant refusé de signer tout pourvoi en grâce et n'aspirant qu'à rejoindre, disait-il, dans un monde meilleur, ses père et mère, qui avaient péri dans les flammes d'un village incendié par l'ennemi. Cet événement produisit la plus douloureuse sensation. La population de Reims, voulant rendre hommage au dévouement de ce glorieux martyr, couvrit sa tombe d'immortelles, et inscrivit ces mots sur sa croix tumulaire :

Ici repose l'abbé Ch. Miroy, mort victime de son patriotisme.

Voici l'avis officiel, qui avait annoncé cette exécution sauvage :

« Dans la nuit du 6 au 7 février courant, on
« a tiré des montagnes environnantes, à plu-
« sieurs reprises, des coups de fusil contre des
« troupes de réquisition entrées à Belval.
« Charles Miroy, curé de Cuchery, âgé de qua-
« rante-deux ans, à la paroisse duquel appar-
« tient Belval, et qui avait caché et distribué
« aux habitants des armes, a été arrêté comme
« instigateur de ces actes hostiles, et, en vertu
« d'un arrêt du conseil de guerre, fusillé au-
« jourd'hui matin à Reims, pour crime de
« trahison envers des troupes allemandes.

« Le gouverneur général : de Rosenberg-
« Gruszczynski, lieutenant général. Reims, le
« 12 février 1871. »

Quelle étrange confusion du sens moral : ces barbares osaient ainsi donner le nom de trahison à la résistance au vol et au pillage !

———

Lorsque les Prussiens entrèrent à Moigny, près Milly, dans le département de Seine-et-Marne, le curé de cette petite commune avait à sa table un franc-tireur. Son courage s'émeut au bruit de la fusillade. Il se précipite avec son hôte dans la campagne, et sert de guide aux francs-tireurs dans les sentiers et dans les bois. Comme un soldat, il s'expose au feu ; et, s'il ne frappe point l'ennemi, au moins sert-il son pays à sa manière, en conduisant nos défenseurs sur tous les points où l'on peut se battre avantageusement.

C'est au milieu d'eux que les Prussiens le firent prisonnier. Attaché par les poignets, placé entre les chevaux de deux dragons, traîné par eux, pendant leur galop, frappé mille fois du plat de leurs sabres, meurtri et brisé de fatigue, il put cependant se soustraire à leur surveillance et s'enfuir dans les bois.

Le courageux ecclésiastique en retournant plus tard dans sa paroisse, y trouva tous les cœurs pleins de son souvenir, animés par son exemple et fiers de son héroïsme.

———

A Saint-Calais (Sarthe), sous prétexte que des fusils avaient été trouvés dans le clocher de l'église, le curé, le maire et 143 autres habitants furent condamnés à passer entre deux haies de soldats pour recevoir la bâtonnade. Les patients défilèrent deux à deux, lentement, sous le bâton dont chacun recevait plusieurs coups. Le curé avait été placé le dernier. Comme il s'avançait seul, à la suite des 71 files doubles, il reçut les coups des deux côtés sur la tête avec une telle violence qu'il tomba évanoui ; on le releva pour continuer l'opération plus rudement. Sa tête fendue en cinq endroits, était toute sanglante. Il fut laissé dans le plus triste état. Quant au maire, M. le baron Jaubert, fils du comte Jaubert, député à l'Assemblée nationale, il mourut de ses blessures.

Un autre vénérable ecclésiastique du diocèse du Mans, M. le curé d'Ardenay, fut arbitrairement arrêté par les Prussiens et entraîné dans la colonne des prisonniers. C'était pitié de voir ce respectable prêtre, en sabots, la soutane déchirée par les soldats allemands, poussé et bousculé pendant vingt lieues par une escorte avinée. Non-seulement on l'accabla pendant toute cette route des plus grossières injures, mais encore on ne lui épargna pas les coups de poings sur la tête malgré ses chutes continuelles. Son crime consistait en ce que, sur le clocher d'Ardenay, se trouvait un drapeau tricolore, hissé là en 1830.

Le dévouement du clergé se manifesta souvent sous les formes les plus touchantes. Voici plusieurs faits qu'on nous a racontés :

A la bataille de Sédan, le 20e de ligne donna toute la journée du premier septembre. Le lendemain, à la nouvelle de la capitulation, le lieutenant Zaccone se tint caché jusqu'à la nuit et s'en alla se réfugier chez un curé des environs qui, après lui avoir donné à manger, le revêtit du costume ecclésiastique en ayant soin de lui raser les moustaches.

Puis, les deux prêtres ayant traversé sans encombre les lignes prussiennes, arrivèrent au village de Corbillon, sur la frontière belge.

Là, le lieutenant se sépara de son généreux guide et gagna le chemin de fer, d'où il revint par Namur en France.

Quelques jours après, il arrivait en soutane à Paris.

Son oncle, Pierre Zaccone, garde chez lui la soutane du bon prêtre comme souvenir de cet épisode touchant.

———

Voici un autre fait raconté par des prisonniers français évadés des environs de Montmédy :

« Nous sommes du Jura, soldats au 4ᵉ bataillon de chasseurs. Nous avons été faits prisonniers à la bataille de Mouzon, et comme les Prussiens poussaient leur marche en avant sur Sédan, on nous avait laissés en arrière sous la garde d'un peloton de cavalerie. Nous étions cinquante-trois en tout. Après nous avoir fait marcher deux ou trois jours du côté de Montmédy, qui était bloqué par les Prussiens, on nous amena un soir dans un petit village de la Meuse. Nous étions très-fatigués et nos gardiens l'étaient autant que nous.

« Pour couper court et nous garder plus facilement, ils imaginèrent de nous enfermer dans l'église du village, allèrent chez le curé, exigèrent de lui la remise de toutes les clefs, fermèrent les portes, avec accompagnement de barricades, et allèrent se coucher là-dessus.

« Le curé de la paroisse leur avait demandé la permission d'enlever le Saint-Sacrement, et nous avait dit d'allumer des cierges pour la nuit. L'église était vieille, il y avait des chapelles du temps des seigneurs, et des murailles percées de trous donnant sur l'autel, tout comme dans l'église de Pesmes (Jura), qui est près de chez nous.

« Nous étions rangés de notre mieux sur les bancs, et je crois que je dormais déjà, quand j'entendis, sur le coup de minuit, une voix qui me dit : chasseur ! chasseur !

« Je me frotte les yeux, je regarde, et j'aperçois la tête du curé qui sortait dans l'épaisseur du mur, par un trou carré que j'avais pris pour un placard à mettre les burettes.

— Voulez-vous vous sauver des Prussiens ? me dit-il.

— Certes, je crois bien ! Par où passe-t-on ?

— Ici ; réveillez vos camarades, laissez brûler les cierges, et surtout pas de bruit, car les Prussiens sont tout près.

« Chacun fut bientôt sur pied. Nous voilà l'un

après l'autre, rampant dans l'ouverture de la muraille. Cette ouverture donnait sur une ancienne chapelle où l'on déposait le matériel de l'église. Il y avait un vieux lutrin, des catafalques, des chandeliers noirs et tout l'attirail des morts. La fenêtre n'avait point de barreaux, elle était assez élevée, mais une échelle était là pour descendre dans le jardin du presbytère, que chacun traversa, tenant ses souliers à la main. Une petite porte nous donna bientôt sortie sur la campagne, et le curé nous dit : êtes-vous tous là ? — Oui, mon prêtre, lui répondit un sergent. — Eh bien, mes amis, mettez vos souliers et détalons.

« Nous suivions ce brave homme sans rien dire et nous ne sentions plus de fatigues, le sentiment de la liberté nous donnant des ailes. Nous avions déjà marché pendant deux heures, lorsqu'il nous dit : Vous voilà hors de danger du côté de vos gardiens, vous allez, aux premières lueurs de l'aube, apercevoir trois villages où il n'y a pas de Prussiens ; vous vous partagerez, vous tâcherez d'y trouver des habits, et maintenant, bon voyage !

— Mais vous, monsieur le curé, qu'allez-vous devenir ? Les Prussiens seront furieux ; vous vous êtes exposé pour nous ; s'ils vous trouvent, ils vous fusilleront.

— Ils ne me trouveront pas, car je ne veux pas rentrer.

— Mais ils brûleront votre cure, votre église ?

— Est-ce que la liberté de cinquante-trois braves soldats comme vous ne mérite pas que j'aie risqué ma cure et mon église ?

« Nous étions attendris, nous pleurions ; il nous a tous embrassés, et nous sommes partis. Oh ! le brave homme ! Et dire que des gredins accusent les curés d'avoir amené la guerre et les Prussiens ! »

———

A la bataille de Coulmiers, pendant que sous la protection de leurs batteries, les Français, après s'être avancés d'Epieds vers la ferme et la plaine de Chamferré, enlevaient d'assaut les premières maisons du bourg et surtout le parc et les jardins du château, d'où partait, quelques instants avant, le feu meurtrier des canons bavarois, une troupe considérable de soldats de toutes armes, animés par l'ardeur de la victoire, se précipite vers le château.

Le vénérable curé de Coulmiers qui, durant le combat, était resté avec le propriétaire dans son ambulance, sous une grêle de balles, dont quelques-unes pénétraient dans les appartements, s'élança sur le perron, et, élevant de la main droite un crucifix :

Ambulance française, s'écrie-t-il, *et vive la France !*

— *Vive la France !* répètent tous les soldats,

et, par un mouvement aussi rapide que la pensée, les uns fléchissent le genou, d'autres baisent avec respect le crucifix que le prêtre leur présente, les officiers se découvrent, puis, après quelques secondes : « En avant ! s'écrie un officier, courons nettoyer les maisons du village ! » Et tous se précipitent à la poursuite des Bavarois qui fuyaient de toutes parts, suivis par notre cavalerie et notre artillerie légère.

Quelques jours avant l'investissement de Paris par les Prussiens, les habitants des communes voisines de la capitale émigrèrent, ne laissant dans les villages que quelques hommes courageux et les malades dont le déplacement eût été difficile. Des prêtres dévoués restèrent au milieu de ces pauvres gens et ne cessèrent d'exercer leur ministère, malgré les dangers auxquels ils étaient sans cesse exposés.

La presse parisienne a rendu hommage au dévouement de ces prêtres qui s'exposèrent souvent à la brutalité de l'ennemi pour protéger leurs malheureux paroissiens. L'intervention courageuse de ces prêtres dévoués obtint quelquefois les résultats les plus précieux et les plus inespérés. Voici un de ces exemples : la commune de Courbevoie venait d'être imposée de 200,000 francs ; l'adjoint, allemand d'origine et ministre protestant, avait en vain épuisé le crédit que lui donnait ce double titre et n'avait pu obtenir aucun dégrèvement. M. l'abbé Desjardins, premier vicaire de Courbevoie qui était resté à son poste pendant le siége, se rendit alors seul et sans appui à Versailles, où, après des tribulations de toutes sortes, il obtint une audience du général de Moltke qui lui accorda une réduction de 140,000 francs.

Mais au prix de quelles peines et de quels dangers ces pauvres prêtres obtenaient-ils de pareils résultats !

Les prêtres dévoués qui restèrent ainsi exposés aux brutalités de l'invasion, eurent le privilége d'être les victimes préférées des Prussiens. On les rendait responsables de toutes les attaques de nos troupes, prétendant toujours qu'elles étaient la conséquence de leurs renseignements. C'est ainsi que M. l'abbé Brugalé, curé de Bezons, près Paris, qui n'avait pas voulu abandonner son poste malgré la fuite de la plupart de ses paroissiens, fut arrêté à la suite d'un retour offensif et malheureux de nos troupes et menacé d'être fusillé. Ce courageux ecclésiastique dut à une circonstance providentielle d'échapper à la mort, mais traduit devant un conseil de guerre, il fut condamné à être interné en Allemagne et conduit à Posen où il resta jusqu'à la fin de la guerre.

Un grand nombre de prêtres furent ainsi arrêtés sans autre motif que la haine que leur dévouement inspirait aux Prussiens. Cette conduite odieuse de l'ennemi était un hommage rendu au patriotisme du clergé français.

L'organisation de l'armée ne comprenait, au commencement de la guerre, que 46 aumôniers. Ce nombre était évidemment insuffisant. Un seul aumônier par division, un seul prêtre pour 10 ou 15,000 hommes ne saurait suffire en temps de paix, à plus forte raison en temps de guerre. N'est-il pas impuissant la veille de la bataille, et surtout au milieu de ces monceaux de blessés que les nouveaux engins de destruction accumulent en quelques heures ?

Mais le gouvernement qui entreprit cette guerre funeste était mal disposé pour le service religieux de l'armée. Il écarta les demandes généreuses d'une foule de prêtres et de communautés religieuses, qui voulaient partager avec nos soldats les périls de la guerre. Pourtant ces prêtres et ces pieux religieux ne demandaient ni salaire, ni faveurs. Ils réclamaient le droit de suivre leurs frères de l'armée, d'aller soigner les malades, fermer les yeux aux mourants et ensevelir les morts. Ils tenaient à la patrie, eux aussi, et ne pouvant pas porter le fusil sur le champ de bataille, ils voulaient y porter la croix.

Parmi toutes les demandes adressées au ministre de la guerre et restées sans résultat, nous avons remarqué celle de M. l'abbé Testory, chanoine du chapitre de Saint-Denis, chevalier de la Légion-d'Honneur, qui comptait déjà quatorze campagnes en Crimée, en Italie et au Mexique où il était aumônier en chef. Ce prêtre énergique et dévoué, habitué à la vie dure du soldat, écrivait au ministre : « Daignez me nommer aumônier dans l'armée du Rhin ; j'accepterai la dernière place, pourvu que je puisse servir ma patrie et soigner sur les champs de bataille nos valeureux soldats. »

Nos malheurs rendirent à nos prêtres et à nos religieux leur liberté d'action, et ce fut alors qu'ils accomplirent ces actes de patriotisme et de dévouement dont le souvenir restera impérissable.

Dès les premiers jours du mois d'août, plusieurs prêtres essayèrent d'ouvrir la voie.

Partant à leurs risques et périls, ils eurent bien des difficultés à vaincre, mais ils purent pénétrer, et furent reçus avec reconnaissance par nos soldats.

C'est ainsi que dès les batailles de Reischoffen, Wissembourg, Forbach, etc., 27 aumôniers volontaires avaient pu partager les travaux des aumôniers militaires, et étaient arrivés à temps pour assister aux drames douloureux qui causèrent en France une émotion si profonde.

Ce furent :

12 Pères Dominicains de Paris et de Lyon ;
3 Pères Eudistes ;
5 Pères Augustins de l'Assomption avec plusieurs Frères de la même Congrégation ;
3 Pères Capucins ;
1 Père Bénédictin ;
1 Père du tiers-ordre de St-Dominique ;
M. l'abbé Redon, du diocèse d'Avignon ;
M. l'abbé Wattier, du diocèse de Beauvais ;
M. l'abbé Dhamme, du diocèse de Beauvais ;
Enfin plusieurs infirmiers.

Quelques jours plus tard, d'autres prêtres obtinrent aussi des saufs-conduits et purent aller partager les dangers de notre armée.

Mais bientôt les besoins grandirent avec les malheurs qui nous accablaient ; les demandes affluèrent alors, et, dès les premiers jours de septembre, elles s'élevaient à plus de DIX MILLE.

Un grand nombre de prêtres partagèrent donc avec nos soldats les dangers et les fatigues de cette guerre désastreuse, beaucoup reçurent des blessures sur les champs de bataille et plusieurs y trouvèrent une mort glorieuse.

Au moment de l'investissement de Paris, le clergé et tous les ordres religieux s'offrirent aussi en foule pour assister nos soldats. Les 21 forts qui entourent la capitale reçurent chacun un aumônier qui s'y enferma avec la garnison, et le service des ambulances volantes établies sur les points attaqués fut attribué aux prêtres des paroisses les plus rapprochées.

Les établissements diocésains et toutes les communautés religieuses de la capitale furent convertis en ambulances, avec charge par le personnel de toutes ces maisons de prodiguer tous les secours spirituels et corporels aux blessés.

———

Plusieurs prêtres succombèrent héroïquement dans les combats qui se livrèrent sous Paris pendant le siége de cette capitale.

M. Henri Gros, vicaire à Saint-Ambroise (Paris), aumônier volontaire du 6ᵉ bataillon des mobiles de la Seine, fut tué par un obus, le 28 décembre, sur le plateau d'Avron.

Après un ministère des plus fructueux exercé pendant six semaines au milieu de l'armée de Saint-Denis, il s'était dévoué à une mission pareille auprès des mobiles parisiens, et la remplissait depuis un mois à Avron, malgré les rigueurs de la saison.

Un mobile parisien annonça ainsi cette mort glorieuse dans un billet écrit du plateau d'Avron :

« Ce matin, au commencement du bombardement, je servais la messe, *la dernière messe* de notre cher aumônier, M. l'abbé Gros. Je viens de le revoir, les mains jointes, les yeux levés vers le ciel. C'est un martyr de plus. »

Le journal *la Liberté,* dans son numéro du deux décembre, racontait qu'un médecin principal attaché à un corps de troupes engagées aux avant-postes de Creteil, avait été témoin d'un fait douloureux et navrant, arrivé sur le lieu du combat : Un prêtre, dont le zèle ne connaissait aucun danger, était en train de panser un blessé lorsqu'un obus vint l'atteindre à la main, après avoir enlevé la tête au malheureux patient, dont la cervelle se répandit sur sa soutane, et le couvrit d'une pluie de sang et de débris.

M. l'abbé Blanc, vicaire d'Issoudun, qui accompagnait les mobiles de l'Indre, avait été mis à l'ordre du jour à la suite des premiers combats livrés sous Paris. Frappé d'une balle au pied à l'attaque de Choisy-le-Roi, il fut envoyé à l'ambulance de la rue de Maubeuge, 31, établie par les locataires de la maison. Malgré les soins les plus empressés, l'abbé Blanc succomba à sa blessure.

Les soldats français revenus de captivité ont rendu dans la presse parisienne un hommage de leur enthousiaste reconnaissance à M. l'abbé

Théodore Lamarche, curé de Grenelle à Paris, au nom d'abord de ceux qui avaient survécu à cette terrible épreuve, et qui, d'après leur propre témoignage, lui devaient pour la plupart leur retour ; et aussi au nom de leurs camarades morts là-bas, enfouis sous la neige d'un pays maudit, et qui furent consolés, à leur dernière heure, par sa parole d'apôtre.

Aumônier militaire, pendant la guerre, d'une division de l'armée du Rhin, décoré sur le champ de bataille, M. l'abbé Lamarche pouvait rentrer en France, par suite de la capitulation de Metz, mais il refusa d'abandonner ses frères d'armes malheureux. Ayant appris qu'à Cosel, sur la frontière de Russie, dans un horrible climat, six mille prisonniers français agonisaient sans soins, sans consolations, il s'y rendit, se constitua lui-même prisonnier, et pendant sept mois disputa nuit et jour chacun d'eux à la faim, au froid, à la maladie, au désespoir.

———

Tous les défenseurs de Paris ont vu pendant le long siége de cette capitale un vénérable vieillard, à la barbe grisonnante, toujours alerte dans la plaine et exposant sans cesse sa vie pour secourir et relever les blessés. C'était le bon Père Allard, missionnaire apostolique dans le Liban, que les intérêts de son apostolat avaient appelé momentanément à Paris. Ce saint prêtre parcourait tous les avant-postes où il prodiguait ses soins paternels à nos soldats et relevait leur courage. Que de fois, en traversant les lignes les plus avancées, il servit de point de mire aux balles de l'ennemi, ou même à celles de nos soldats qui souvent ne pouvaient reconnaître leur intrépide aumônier ! Au combat meurtrier de Buzenval, il reçut une balle au bras gauche au moment où il excitait au combat un bataillon de garde nationale hésitant, par ces paroles patriotiques : « Allons, mes amis, vive la France ! en avant ! »

Le cœur se brise de douleur et d'indignation en pensant que ce noble vieillard fut, quelques mois plus tard, un des ôtages massacrés à la Roquette. Là encore, en face de la mort, son courage fut admirable, et comme pour apprendre à ses bourreaux comment un prêtre sait mourir, il leur recommanda avec instances « de ne pas lui ménager les coups. » Le corps mutilé du saint missionnaire fut jeté dans la fosse commune du cimetière de Montmartre, mais Dieu qui glorifie toujours ses serviteurs permit que les précieux restes du vénérable martyr fussent reconnus sept mois plus tard et exhumés par des mains pieuses. Le corps enfermé dans un nouveau cercueil fut transféré à Andrezé, près Beaupréau (Maine-et-Loire) où résidait la famille du bon Père Allard et où les populations religieuses de la Vendée, heureuses de posséder les précieux restes du saint martyr, lui firent des funérailles solennelles.

Un jeune prêtre du Mans tomba généreusement aussi sur le champ de bataille d'Yvré en remplissant les devoirs de son ministère :

M. l'abbé Auguste-François Fouqueray, vicaire de Montfort, était né à Laigné-en-Belin le 7 septembre 1842, au sein d'une de ces familles vraiment patriarcales, dont hélas! les rangs s'éclaircissent si malheureusement parmi nous. Il était prêtre depuis le 6 juin 1868. Un devoir d'affection l'avait conduit le 11 janvier, la veille de l'occupation du Mans, sur le champ de bataille même où les zouaves pontificaux virent si glorieusement tomber un grand nombre d'entre eux. Le R. P. Doussot, leur aumônier, avait été fait prisonnier la veille. M. l'abbé Fouqueray demanda, comme une faveur, l'autorisation de le remplacer à ce poste périlleux, afin de procurer aux blessés et aux mourants les secours de la religion. Il avait déjà prodigué de suprêmes consolations à plusieurs de nos soldats, et il venait de recevoir le dernier soupir du brave de Bellevue, capitaine aux zouaves, quand il fut atteint mortellement, percé de trois balles prussiennes. Son corps fut transporté le soir de la bataille, dans l'église de Champagné, et inhumé au cimetière de cette paroisse.

Les louanges des hommes ne pourraient rien

ajouter à la gloire d'une telle mort ; la palme du martyre domine de trop haut toutes les gloires humaines.

———

A la suite des combats livrés sous Paris, le général en chef mit à l'ordre du jour de l'armée les noms des officiers, sous-officiers et soldats, à qui leur bravoure et leur dévouement avaient mérité ce haut témoignage de l'estime de l'armée et de la gratitude publique.

Le clergé eut une part importante dans ces citations glorieuses insérées au *Journal Officiel* et au *Journal militaire.*

Nous y trouvons le nom de l'abbé de Marhallach, aumônier de deux bataillons de mobiles du Finistère.

Entré assez tard dans les ordres, l'abbé de Marhallach s'était dévoué spécialement au service des pauvres et des prisonniers. Il dirigeait avec succès, depuis plusieurs années, une œuvre éminemment patriotique fondée dans le Finistère pour l'assistance des pauvres des campagnes, lorsque la guerre le décida à abandonner momentanément ses modestes et utiles fonctions pour suivre à Paris les mobiles du Finistère, dont il fut l'aumônier, et dont il eut pu être le médecin, car il était docteur de la faculté de Paris.

Un jour que, suivant l'ordinaire, les mobiles du Finistère étaient aux avant-postes, un colonel dit à l'abbé de Marhallach qui encourageait ses compatriotes :

« Monsieur l'aumônier, votre place est à l'ambulance et non ici... » Le digne prêtre répondit : « Colonel, mon poste est où les hommes tombent. » Au même instant, cet officier supérieur est frappé et reçoit les derniers sacrements de la main de celui qui n'était pas à son poste. C'est agenouillé près du colonel, qu'il reçut une balle dans son chapeau.

Le lendemain on voulait l'empêcher de dire la messe, parce que les obus pleuvaient dans le village de Villejuif où son bataillon était en bataille. L'abbé répondit : « J'aurai le temps de consacrer pour administrer le viatique à mes agonisants. »

L'office célébré, pendant qu'il se dépouillait de ses ornements dans la sacristie, une bombe éclata sur l'autel, brisa les chandeliers et tout ce qui entourait le tabernacle.

Après le combat du 19 janvier, le gouvernement de la défense nationale nomma l'abbé de Marhallach chevalier de la Légion-d'Honneur, et bientôt après, les électeurs du Finistère lui confièrent le mandat de député à l'Assemblée nationale.

———

Le courage des aumôniers fut admiré sur tous les champs de bataille. Voici un fait qui a été raconté par M. de Calavon, commandant des francs-tireurs Phocéens (Marseillais), à l'armée de la Loire.

Au combat de Vibraye (Sarthe), les volontaires de la Vendée, les francs-tireurs de Marseille et deux compagnies de mobiles de la Dordogne montrèrent le plus grand courage. On admira surtout le sang-froid et la justesse du tir des francs-tireurs de Marseille qu'on avait détachés aux avant-postes, et dont chaque coup abattait un prussien. Vers la fin du combat, un de ces braves suspendit son tir et alla demander à l'un des aumôniers l'honneur de l'embrasser, tant ce dernier avait été admirable de dévouement et de courage pour secourir les blessés. Après ce témoignage d'estime, le prêtre continua son périlleux ministère, tandis que le franc-tireur reprenait son tir contre l'ennemi.

Voici un autre fait non moins remarquable.

L'abbé Géraud, un des aumôniers des francs-tireurs de la Vendée, qui, pendant toute la campagne, avait montré le plus grand courage en affrontant les balles pour aller relever les blessés sur les champs de bataille, fit preuve, lors de la défaite du Mans, d'un dévouement remarquable. Pensant que des blessés avaient dû être laissés sur la route, il se mit à leur recherche et ne tarda pas à rencontrer une charrette sur laquelle se trouvaient un colonel des mobiles de la Corrèze et deux soldats

6

grièvement blessés et mourant de froid. Les chevaux de la voiture avaient été dételés et les blessés abandonnés.

A ce spectacle, il se dépouilla de ses vêtements, en couvrit ces malheureux, et requérant le secours de quelques traînards, s'attela à la voiture qu'il mena, non sans peine, à un village voisin où il se procura un cheval, puis il conduisit les blessés en lieu de sûreté.

Après la bataille de Loigny (armée de la Loire) où les zouaves pontificaux furent décimés après avoir fait des prodiges de valeur, le curé de Loigny montra à nos soldats le plus admirable dévouement. Voici le témoignage qui en a été rendu par un de ces braves défenseurs de la France, le capitaine Jacquemont, des zouaves pontificaux [1].

« Dans ces tristes journées, dit-il, un homme entre tous mérita la reconnaissance des zouaves et de bien des Français ; ce fut le curé de Loigny, le vénérable abbé Theuré, dont l'étroit et pauvre presbytère se changea en un sanglant hôpital. On y porta le colonel de Charette, le capitaine de Ferron, plusieurs zouaves et le général de Sonis. Le bon curé leur livrait avec joie tout ce qu'il possédait, et il faudrait l'entendre raconter lui-même son admiration pour le général, pour ce héros véritablement saint,

[1] La campagne des zouaves pontificaux en France.

qui bénissait Dieu quand le chirurgien vint lui amputer la cuisse. »

Un officier de l'armée du Nord écrivait après la bataille de Pont-Noyelles :

« Les prêtres sont très-dévoués, et on a vu, quelques instants avant la bataille de Pont-Noyelles, plusieurs bataillons, au moment d'aller au feu, recueillis et agenouillés faisant leur prière pendant que le prêtre leur donnait l'absolution......

« Il n'y a rien de brave comme un soldat chrétien qui a mis ordre à sa conscience. Il marche en avant, toujours en avant, sans craindre le danger. »

Un mobile de Saint-Bruno (Gironde), M. Albert Roz (3e compagnie 5e bataillon), signalait dans une lettre la belle conduite de son aumônier au combat de Nuits :

« J'ai à vous signaler que le vicaire de Saint-Bruno, M. Estor, qui est notre aumônier, s'est très-bien montré à l'affaire de Nuits, dimanche dernier. Il ralliait les troupes dispersées. Il commandait « en avant, » lui en tête. Il allait aussi, au milieu des balles et des obus, relever des blessés ; en un mot, il a été sublime. »

Un autre mobile de la Loire parlait ainsi de l'aumônier de son bataillon :

« Notre aumônier se multiplie pour procurer des ressources à nos pauvres mobiles. Il loge provisoirement à Lyon, et chaque jour on le voit arriver avec un sac, apportant à nos mobiles indigents des chaussettes, des cache-nez de laine, des chemises, des gilets et des ceintures de flanelle.

« Depuis le jour où il est arrivé parmi nous, M. l'abbé Devuns a su s'attirer notre confiance et notre admiration : tous les jours il visite nos malades et il se fait en quelque sorte notre infirmier ; il sert de correspondant à ceux qui ne savent pas écrire et rend à chacun mille petits services ; c'est à lui que beaucoup de parents s'adressent pour avoir des nouvelles de leurs enfants ; il nous a suivis dans nos marches forcées, partageant nos fatigues, nos privations ; il nous a accompagnés au combat ; il est resté le dernier sur le champ de bataille pour ramasser les blessés. Pour beaucoup, il est le père et le consolateur que Dieu a envoyé à l'homme pour le soutenir dans les luttes de la vie et le préparer au passage de l'éternité. Pour tous, il est un frère et un ami.

« M. l'abbé Devuns n'a été reconnu aumônier ni par le gouvernement ni par l'administration ; il ne reçoit rien d'eux. Il est venu, entraîné par son zèle et par son courage ; il est, au milieu de nous, l'apôtre de la charité. La philanthropie a rêvé de pareils dévouements, la religion seule les a enfantés. »

M. l'abbé de Beuvron, 1er aumônier de l'hopital militaire du Val-de-Grâce, fut attaché comme aumônier au 1er corps de l'armée du Rhin, commandé par le maréchal de Mac-Mahon, et, plus tard, au quartier général de l'armée de la Loire.

On lira certainement avec un vif intérêt les renseignements que ce prêtre, si dévoué à notre armée, a publiés sur les batailles de Reischoffen et de Sédan.

« Le 6 août 1870, lorsque la grande voix du canon se fit entendre, à Reischoffen, nos soldats retrouvèrent tout leur élan et toute la *furia francese* de nos plus beaux jours de bataille. L'histoire, en enregistrant notre défaite, devra mentionner la valeur héroïque de nos zouaves, de nos tirailleurs algériens et de ces intrépides cuirassiers qui se firent broyer pour protéger la retraite de notre armée.

« Le 1er corps ne comptait guère que 33,000 hommes ; l'armée prussienne comptait au moins 150,000 combattants protégés par une artillerie formidable dont les projectiles dépassaient la distance de 4 kilomètres. Cependant, jusqu'à midi, nos troupes soutenaient vaillamment le choc et semblaient avoir l'avantage, lorsqu'au milieu du jour le prince royal, qui n'avait engagé que la moitié de son armée, ayant remplacé par des troupes fraîches celles qui combattaient depuis plus de six heures, la lutte devint tellement inégale qu'il fallut battre en retraite, laissant entre les mains de l'ennemi 5,000 morts, 5,000 blessés et 5,000 prisonniers.

« Un millier de blessés environ furent apportés aux ambulances de l'église et de la mairie de Frœschviller, dont je fus chargé. Aidé d'un jeune vicaire de Reischoffen, M. l'abbé Yung, prêtre dévoué auquel je dois exprimer ma reconnaissance, je pus suffire à la tâche, et j'ai la consolation de dire que bien peu de militaires moururent sans recevoir les secours religieux. Avec quelle foi vive, tous, officiers et soldats, accueillaient le prêtre et recevaient les consolations suprêmes de son divin ministère. L'ambulance du quartier général, établie dans l'église du village, servant aux cultes catholique et protestant, courut de très-grands dangers. Durant cinq heures le clocher fut le point de mire de l'artillerie prussienne, dont les obus et les boulets pleuvaient comme une véritable grêle autour de nous.

« Un obus tomba presque à mes côtés dans le sanctuaire, et, par une protection signalée de la Providence, ne blessa personne. Le péril me paraissait à son comble ; j'exhortai tout le monde à faire un acte de contrition, puis, étendant la main, je donnai une absolution générale. L'arrivée des Prussiens nous délivra bientôt de cette situation si critique.

« Au moment où l'ennemi entra dans le village, je me trouvais sous un hangar, avec trente ou quarante blessés, qui n'avaient pu trouver place dans l'église. Quand je vis apparaître un casque prussien, je me plaçai, immobile, devant la porte, pour protéger nos blessés.

« Le vainqueur me regarda avec des yeux étincelants, et dirigea sur moi le canon de son fusil; il n'y avait pas une seconde à perdre. Je lui montrai aussitôt une croix d'aumônier, et d'un geste impératif, je lui fis signe de lever son fusil. Il le releva aussitôt et se plaça lui-même devant l'ambulance pour en défendre l'entrée. Ce nouveau péril écarté, je revins à l'église, dont le clocher, atteint par un obus, était en flammes, et menaçait d'écraser sous ses ruines nos malheureux soldats. Je fais enlever de suite le tabernacle, renfermant la sainte réserve, que je distribuai plus tard aux mourants ; puis saisissant les brancards de l'ambulance, nous transportons nos blessés dans les granges et les écuries du comte de Turkheim.

« Nous venions d'enlever le dernier blessé sous les yeux des Prussiens, qui fumaient nonchalamment leur pipe, sans qu'aucun d'entre eux eût songé même à nous offrir son concours, lorsque le clocher et la toiture de l'église s'effondrèrent avec un fracas effroyable. Quelle journée! je vivrais mille ans que je n'en perdrais jamais le souvenir. Après le bombardement et l'incendie, ce fut le tour de la soif et de la faim. Le village de Frœschviller ne possédait que quatre puits ; les Prussiens commencèrent par se les réserver, en plaçant des factionnaires pour nous empêcher d'y puiser de l'eau. Toutes les provisions de farine et de viande du pays avaient été consommées par les troupes. Que faire ? Que répondre à ces cris déchirants, qui sortaient de toutes les bouches : J'ai faim ! j'ai soif !

« On envoya ramasser sur le champ de bataille les débris de biscuit qui se trouvaient encore dans les sacs, on fit cuire de la viande de cheval dont on obtint un très-mauvais bouillon ; enfin, de temps en temps, lorsque les figures me paraissaient plus traitables, je m'approchais des factionnaires qui gardaient les puits, et je leur demandais comme une grâce de remplir ma gourde d'une eau fangeuse que j'allais tout joyeux distribuer à nos malheureux blessés. Telle fut notre existence pendant quatre longues journées. La Société internationale de secours aux blessés fut notre providence dans une détresse aussi complète ; M. le vicomte Emmanuel de Flavigny vint nous apporter des secours d'aliments et de vêtements qui adoucirent beaucoup nos souffrances.

« Il est impossible à ceux qui n'ont vu que les hôpitaux organisés de nos villes de se faire une idée de la misère des ambulances de guerre. Granges, étables, écuries, remises, hangars, tout est mis à contribution et rempli de pauvres blessés qui n'ont pour lit qu'un peu de paille et souvent le fumier des étables. Je vis à Frœschviller le petit-fils d'un maréchal de France, et l'héritier de son titre de duc, couché sur le fumier d'une écurie, et pas une plainte ne sortait des lèvres de cet héroïque jeune homme ! (M. Ferey, petit-fils du maréchal Bugeaud, duc d'Isly.)

« Le lendemain de la bataille, je fus témoin d'une scène atroce où le génie prussien se manifestait tout entier. Dans l'après-midi, le pasteur protestant vint m'avertir que quinze malheureux paysans alsaciens allaient être fusillés pour avoir, disait-on, mutilé des soldats prussiens.

« Le ministre avait été solliciter leur grâce auprès du général ; mais il n'avait rien pu obtenir, et il me priait d'aller faire à mon tour une nouvelle tentative en faveur de ces infortunés. Je partis sur-le-champ. Le général était au bivouac ; il me reçut assez durement et me dit qu'il était inutile d'insister davantage, que les quinze coupables allaient être fusillés sans délai. — Mais au moins, général, ajoutai-je, je suis prêtre catholique, permettez-moi d'aller porter les secours de mon ministère à ceux qui appartiennent à mon église. — Oh ! oui, monsieur, allez ; et il me donna un planton pour me conduire auprès des condamnés. Le trajet ne fut pas long. A quelques pas de là, dans le même champ, quinze paysans, parmi lesquels des enfants de quatorze ans et des vieillards de soixante ans, étaient attachés les mains liées derrière le dos, à une grosse corde qui les maintenait tous sur une même ligne. Quand ils m'aperçurent, ils tombèrent à genoux en poussant des cris déchirants ; je ne savais pas l'allemand, et nul d'entre eux ne comprenait le français, aucune conversation n'était donc possible entre nous. Je leur fis signe en montrant le ciel de mettre en Dieu toute leur confiance ; puis étendant la main je prononçai sur eux les paroles de l'absolution. Je m'éloignai le cœur navré. Plus tard on me dit que l'exécution n'avait pas eu lieu, et que cette prétendue mutilation de cadavres était une invention prussienne pour contenir les habitants du pays par la terreur.

« Voici les noms des principales ambulances et ceux des aumôniers qui en ont pris soin jusqu'à leur évacuation sur les villes de Soultz, Haguenau et même les villes frontières de Bade et de la Bavière rhénane. J'ai pris soin pendant huit jours des deux ambulances de Frœschviller, visitant en outre avec M. l'abbé Grunwald, qui vint me rejoindre le lundi 8, les ambulances de Wœrth et Elsaszhausen. M. l'abbé Grunwald, parlant très-bien l'allemand, sa langue maternelle, parcourait les différentes ambulances pour administrer nos Alsaciens et les Allemands catholiques. M. l'abbé Vallée desservait l'ambulance d'Eberbach, qui lui dut son salut; il s'élança, un drapeau blanc à la main, au devant de l'ennemi qui tirait sur les blessés et fit cesser le feu. MM. Gardey et Gillard donnèrent leurs soins aux blessés de Reischoffen où le colonel de Grammont et le capitaine de Saint-Sauveur furent transportés.

« L'évacuation des ambulances terminée, notre séjour dans les lignes prussiennes n'avait plus de motif, et il était de notre devoir de réclamer des autorités allemandes notre rapatriement ; nous attendîmes pendant huit jours une réponse dans la petite ville d'Haguenau. La fête du 15 août me fit connaître le sentiment profondément religieux qui anime le peuple allemand. Tous les soldats catholiques de la garnison prussienne assistèrent à la messe avec une gravité et un recueillement remarquables. Chaque soldat portait sur lui un livre de prières. Quel contraste avec notre légèreté française et notre indifférence religieuse !

« Le gouvernement du roi Guillaume consentit enfin à accéder à notre demande, mais à la condition de nous faire revenir par l'Allemagne et la Belgique.

« La Belgique nous accueillit avec des témoignages de sympathie dont nous fûmes profondément touchés. Les cris de : « Vive la France ! » retentissaient à notre arrivée dans les gares, et les dames s'empressaient de nous offrir des vivres et des rafraîchissements.

« Le 20 août, à 6 heures du matin, nous entrions dans Paris, attristés sans doute, mais non découragés par cette rude épreuve et décidés à rejoindre l'armée le plus promptement possible.

« Les Prussiens nous ayant tout enlevé, chevaux, cantine, tentes, sacs de voyage, il fallut nous pourvoir de nouveau des objets nécessaires pour la campagne. Deux jours me suffirent pour me procurer des vêtements, un cheval et même une ordonnance, car les deux mobiles alsaciens qui m'avaient été donnés à Strasbourg avaient disparu pendant la bataille. Je pris pour ordonnance un infirmier du Val-de-Grâce, Adolphe Gagelin, que les officiers surnommèrent *le fidèle Adolphe, fidelis Acates.*

« Le 21 août, je quittai de nouveau Paris pour rejoindre le 1er corps d'armée qui, après Frœschviller, s'était replié sur le camp de Châlons pour se reformer. J'appris à la gare que le camp de Châlons était évacué et que la deuxième armée du Rhin, dont le 1er corps faisait partie, avait son grand quartier général à Reims. Arrivé dans cette ville, je me rendis de très-bonne heure au quartier général, où je fus informé des changements survenus dans l'organisation de l'armée coupée déjà par les Prussiens. Le maréchal Mac-Mahon commandait en chef les troupes de l'armée du Rhin, qui ne pouvait plus communiquer avec le maréchal Bazaine opérant sous Metz, c'est-à-dire les 1er, 5e, 7e et 12e corps d'armée. L'empereur accompagnait Mac-Mahon, mais n'exerçait aucun commandement ; le général Ducrot dirigeait le 1er corps et avait établi son quartier général à Courmontreuil.

» Je pris le chemin de fer de cette commune, qui n'est guère qu'un faubourg de Reims.

» Le curé, M. l'abbé Gainet, m'offrit une hospitalité empressée, et le soir nous fîmes ensemble l'essai d'une réunion de soldats ; cet essai dépassa nos espérances, et dès ce moment mon plan de campagne fut arrêté. Ce plan consistait à m'appuyer principalement sur les curés de village, dont je voyais avec admiration le dévouement pour nos troupes et dont je sentais l'influence sur le soldat. Un ministère exercé depuis plus de quinze ans dans l'armée m'avait déjà convaincu de cette vérité : c'est le curé de campagne qui fait la France catholique.

» Aujourd'hui cette vérité est devenue pour moi si évidente, que je voudrais la crier sur tous les toits. Le curé de village ! cet homme

7

simple, modeste, franc, généreux, qui ne vit que pour le troupeau dont il a reçu la garde, c'est le père de famille au milieu de ses nombreux enfants ! Nos petits soldats le savaient bien ; aussi à chaque étape, le presbytère ne désemplissait pas. On entrait là sans cérémonie comme dans sa maison. « Monsieur le curé, voulez-vous me laisser prendre de l'eau ? — Prenez, mes enfants. — Monsieur le curé, voulez-vous me donner des allumettes ? — Voilà, mes enfants. — Monsieur le curé, voulez-vous me donner un peu de bois, des pommes de terre, des oignons, un peu de pain, du vin ? — Tenez, mes enfants, » et le bon curé donnait toujours et donnait tout... Je voulus donc fortifier mon action sacerdotale de l'ascendant moral de cet homme, qui rappelle à l'enfant du peuple les plus chers souvenirs de son enfance et de son foyer, et voici comment j'organisai nos réunions militaires.

» Arrivé à l'étape, j'allais demander au presbytère une hospitalité, qui m'était toujours donnée avec empressement, puis, quand les troupes avaient dressé leur tente et prenaient gaiement leur repas, je proposais au bon curé une visite au camp. Là nous parcourions chaque rue de cette ville improvisée, parlant à chaque groupe, distribuant des médailles et annonçant pour le soir une réunion à l'église. A l'heure indiquée, les cloches carillonnaient comme aux jours de fêtes, on accourait en foule et je faisais placer dans le chœur les jeunes gens qui avaient chanté autrefois au lutrin de leur village. Alors commençait l'exercice dans l'ordre suivant : la prière, un chant de cantique bien connu, une instruction de vingt minutes, *Tantum ergo*, la bénédiction du saint sacrement, puis des flots de confessions jusqu'à huit et neuf heures du soir.

» La marche de l'armée depuis Châlons jusqu'à Voncq se fit avec ordre et avec entrain. Le 23 août nous couchâmes à Saint-Hilaire-le-Petit, le 24 nous campâmes à Juniville, le 25 à Attigny, le 26 à Neuville-Day, le 27 à Voncq. L'armée prussienne nous serrait de près et commençait à nous envelopper dans un cercle de fer ; il aurait fallu échapper à son étreinte par des marches forcées ; les hésitations et les contre-marches jetèrent le trouble et le découragement dans l'armée et nous perdirent. Le 28 nous passâmes la nuit au Chêne, le 30 à Carignan, où nous apprîmes les échecs éprouvés à Beaumont et à Mouzon par le 5ᵉ corps, commandé par le général de Failly. Notre départ de Carignan se fit pendant la nuit du 30 au 31. Nous devions nous diriger sur Sédan, ville située dans un bas-fond et environnée de hauteurs, qu'il fallait avant tout occuper pour dominer le feu de l'artillerie ennemie. Le trajet fut effectué avec ordre jusqu'à la distance de six kilomètres de Sédan. Là l'encombrement des ambulances, du train d'artillerie et des bagages arrêta le convoi jusqu'à onze heures. Je me promenais en disant mon bréviaire sur le bord de la route, lorsqu'une vive décharge d'artillerie vint nous avertir que l'ennemi nous avait devancés et occupait les hauteurs voisines.

» En un clin d'œil, le convoi fut culbuté, les voitures à demi-brisées s'élancèrent à travers champs, et je ne pus rejoindre que le soir, à Sédan, le personnel de mon ambulance. Un seul caisson sur sept nous restait encore, les autres avaient été brisés ou égarés. Cette première attaque fut vigoureusement repoussée par nos troupes, et aurait pu être suivie d'une glorieuse revanche, si pendant la nuit on eût pris la précaution d'occuper les hauteurs environnantes, comme le voulait le général Ducrot ; mais un aveuglement fatal devait nous conduire à une ruine entière. On laissa les troupes se débander et inonder les cabarets de la ville, qui regorgeaient, le soir, de soldats avinés.

» Aussi le lendemain matin, 1er septembre, lorsque dès quatre heures, le canon de l'ennemi se fit entendre, l'armée française s'aperçut avec stupeur qu'elle était cernée et dominée par une artillerie formidable.

» Il y eut, de la part des nôtres, de nobles et généreux élans ; le maréchal Mac-Mahon donnait l'exemple et semblait braver le danger, lorsqu'il fut blessé grièvement à sept heures du matin. Le commandement de l'armée passa alors au général Ducrot, qui dut bientôt le céder, par ordre de l'empereur, au général de Wimpffen.

» L'infanterie de marine, l'artillerie, les zouaves, les tirailleurs algériens, luttèrent avec un acharnement digne d'un meilleur sort.

» Les habitants du bourg de Bazeilles prirent les armes et se battirent avec héroïsme. Le curé, vieillard vénérable, à cheveux blancs, donna lui-même l'exemple du plus admirable patriotisme.

» Chaque maison était une citadelle qui vomissait une pluie de feu ; hommes, femmes, enfants, vieillards, tous étaient soldats. Ils étaient deux mille et ils tuèrent deux mille cinq cents Prussiens. La vengeance fut terrible. Les Prussiens incendièrent la torche à la main jusqu'à la dernière maison du village, dont il ne reste plus que des décombres.

» Le curé, traduit devant un conseil de guerre, se défendit avec une éloquence inspirée par les plus nobles élans de la foi et du patriotisme. Il fut néanmoins condamné à mort, mais il parvint à s'échapper et à se réfugier en Belgique.

» Nous eûmes dans cette journée quatre mille morts, douze mille blessés et soixante dix mille hommes faits prisonniers.

» L'ambulance du quartier général du 1ᵉʳ corps d'armée occupait les bâtiments de l'ancienne sous-préfecture et les magasins d'une fabrique de draps située vis-à-vis. Le drapeau international qui devait la protéger flottait sur le toit. Fut-il remarqué, je l'ignore ; ce qu'il y a de certain, c'est que pendant près d'une heure les bombes tombèrent sur notre ambulance et tuèrent dans la cour un jeune homme et une jeune fille qui voulurent la traverser. On fit enlever le drapeau et immédiatement le tir prit une autre direction.

» Notre ambulance eut environ quatre cents blessés ; mon ministère fut ainsi moins laborieux, mais non moins consolant qu'à Frœschviller. A huit heures du soir, j'avais confessé tous les militaires dont les blessures offraient quelque gravité, et pas un ne m'avait opposé la moindre résistance ; au fond, tous nos soldats aiment le prêtre et la religion qu'il représente ; mais il faut avouer que s'ils se confessent facilement dans les ambulances et les hôpitaux, ils se livrent dans les casernes et dans les camps à une licence de mœurs qui va même quelquefois jusqu'à leur enlever tout sentiment d'honneur et de dignité.

» Nous restâmes à Sédan jusqu'au 15 septembre ; j'employai tout mon temps à visiter les ambulances de la ville et celles de la campagne, où les blessés dispersés dans les maisons isolées étaient plus exposés à manquer de secours religieux. Tous étaient heureux de nous voir et accueillaient avec empressement les offres de notre misère. Que de souffrances et de misères dont nous fûmes les témoins et les consolateurs, surtout dans les ambulances de Floing, de Givonne, de Fonds-de-Givonne, de Bazeilles et de Balan ; souffrances physiques, souffrances morales plus cruelles encore ; mais, je dois le dire, aucune scène ne m'émut davantage que le navrant spectacle de nos soldats prisonniers mourant de faim par un raffinement de la barbarie de nos vainqueurs.

» On parlait avec indignation dans Sédan des vexations de tous genres éprouvées par notre malheureuse armée prisonnière. On assurait que les officiers et les soldats mouraient littéralement de faim, et que les généraux eux-mêmes étaient gardés sans nourriture et sans abri dans le camp de Glaire. Le 8 septembre, je me décidai à quêter dans la ville du pain pour ces pauvres affamés, et je partis pour le camp accompagné de sept infirmiers portant sur leurs épaules cinq cents rations de pain. Quel spectacle, grand Dieu! Dix mille jeunes soldats étaient là, parqués dans une île de la Meuse, réduits par la faim presque à l'état d'idiotisme. Ils nous regardaient avec de grands yeux hagards et dévoraient avec une avidité canine les quelques morceaux de pain que la charité publique leur envoyait.

» L'un d'entre eux était étendu sans connaissance aux pieds des soldats prussiens qui gardaient le camp. Je le relevai, lui fis prendre quelques gouttes de rhum que je pris dans la gourde d'un Prussien fort étonné de mon audace, et lorsqu'il fut un peu ranimé par cette liqueur je lui donnai un morceau de pain qu'il engloutit à l'instant. Je me hâtai de revenir à la ville, où je fis une nouvelle quête de 500 rations qui furent distribuées le soir même. Enfin le 9 au matin, lorsque ces dix mille prisonniers partaient pour l'exil, je me trouvai sur leur passage avec une voiture chargée de mille rations de pain. Je dois dire que les Prussiens voulant emmener leur dernier convoi de prisonniers avaient distribué la veille au soir des biscuits et du lard à nos soldats, dont un grand nombre parvinrent à s'échapper comme l'avaient fait une foule de prisonniers des convois précédents.

» Cependant l'évacuation des blessés s'opérait sur une large échelle. Le 15 septembre il ne restait plus à Sédan que 12 à 15 cents blessés, convalescents pour la plupart, qui furent confiés aux soins des médecins et de l'aumônier de l'ambulance de la 4e division du 1er corps d'armée.

» On nous permit de rentrer dans les lignes françaises, en passant par Mézières. A Lille, nous apprenons que le blocus de Paris commençait et que la ligne du Nord était coupée.

L'intendance nous dirigea sur Rouen ; je désirais ardemment retourner à Paris et reprendre mon poste au Val-de-Grâce ; mais une indisposition, résultat des fatigues de la campagne, me força de garder le lit pendant deux jours et me permit à peine de présenter mes hommages à S. Ém. le cardinal de Bonnechose, que je trouvai causant fraternellement avec les blessés qu'il avait recueillis dans son palais. Lorsque je fus en état de poursuivre ma route, il était trop tard, le chemin de fer de Paris était coupé. Je pris alors la ligne de l'Ouest, et je me rendis à Tours pour me mettre à la disposition des membres du gouvernement provisoire qui venait de s'y installer. »

Ajoutons à ces renseignements intéressants que M. l'abbé de Beuvron fut attaché, comme aumônier, au quartier général de l'armée de la Loire, et qu'il ne cessa, pendant toute cette nouvelle campagne, de donner à nos soldats des preuves de son admirable dévouement.

―――

Dans les premiers jours de janvier 1871, arrivait de Suisse à Pontarlier un vénérable prêtre à barbe blanche, portant à dos un lourd sac militaire, et qui, revêtu des insignes de la convention internationale de Genève, se distinguait par la décoration de chevalier de la Légion-d'Honneur et quatre autres croix d'ordres étrangers.

7.

Cet ecclésiastique dont la présence inspirait l'admiration de toutes les personnes présentes à la gare, était M. l'abbé Faivre, de Lyon, aumônier en chef du 20e corps (armée de la Loire), lequel avait été fait prisonnier à la bataille d'Orléans.

Conduit très-durement en captivité, pendant un trajet de 200 lieues, M. l'abbé Faivre avait été remis en liberté dans le grand-duché de Bade, grâce au bénéfice de la convention précitée, qui aurait dû le protéger constamment sur les champs de bataille.

Pendant le siége de Strasbourg où nos soldats, si peu nombreux mais toujours intrépides, acquirent des droits impérissables à la reconnaissance du pays, chaque fois qu'une victime avait succombé au poste du devoir, sa compagnie réclamait les honneurs de la sépulture ecclésiastique. Ce fut toujours les aumôniers de l'armée, M. l'abbé Krauth ou le R. P. Joseph qui, pendant cette triste période, satisfirent à toutes les demandes, en accompagnant au péril de leur vie, trois ou quatre fois par jour, les restes de nos braves à leur dernière demeure. Chaque fois il fallait passer sous une grêle de projectiles de toutes sortes, qui venaient interrompre, jusque dans l'enclos des morts, les devoirs sacrés de la sépulture.

Ces cérémonies funèbres avaient un caractère

profondément émouvant : il y avait là, chaque fois, cinq ou six cercueils, sur lesquels nos héros survivants venaient répandre leurs prières et leurs larmes.

Chaque fois le saint prêtre prononçait un éloge funèbre pour restituer à ces morts leur caractère d'immortelle grandeur, dont un matérialisme abject les dépouillait, et aussi pour reconforter le cœur des survivants, qui devaient lutter toujours, avec l'acharnement du désespoir, contre une armée vingt fois supérieure.

Voici un de ces discours prononcé sur la tombe d'un vaillant soldat et d'un grand chrétien.

Eloge funèbre prononcé aux obsèques de M. Ducrot, chef de bataillon du génie, officier de la Légion-d'Honneur, par le R. P. Joseph, missionnaire et aumônier des blessés à Strasbourg, pendant le siège.

« Général [1],

» Messieurs,

» Vous ne vous lassez point de combattre ni de succomber au poste de l'honneur et moi, qui ne puis quitter le chevet de nos blessés que pour répandre les prières de l'Eglise sur les restes mortels de nos braves, je ne dois point

[1] M. le général Uhrich.

me lasser de jeter dans vos âmes la sainte parole de la force et de l'encouragement.

» Permettez-moi, en même temps, de déposer, au pied de ce cercueil, le juste tribut de nos éloges et de nos éternels regrets, et de pleurer avec vous sur la perte irréparable que nous venons de faire dans la personne de M. Ducrot, chef de bataillon du génie, officier de la Légion-d'Honneur, qui a succombé hier au poste du devoir.

» Il était frère du vaillant général Ducrot, qui a laissé, par sa charité et sa bravoure, d'impérissables souvenirs dans cette cité de Strasbourg. Jules Ducrot possédait, comme son frère, les brillantes qualités et les solides vertus qui font le chrétien qui ne rougit point de son Dieu, le citoyen qui aime sa patrie et le soldat qui sait mourir pour elle. Il était un solide chrétien et savait allier les austères pratiques de la foi avec les convenances sociales et les devoirs du métier. Ce qui paraît incompatible aux hommes dépourvus du sens religieux se rencontrait chez lui dans un merveilleux accord. Nature ardente pour le bien, il avait su gravir, à force de se dompter, les hauteurs sublimes de la vertu. C'est là, Messieurs, que vous avez découvert les trésors de bonté dont son âme était remplie, son affabilité envers ses égaux, son dévouement au devoir, sa condescendance à l'égard des soldats, sa fermeté dans le commandement dont il pratiquait la paternité.

» Justice lui fut rendue. Hier soir encore, deux militaires qui appartenaient à son bataillon pleuraient à la porte de l'ambulance..... J'essayais de les consoler.... « Ah ! dirent-ils, notre commandant était bien bon, il ne sera pas remplacé. »...

» Cet aveu et ces larmes sont plus éloquents que toutes mes paroles.

» Où irais-je chercher, Messieurs, la source de tant de valeur, si ce n'est dans une famille chrétienne et dans les fécondes inspirations de la religion pratique?

» Ah ! laissez-moi placer ici le souvenir de vos mères ; vous leur devez votre bonté, votre bravoure. Tout ce qui se rencontre de délicatesse et de force, de sainteté et d'honneur dans votre vie n'est qu'un épanchement de leur cœur dans le vôtre ; ce sont elles qui, selon l'originale pensée de Joseph de Maistre, *vous ont appris à craindre Dieu et à n'avoir pas peur du canon.*

» C'est à une de ces mères, c'est à une de ces familles, que la mollesse des temps modernes fait malheureusement disparaître, que notre regretté commandant devait son incomparable bravoure.

» Et vous ne me donnerez point de démenti, Messieurs, si j'ajoute que c'est à la religion consciencieusement pratiquée que M. Ducrot devait sa grandeur et sa force morale. Il comprenait, en effet, que la foi catholique, dans laquelle il avait eu le bonheur d'être baptisé, est l'inspiratrice de tout bien, la puissance créatrice de toute vertu vraie, qu'elle ne saurait exercer sa salutaire influence sur tous les actes de la vie qu'à la condition d'être acceptée avec son dogme, sa morale et ses pratiques.

» Il se confessait, il communiait avec la simplicité d'un enfant et le rare bon sens d'un homme qui sait que sa raison ne s'affaiblit pas en se soumettant à celle de Dieu.

» Par là, il réduisait à néant les folles théories des sophistes qui ne voient dans la religion qu'un idéal, en repoussent les enseignements et les grâces régénératrices, et ne l'acceptent, dans les relations sociales où elle se trouve engagée, que par intérêt ou par politique.

» Grave erreur, Messieurs, car il n'y a pas de discipline sans loi, pas de loi sans la sanction de l'autorité dont Dieu est le principe : *Omnis potestas a Deo* ; et si vous reléguez la religion, qui est le fondement de tout, dans les régions de l'abstrait ou d'un idéal mensonger, vous préparez la catastrophe de l'ordre social tout entier ; en détruisant la foi religieuse vous ruinez du même coup la foi politique, dont elle est la base essentielle. « Il est plus facile, disait l'historien Plutarque, de bâtir une ville dans les airs que de fonder un Etat sans religion. »

» Et n'est-ce pas du mépris de ces vérités que sont nées les barbares maximes du droit moderne, *de la force qui prime le droit*, que nos ennemis pratiquent depuis deux mois, aux portes de cette ville, où ils mettent tout à feu et à sang, avec une sauvagerie qui, depuis le règne du cimeterre de Mahomet, ne rencontre pas d'exemple dans l'histoire ?

» C'est en présence de ces atrocités que le commandant Ducrot se trouvait placé. Il avait compris sa mission.

» Citoyen vraiment chrétien, il savait aimer sa patrie, et le pur sang français coulait dans ses veines avec une rare abondance. Quoi d'étonnant, Messieurs ? « La patrie n'est-ce pas le
» prolongement de la famille ? »

» Elle est notre sol, elle conserve notre histoire et notre nationalité, elle abrite notre berceau et notre foyer, elle protége et alimente notre vie, elle couvre nos tombes pour l'immortalité. Et lorsque cette patrie s'appelle la France, que ne doit-on pas faire pour elle ? Et quand l'ennemi foule son sol de son pied oppresseur, ou quand il attaque ses villes et ses campagnes, avec une barbarie sans nom, pour lui ravir, avec son honneur, une partie de son territoire, nos sacrifices doivent se mesurer à la profondeur de nos périls. O France ! tout ce qu'il y a d'or dans nos bourses et de sang dans nos veines t'appartient et ne sera jamais trop pour la rédemption de ton indépendance et de ta foi ! « Et si jamais nous t'oublions, ô ma » noble patrie ! que notre main droite s'oublie » elle-même. » *Si oblitus fuero tuî, Jerusalem, oblivioni detur dextera mea.*

» Le divin Maître, Messieurs, n'a-t-il pas répandu des larmes sur sa patrie selon la chair, et n'a-t-il pas fondé par là dans nos âmes le patriotisme qui ne recule devant aucun sacrifice et qui ne fléchit devant aucun danger ?

» Religion et patrie ne font donc qu'une même chose, et au jour où des mains sacriléges ont voulu détacher la patrie de la religion, elles ont tué le patriotisme et l'ont remplacé par l'égoïsme et l'ambition personnelle.

» Qui dira les tristesses du commandant Ducrot en présence de nos ruines ? Il ne s'en pouvait consoler que dans sa foi. Quelques jours avant sa glorieuse fin, il répétait à un de ses amis la parole d'un grand Pape : *Et qui in cunctis deliquimus, in cunctis ferimur*.......... En présence de tant de malheurs, le sacrifice de sa vie, pour sa patrie, devenait la preuve suprême de son amour pour elle.

» Il sut mourir en héros.

» Je n'ai rien à vous apprendre, Messieurs, sur la lutte inégale que vous soutenez depuis un mois contre des forces vingt fois supérieures aux vôtres. L'histoire dira que vous vous êtes montrés dignes de votre ancien renom.

» M. le commandant Ducrot a partagé tous vos périls ; il s'est présenté devant l'ennemi avec l'invincible courage du juste : jour et nuit sous des nuées de projectiles, sur les remparts, aux postes avancés, là où il y avait un danger, il était, par ses exemples, le mot d'ordre et la force du soldat..... C'est là qu'il est tombé, plus glorieux et plus vaillant dans la mort qu'il ne l'avait été dans la vie...

» Oui, Messieurs, s'il est une gloire, c'est de mourir martyr pour la défense du droit et de la justice, pour le salut de la patrie : *Dulce et decorum pro patria mori.*

» Je dépose ces éloges, avec mes larmes et mes prières, sur le cercueil de ce brave défenseur du sol natal. Puissent-ils être une consolation pour la famille qui le pleure ; pour l'illustre général qui perd en lui plus qu'un frère ; pour vous enfin, Messieurs, qui sentez mieux que personne, dans ces jours de péril, le poids de cette irréparable perte.

» O vous qui avez payé à la patrie le tribut de votre sang, pieux et noble héros, adieu !

» Adieu au nom de la France que vous avez tant aimée !

» Au nom de votre famille, que votre glorieuse mort consolera !

» Au nom de vos amis, qui conserveront le souvenir de vos vertus ! Du haut du ciel, où vous jouissez de la récompense, servez-nous encore auprès du Tout-Puissant, afin qu'oubliant ses justices il n'ait plus pour nous que des miséricordes.

» Adieu !

» Et vous, Messieurs, courage toujours ! Vous êtes en ce moment les mandataires de la patrie, qui vous contemple. Défendez, jusqu'à la mort, cette place qui est la clef de la France et le rempart de l'honneur national. Et si, à votre tour, vous devez succomber, rappelez-vous qu'au-delà de notre exil en ce monde, il est un livre que l'Ecriture appelle « le livre de la vie » *liber vitæ*, où sont écrits les noms de ceux qui ont combattu le bon combat et auxquels Dieu a accordé une couronne que le temps ne flétrira pas, car elle est immortelle. »

La présence des aumôniers à la tête des bataillons de mobiles produisit à Paris un excellent effet. Toute la population les salua de ses acclamations.

Un de ces bons prêtres raconte ainsi ses débuts comme aumônier et l'accueil sympathique dont il fut l'objet à Paris :

« J'ai rejoint mes chers bataillons de l'Ain, et j'ai retrouvé parmi ces nobles enfants de la Bresse plus de deux cents mobiles qui assistaient autrefois à mon catéchisme. Ils sont pleins de vigueur et moi j'ai vieilli ; il me serait difficile de les mettre en pénitence. Ces braves enfants m'ont entouré et serré affectueusement la main. Ils ont été heureux de me retrouver au milieu d'eux, partageant leurs travaux et les périls qui les attendent peut-être, et je crois que ma présence sera propre à les encourager et à les réconforter.

» Messieurs les officiers de Bourg m'ont fait l'accueil le plus sympathique et le plus empressé... Me voilà donc lié à eux à la vie et à la mort.

» Trois cent mille hommes de troupes, garde nationale de Paris et garde mobile, échelonnés depuis la place de la Bastille jusqu'à l'Arc-de-Triomphe de l'Etoile, ont été passés en revue hier par le général Trochu. Quel imposant coup d'œil !

» J'étais avec mon bataillon de Bourg. Croiriez-vous que votre ancien vicaire, l'humble curé de Villars, a été l'objet d'une véritable ovation. J'avais suspendu à mon cou la croix des aumôniers de l'armée, et sur tout le parcours mille poitrines faisaient entendre les cris : *Vive M. le curé ! vive M. l'aumônier !* Deux fois, les gardes nationaux et la foule sont venus me faire sortir des rangs ; leurs bras m'ont tendu la main, mais d'une manière si démonstrative que je croyais la mienne broyée. Quel enthousiasme délirant ! Pauvre peuple ! Malgré tout ce qu'on a fait pour l'égarer, il croit encore en Dieu ; il a encore confiance au prêtre, mais il faut se mêler à lui, lui parler le langage qu'il connaît. »

Les nombreuses compagnies de francs-tireurs qui tenaient la campagne sous les murs de Paris, rencontrèrent souvent aux avant-postes et aux points les plus périlleux un saint prêtre, vieillard vénérable, portant une longue barbe blanche, dont le dévouement intrépide excitait le respect et l'admiration de tous. C'était le R. P. Allard, originaire de l'Anjou et missionnaire apostolique dans le Liban que les intérêts de sa mission avaient rappelé momentanément en France et qui, ayant trouvé sa patrie malheureuse, lui offrait chaque jour et avec une générosité héroïque le sacrifice de sa vie. Le R. P. Allard, toujours présent aux affaires les plus meurtrières, fut blessé au combat de Buzenval. Quelques mois plus tard, la secte infernale qui déshonora la France par ses crimes, fit du courageux missionnaire une de ses victimes. Le R. P. Allard fut un des otages massacrés à la Roquette avec l'Archevêque de Paris.

C'est surtout par la correspondance des aumôniers qu'on peut se rendre compte de leur vie au milieu de nos armées, des dangers incessants auxquels ils s'exposaient et des services inappréciables qu'ils rendaient à nos soldats.

Le R. P. Pujo, aumônier des mobiles de Maine-et-Loire, écrivait des environs de Besançon, après l'insuccès des opérations dans l'Est :

« Nous sommes bloqués, chargés de garder la

redoute Fontaine et les alentours de Besançon ; et, comme l'ennemi ne nous a pas compris dans l'armistice, nous sommes sans cesse sur le qui-vive. Au milieu de nos anxiétés, nous avons un reste de consolation, c'est d'avoir fait les derniers coups de feu et d'être encore sous les armes et non prisonniers, comme la presque totalité de notre armée, qui a passé en Suisse.

» Par les journaux et petits billets que je vous ai envoyés de la montagne par les soins de contrebandiers, vous savez nos insuccès et nos souffrances. Ce que vous ignorez, c'est que, comptant sur l'armistice, j'étais parti pour l'Anjou, avec l'autorisation du général de division, chargé de lettres de tout le régiment, et de donner des nouvelles à toutes les familles, et avec la résolution de retourner avant la fin de l'armistice, rapportant de l'Anjou des lettres et articles chauds à nos jeunes mobiles. Par malheur, j'ai été arrêté par les Prussiens, fouillé, maltraité, considéré comme espion, malgré mes pièces en règle ; mis à la tête de nos prisonniers et obligé de marcher sur deux rangs, depuis cinq heures jusqu'à onze heures du soir, et conduit au poste, où j'ai passé la nuit avec un morceau de pain sec et de l'eau. Le lendemain matin, ayant cherché à m'esquiver, j'ai été saisi par les uhlans ; j'avais les pieds gelés et ils ne pouvaient tenir dans mes souliers. On me força à marcher dans les neiges et par les chemins difficiles de la montagne, n'ayant que des chaussons aux pieds. Heureusement qu'ayant rencontré tout un corps de troupes prussiennes, je réclamai auprès du général qui me relâcha. J'étais à huit lieues de Besançon; j'y revins, et pendant cinq jours, je gardai le lit, souffrant de la fièvre et de rhumatismes. Revenu un peu, je suis retourné au régiment.

» Nous ne savons rien ici, absolument rien ; nous n'avons pas voté ; nous sommes cernés étroitement. »

M. l'abbé Delpech, vicaire de la métropole de Toulouse et aumônier de la 3e division d'infanterie du 14e corps d'armée, campé à Boulogne-sur-Seine, près Paris, entre la ligne des forts et l'enceinte des remparts, écrivait le 29 septembre :

« Plus que jamais, dit-il, le devoir me retient où je suis, quoique mes vacances réglementaires expirent ; il se fait du bien ici et mon remplacement souffrirait des lenteurs que j'ai trop bien connues à mon arrivée.

» *Nous nous lorgnons continuellement avec les Prussiens, sans être encore entrés en sérieuse conversation.* La Seine seule nous sépare... En punissant les nations, Dieu sauve ses enfants : grand nombre de soldats se sont réconciliés soit à Paris, dans la caserne, soit au camp, où chaque jour apporte sa modeste moisson.... Il est rare qu'on éprouve un refus, lorsqu'on ose l'affronter pour l'amour de Dieu... Mais une division est un monde, surtout ici où chaque compagnie occupe un petit poste séparé, embusquée derrière une barricade ou déployée en tirailleurs derrière des murs.... »

— Le même aumônier écrivait le 1er novembre :

« Les événements se succèdent et *le châtiment* suit son cours ; chacun le dit en particulier, pourquoi la nation ne le reconnaît-elle pas ? Elle serait sauvée.

» Je ne puis vous dire les sentiments qui se pressent dant les cœurs de tous ceux qui ont conservé le culte de la patrie. Au reste, moi j'ai d'autres préoccupations qui me distraient et me consolent. Ah ! mes amis, quelle semaine de miséricordes. Oui, dès cette heure, dût-elle finir n'importe comment, ma campagne spirituelle est faite. Ne regrettez pas de m'avoir laissé partir, d'avoir si généreusement accepté d'ajouter ma tâche à la vôtre ; je prie Dieu de déverser sur vous le mérite du bien qui se fait ici.

» Il y a huit jours, voyant vers cinq heures du soir un groupe de soldats à l'église faire tout simplement leur visite au Saint-Sacrement, j'eus l'idée d'un petit plan que je réalisai aussitôt. A cette heure, la soupe est mangée, et le

soldat, libre jusqu'à l'appel du soir, a deux ou trois heures à dépenser selon son bon ou son mauvais plaisir. « Mes amis, dis-je à mes fer-
» vents, nous allons, si vous voulez bien, faire
» la prière du soir qu'il vous serait difficile de
» faire à l'aise dans vos campements. » Je les congédiai ensuite, les invitant à revenir le lendemain chacun avec deux camarades. Ils n'y manquèrent point, et le flot grossissant ainsi progressivement, nous étions 5 ou 600 à prier ensemble mercredi. Une petite allocution de dix minutes et un cantique précédèrent ce jour-là la prière du soir, et je ne pus suffire ensuite aux confessions. Le lendemain, j'appelai des secours de Paris, et, ces cinq jours durant, nous avons fait une véritable moisson d'âmes que le maître du champ a regardée, je crois, avec complaisance ; j'ai renoncé à compter les épis tant ils étaient pressés. La prière s'est insensiblement changée en exercice complet, et les soldats l'appellent eux-mêmes la Mission. Chaque soir, la vaste et belle église de Boulogne s'emplit de leurs rangs pressés; il faut voir comme ils enlèvent le cantique, comme ils écoutent religieusement la parole divine comme ils chantent de bon cœur le *Parce*, l'*O Salutaris*, *Tantum ergo*, qui sont de tous les pays, comme eux et comme le Dieu qu'ils adorent.

» Ce matin, une délicieuse messe de communion a été célébrée à 5 heures, et avant le lever des camarades ces excellents soldats rentraient dans leurs campements emportant le Dieu de vie ; ce soir peut-être ils braveront la mort.

» Jamais je n'oublierai le beau spectacle que me donnent à leur insu ces âmes sublimes qui s'ignorent ou ces pécheurs si francs dans leur repentir ; ah ! je ressens bien souvent les joies du père de famille au retour du prodigue, celle du pasteur retrouvant sa brebis. Avec moi, je vous prie, félicitez Jésus de ses triomphes et de ses miséricordes. Vraiment, on ne peut se livrer complétement à la joie quand on pense au grand nombre de ceux qui restent dans l'état du péché, quand on songe aux désastres passés, aux malheurs présents, à l'incertitude de l'avenir ; mais en voyant les choses au point de vue surnaturel, on adore à la fois la justice de Dieu qui punit un peuple coupable, sa miséricorde qui retire du gouffre les âmes qu'il s'est choisies, les âmes simples qui n'ont pas d'orgueil contre Dieu ni de fiel contre leurs semblables. C'est ainsi que la justice et la paix s'embrassent.

» Il paraît que ce mouvement religieux, plus sensible encore dans la mobile, indispose certains parisiens. On dénonce, dans leurs journaux, les aumôniers militaires comme déployant un zèle intempestif. Ces messieurs trouvent bon qu'on vienne les défendre ; ils louent le dévouement simple et naïf du Breton, la bravoure du

Vendéen, la tenue du Bourguignon, et ils ricanent contre la foi qui inspire ces courages...

» Peut-on, en vérité, pousser plus loin l'inconséquence et le cynisme ? Ils ne voient pas que la foi est précisément ce qui inspire à leurs défenseurs cet héroïsme qui fait leur supériorité. N'est-ce donc pas une souveraine ingratitude de refuser la liberté de la foi à celui qui offre sa vie pour vous défendre ? Heureusement que ces aveugles ne sont pas encore nos maîtres.

» .... Jamais je n'ai touché du doigt comme aujourd'hui le travail divin de la grâce. Je citerai un trait entre mille.

» Un jeune engagé volontaire m'avait, il y a quelques jours, refusé obstinément de recevoir une médaille. « Monsieur l'abbé, me dit-il, c'est inutile, je n'ai pas la foi. — Dites, mon ami, que vous l'avez perdue ; prenez, priez et vous la retrouverez, je l'espère. — N'insistez pas, reprit-il, ma mère m'en a offert une, au départ, et je l'ai refusée. »

» J'avoue que cette réponse paralysa ma langue ; je me retirai le cœur navré.

» Or, cet enfant est revenu un de ces soirs. « C'est moi, dit-il ; voudriez-vous m'entendre. J'étais au feu à.... Les balles formaient comme un treillis sur ma tête. Votre conversation m'est revenue comme un éclair, et j'ai fait vœu, sur l'heure, de venir vous trouver si j'échappais ; je tiens ma promesse. — Vous croyez donc aujourd'hui ? — Oh ! je n'ai pas le moindre doute, » et il tirait de sa poche un long papier où il avait écrit sa confession pour ne rien oublier. Il m'a autorisé à vous livrer ce détail. Je le recommande à vos prières. »

— Nous extrayons de plusieurs autres lettres du même aumônier les lignes suivantes :

« Ce que je vois ici confirme cette parole d'un chef d'état-major : « *Monsieur l'abbé, là*
» *où il n'y a plus de foi, il n'y a plus d'amour*
» *du devoir, ni d'amour de la patrie ; l'incré-*
» *dulité nous a amollis. Oh ! ils sont braves dans*
» *le péril ceux que rien ne trouble dans le*
» *passé et qui voient le ciel leur sourire dans l'a-*
» *venir.* »

» *Mon père,* disait encore un capitaine que ses soldats estiment des plus intrépides et qui est un vrai saint, *je songeais à prendre ma retraite lorsque la guerre a éclaté, eh bien ! j'irai maintenant au feu, aussi tranquille que j'allais tous les jours à ma visite du Saint-Sacrement.* »

» Hier, avant l'engagement de..... auquel nous avons pris peu de part, un soldat vint à moi pour se réconcilier et il me disait ensuite ces paroles sublimes : « J'avais toujours rêvé être prêtre, mais n'est-ce pas, mon père, que si je meurs je serai aussi agréable à Dieu, parce que j'aurai fait sa volonté ? »

M. l'abbé Andrieu, aumônier des mobiles de l'Ariége, écrivait du camp de Salbris (armée de la Loire).

« Nous sommes campés dans les immenses plaines de la Sologne. Officiers et soldats font leur soupe.

» Ces chers enfants préparent leur nourriture par une pluie battante. On souffre, mais on rit de tout son cœur. C'est ici la vie vraie, sérieuse, franche comme je l'aime moi-même. Quant au spirituel, c'est splendide.

» Ah ! si tous nos diocésains valaient nos mobiles ! Ils ont édifié partout, surtout à Moulins et à Vierzon. La messe, la confession, la prière, pas de jurons. Oh ! quelle grâce si nous pouvions tous mourir en ce moment ; jamais nous ne serons aussi prêts. Je me suis entendu avec neuf autres aumôniers qui sont ici pour 80,000 hommes au moins. Ce n'est pas assez. Nos mobiles sont cités ici comme les meilleurs chrétiens de toute l'armée de la Loire ; il y a parmi eux une gaieté et un entrain extraordinaires. »

Un autre aumônier écrivait après la bataille de Coulmiers :

« Je suis sain et sauf, ne vous inquiétez pas à mon sujet. Je suis resté à cheval pendant toute la bataille, en avant des lignes de réserve, cherchant les blessés. J'ai entendu le bruit formidable des obus sifflant à mes oreilles, et s'enfouissant, à mes côtés, dans la terre détrempée par la pluie, mais aucun d'eux n'a éclaté et ne m'a atteint....

» La solidité des troupes a été admirable. Pendant huit heures de combat jamais une de nos lignes n'a fléchi, et le tir de l'artillerie a été splendide de précision.

» Dimanche, on a dit des messes militaires et chanté le *Te Deum* sur tous les points de campement de nos troupes, et comme le grand Condé, fléchissant le genou sur le champ de bataille de Rocroy, notre armée a rendu grâces au Dieu qui tient dans ses mains les destinées des peuples, pour la première victoire de cette malheureuse guerre.

» Tout n'est donc pas perdu si Dieu se souvient de nous, et si nous commençons à nous souvenir de lui. »

Des mobiles de l'Ariége n'avaient pas d'aumônier. Sur leur demande, le vénérable curé de Larnat accepta cette mission et reçut d'eux l'accueil le plus empressé. Un de ces mobiles écrivait plus tard que son bataillon avait assisté à la bataille du 9 novembre, qui avait eu pour résultat la reprise d'Orléans par l'armée française, et il ajoutait : « Les balles tombaient bien près de nous, les bombes passaient sur nos têtes ; mais tout cela n'était rien, nous étions prêts ; M. l'aumônier était déjà passé dans les rangs et nous avait donné l'absolution, compagnie par compagnie, pendant que nous faisions un acte de contrition. »

« Notre ministère aux camps et dans notre maison, disait un vénérable religieux, est des plus consolants.

» Dernièrement, un de nos chers soldats, craignant que son tour au confessionnal n'arrivât pas, se jeta à genoux en pleine église et se mit à dire ses prières tout haut.

» Donnez-moi de l'eau, disait l'un d'eux à son confesseur, après avoir reçu l'absolution, que je me lave, afin qu'on ne voie pas que j'ai pleuré.

» Je viens me confesser, disait un vieux troupier du Mexique, pour mon Dieu d'abord, pour mon âme ensuite, et enfin pour la bataille, car quand on a le cœur libre, on n'a pas peur.

» Il faut dire à la louange de nos officiers, que tous, sans exception, montrent le plus grand respect pour le prêtre, et secondent avec empressement les désirs religieux de leur troupe. Beaucoup vont plus loin. Un brave colonel, à peine campé dans un village assigné à son régiment, s'empressa d'aborder quelqu'un de nous en lui disant : « Monsieur l'abbé, pouvez-vous disposer de vos messes ? Sur la réponse affirmative, il ajouta : Veuillez la dire pendant huit jours pour moi et pour mon régiment. »

Ce digne chef s'approchait de la sainte table avec beaucoup de ses officiers. »

M. l'abbé Gautrelet, aumônier de la garde mobile de la Côte-d'Or, écrivait :

« Le premier blessé que j'ai aidé à relever, à panser et à placer dans une voiture d'ambulance, était un jeune homme de la vieille et catholique Pologne. Pauvre enfant de vingt et un ans, comme il m'embrassait les mains !

» Presque tous nos blessés avaient des médailles au cou. Tu sais avec quelle facilité nos malheureux jeunes gens blasphèment et s'emportent en imprécations ; eh bien ! pendant quatre heures que j'ai passées au milieu de ces malheureux blessés, dont il fallait couper les vêtements pour arriver à la blessure et la panser, je n'ai jamais entendu un seul blasphème, une seule parole de colère ni même d'impatience ; je n'y pense pas sans attendrissement. »

Un franc-tireur de la Côte-d'Or a donné quelques détails intéressants sur la captivité d'un aumônier des mobiles des Basses-Pyrénées. Cet aumônier avait été fait prisonnier avec plusieurs soldats et placé en ligne avec eux parce que sa soutane fortement avariée par les marches et les contre-marches le faisait ressembler plutôt à un soldat déguenillé qu'à un prêtre.

— Vous êtes franc-tireur, lui dit un officier prussien en assez bon français ?

— Non, je suis aumônier.

— De quel corps ? — Mobiles des Basses-Pyrénées. — Quelle route suit votre bataillon ? — Je le sais, mais je ne vous le dirai pas. — Combien d'hommes dans votre bataillon ? — Vous êtes bien curieux, Monsieur ! — Ah ! c'est ainsi ; vous allez être fusillé ! — Très-bien, très-bien ; faites, me voici ! Et disant cela, il se posta contre un arbre, droit, immobile, le regard sur son interlocuteur.

— Vous n'avez donc pas peur de la mort, dit l'officier ?

— Non, je suis prêt.

Le Prussien tourna les talons en s'écriant avec un geste qui complétait sa pensée : « Ah ! Français ! Français ! »

M. l'abbé P. Brassier, aumônier d'un bataillon de mobiles d'Ille-et-Vilaine, écrivait de Paris, à sa mère, le 13 octobre :

« Vous vous faites peut-être de la peine à mon égard. Je vous en prie, ne vous en faites point. Je ne suis pas malheureux ; au contraire.

» Sans doute le canon gronde à mes oreilles nuit et jour, mais il ne m'empêche ni de manger de bon appétit, ni de dormir, ni même de rire, quand l'occasion s'en présente. Déjà la sainte Vierge, grâce peut-être à vos bonnes prières, nous a sauvés presque tous d'un grand danger, et je lui ferai plus tard brûler un beau cierge que je lui dois. Elle continuera de nous garder, puisque vous continuerez de la prier pour nous.

» Que nous sommes heureux de savoir que tout ce que le bon Dieu permet est pour notre plus grand bien ! O chère bonne mère, soyez mille fois bénie de nous l'avoir si bien appris dès notre enfance !

» Tout peut arriver..... La terre même croulerait sous nos pas que je n'en serais pas effrayé. Et c'est à vous que je dois cela, moi si timide. Vous m'avez appris à mettre en Dieu seul mon espérance et ma consolation ; merci, merci, ma mère.

» Bonjour à tout le monde et bonheur au pays ! Car elle est belle et chère notre Bretagne ; mais qu'on l'aime, surtout quand on est à Paris ! »

M. l'abbé Hello, aumônier de l'armée, profitant de la suspension des opérations militaires, donna une retraite à plus de cinq cents soldats de la ligne dans les bâtiments du Grand-Séminaire d'Angers. La clôture des exercices religieux fut présidée par Mgr Freppel qui administra le sacrement de confirmation à plusieurs militaires et donna le scapulaire à cent cinquante d'entre eux.

On peut être sûr que ces soldats furent

aussi braves au feu que pieux à l'autel. Pourquoi les hommes qui gouvernent les nations ne comprennent-ils pas mieux l'alliance intime qui existe entre le patriotisme et la religion ?

Les francs-tireurs bretons, campés près de Vierzon, voulurent assister à la messe de minuit et eux-mêmes la chantèrent. Leur aumônier, un carme, officia. Le Noël d'Adam, aujourd'hui traditionnel, fut chanté ; l'effet fut admirable. Il y eut des messes toute la matinée ; à celle de neuf heures se trouvaient deux généraux, et à la communion, sans respect humain aucun, soldats et officiers s'approchèrent de la sainte table. Un grand nombre de mobiles prirent aussi part à la fête, et ce ne fut pas sans mérite, après une nuit passée à la belle étoile et deux kilomètres de marche pour venir à l'église. Le soir, les vêpres furent chantées en grande pompe, l'église regorgeait de soldats.

Quelle consolation pour ces chers enfants de la France d'avoir eu près d'eux, dans ces moments suprêmes, un prêtre pour les encourager au sacrifice, les absoudre, et leur ouvrir le ciel !

Au combat de Châtillon (19 septembre), les mobiles bretons s'agenouillèrent tous sous le feu de l'ennemi pour réciter un acte de contrition et recevoir une dernière fois l'absolution.

Cet acte religieux accompli, ces jeunes gens se battirent comme des héros, restèrent les derniers sur le champ de bataille et furent jugés dignes par le général Ducrot de rester à l'arrière-garde pendant la retraite de l'armée.

La plupart des corps de francs-tireurs avaient aussi leurs aumôniers qui leur servaient aussi d'infirmiers et partageaient avec eux tous les dangers de leurs expéditions.

Le brave Bombonnel, qui a si longtemps empêché le ravitaillement des Prussiens par la Bourgogne, n'a cessé d'avoir un prêtre au milieu de ses intrépides volontaires.

Le bataillon des francs-tireurs de Paris avait pour aumônier M. l'abbé Testory, du chapitre de Saint-Denis, qui avait déjà fait, comme aumônier militaire, les campagnes de Crimée, d'Italie et du Mexique.

Les prêtres et les religieux ne s'exposaient pas seulement aux plus grands dangers en secourant les blessés sur les champs de bataille, mais ils se rendaient encore fréquemment aux points les plus exposés des avant-postes pour en ramener de malheureux blessés oubliés sur le terrain ou déjà prisonniers de l'ennemi. Ces démarches courageuses, pleines de péripéties, n'obtenaient pas toujours les résultats attendus, à cause de l'inhumanité et de la mauvaise foi des soldats allemands.

Voici ce que raconte un aumônier militaire d'une visite qu'il fit au Bourget le lendemain d'un des sanglants combats qui y furent livrés :

« Je me suis rendu hier matin (30 octobre) au Bourget, dans l'espérance que les Prussiens nous rendraient des blessés. La veille, en effet, après nous en avoir remis quelques-uns, ils nous avaient dit, en nous congédiant : Revenez demain, et vous aurez le reste.

Sur la route de Flandre, déserte et morne, embarrassée à chaque instant par des arbres qui jonchaient la terre, nous rencontrons l'ambulance américaine.

Nous nous arrêtons pour la saluer et pour écouter un brave homme fort inquiet sur le sort de son fils, resté parmi les prisonniers du jour précédent.

Il nous donne son nom et nous supplie de demander des nouvelles de son enfant. — Quand vous reviendrez, Messieurs, nous dit-il, vous me retrouverez ici, je vais vous attendre. Que je sache s'il est mort, blessé ou vivant, et je suis heureux, car ce n'est pas vivre que de vivre en cet état.

Nous lui promettons de faire tous nos efforts pour le satisfaire et, un moment, nous nous demandons si, au lieu de continuer vers le Bourget, il ne vaudrait pas mieux nous rendre à Saint-Denis où le canon se fait continuellement entendre.

Le capitaine M...... polonais au service de la France, arrête nos voitures à la barricade des *Moutons et des Bœufs*.

— Vous allez au Bourget, Messieurs ? demande-t-il.

— Oui, capitaine.

J'en arrive moi-même. Les Prussiens consentent à rendre les malades si la Place leur accorde un armistice de deux ou trois heures. Une voiture d'ambulance qui est venue avec moi est retournée aussitôt à Paris porter cette réponse au général Trochu. Nous attendons le résultat. Je vous engage à ne pas partir avant qu'il soit connu.

Nous descendons de voiture, et tous nous nous mettons à causer les pieds plongés dans une boue glaciale.

Les positions sont les mêmes qu'hier. Les Français possèdent encore la suifferie et la fabrique de noir animal, les Prussiens sont maîtres de la gare du chemin de fer.

Toute la nuit les forts ont tonné sur le pays, et, par malheur, plusieurs des nôtres, blessés et bien portants, ont été atteints par des éclats d'obus.

Le capitaine M... me prie d'aller au fort

d'Aubervilliers afin de faire télégraphier une demande d'armistice au gouverneur. — Dites bien, je vous prie, au colonel commandant du fort, que j'ai causé ce matin avec les Prussiens, qu'il sont disposés à rendre les blessés, mais qu'il leur faut, pour cela, une suspension d'armes.

Je me hâtai. Il était une heure, et chacun éprouvait le vif désir de terminer cette affaire.

Il me fut impossible de faire télégraphier à Paris.

— Avez-vous vu les Prussiens vous-même, me demanda le colonel ?

— Non, monsieur, mais le capitaine les a vus, à 10 heures, leur a parlé et m'a répété leurs paroles.

Cela ne me suffit pas. Sur des *on dit*, je ne veux pas demander d'armistice, d'autant mieux que ce matin, à 7 heures, une ambulance est allée aux avant-postes et a reçu une réponse négative.

Deux fois, cependant, vaincu par mes insistances, le colonel fut sur le point d'envoyer une dépêche au général Bellemare à Saint-Denis. Deux fois la réflexion le retint.

Ma résolution était prise.

— Je vais aller en parlementaire, dis-je au colonel, et je vous ferai avertir dès que les Prussiens m'auront signifié leurs intentions.

Je pris congé du commandant du fort et je revins rapidement à l'auberge des *Moutons*.

Le capitaine M.... nous fit alors signer à tous une demande par laquelle nous réclamions les blessés au nom des ambulances présentes en ce moment.

Cette demande devait être portée aux Prussiens par trois ou quatre d'entre nous.

Le capitaine de l'ambulance américaine, M. Bowles, banquier, M. Lamson, président de l'ambulance, M. Gunther, interprète, et moi, nous montâmes dans une voiture préparée pour les malades et nous nous avançâmes vers les lignes ennemies.

— Si vous êtes retenus prisonniers et envoyés à Versailles, nous disait-on, portez nos compliments à un tel, à ma femme, et à mes enfants, etc. De fait, nous courions un peu ce risque, en tentant une seconde démarche après celle du matin. Nous n'avions cependant pas peur; car nous avions conscience d'agir par un motif de charité.

En face de la suifferie, dernier poste français, la voiture se mit au pas.

Une chose nous inquiétait singulièrement. Chemin faisant, nous avions vu des francs-tireurs se dresser dans les champs et avancer en même temps que nous et dans notre direction. Deux ou trois coups de feu retentirent. Nous hésitâmes, et après nous être demandé s'il fallait encore marcher en avant, la voiture s'arrêta et notre interprète descendit seul, le drapeau à la main, pour faire signe aux francs-tireurs de se retirer.

Deux ou trois minutes s'écoulèrent dans le plus profond silence. N'entendant plus de coups de fusil, nous mîmes pied à terre. M. Lamson et moi, nous prîmes chacun un drapeau blanc et rouge, le capitaine Bowles portait les couleurs d'Amérique, et nous nous présentâmes à douze pas du chemin de fer. Là tout le monde s'arrêta, agitant les drapeaux. L'interprète portait le papier que nous avions signé.

Après un moment d'attente, nous vîmes un mouchoir s'agiter sur le côté gauche de la route, puis un jeune Prussien accompagné d'un soldat vint à nous.

Jamais je n'oublierai ce qui se passa en ce moment. Les deux parlementaires ennemis étaient à la barrière du chemin de fer ; ils se disposaient à nous adresser la parole quand un coup de fusil retentit. Le jeune officier tombe et se cache derrière des troncs d'arbres, son compagnon l'imite. Nous nous précipitons vers eux pour les relever, ne sachant pas encore ce que cela veut dire, et redoutant un malheur. L'officier se relève, et regardant la campagne qui est à sa droite : « Un franc-tireur a tiré sur moi, dit-il ; il n'y a que les Français pour violer ainsi les conventions et frapper les parlementaires ! »

M. Lamson, le capitaine et moi, nous nous efforçons de le calmer.

Où êtes-vous blessé? Est-ce possible? Ce ne peut être un Français! Souffrez-vous? C'est une erreur maladroite! Chacun parlait dans son sens et s'estimait heureux d'avoir affaire à un gentilhomme. Un semblable attentat pouvait nous conduire à la mort, ou tout au moins à la prison.

Le Prussien avait été frappé à la main, et il n'y avait par bonheur qu'une simple égratignure. La balle s'était ensuite enfoncée dans sa manche, et avait percé la capote et le par-dessus de caoutchouc.

La première émotion passée :

— Messieurs, nous dit ce jeune homme, j'ai assisté à tous les combats depuis trois mois, voici ma première blessure. J'ai échappé à tous les dangers; mon roi ma donné la croix de fer pour récompenser ma conduite; il est étrange qu'aux portes de Paris je sois visé par un lâche, alors que je parlemente avec vous.

Nous lui fîmes tous nos excuses regrettant de n'avoir pas reçu la balle nous-mêmes à sa place.

— Au moins, vous pensez bien que nous n'étions pas de connivence avec cet homme?

— Si je croyais le contraire, vous seriez immédiatement prisonniers de guerre et monsieur, qui est Français, fusillé. Et ce jeune homme qui nous parlait ainsi, c'était un engagé volontaire qui n'avait pas dix-sept ans.

Nous pûmes enfin expliquer le but de notre visite si tristement commencée.

— Nous vous donnerons vos blessés. Il y en a quarante à peu près. Obtenez une suspension d'armes pour le temps de la reddition, et nous commencerons aussitôt.

Il fut convenu que le capitaine américain et l'interprète, dont les services n'avaient pas été nécessaires, puisque le parlementaire prussien savait le français, retourneraient immédiatement à l'auberge des *Moutons*, enverraient un exprès aux commandants des forts et reviendraient porteurs d'un engagement écrit, constatant que les trois forts cesseraient leurs feux.

Quant à M. Lamson et à moi nous restâmes avec le jeune enseigne nommé Von Ziegler.

Il nous introduisit dans la gare du Bourget, veuve de ses fenêtres, exposée à tous les vents, et il nous pria de nous mettre bien à l'abri dans les angles des chambres à cause des balles qui, perpétuellement, étaient lancées par les francs-tireurs.

Elles allaient ricocher sur les murailles qu'elles avaient trouées en divers endroits.

M. Lamson planta son drapeau sur le sommet de la maison, tout en ne comptant pas trop, je pense, sur l'effet qu'il pourrait produire.

J'ai su le soir que nous avions été exposés à un véritable danger au moment où les francs-tireurs avaient tiré sur le groupe de parlementaires. A l'auberge des *Moutons* on était persuadé que les Prussiens tiraient sur nous ; le cri : Aux armes ! avait retenti, et tous les soldats s'étaient mis en mesure de courir à la suifferie protéger notre retraite. Si les Prussiens avaient vu ce mouvement se réaliser, il n'y a pas à en douter, ils auraient cru à un guet-à-pens, et ils nous auraient pris et fusillés.

Dans la gare, le temps passait très-lentement, malgré la conversation de M. Von Ziegler et de ses soldats. Nous demandâmes à pénétrer dans le village, M. Lamson et moi, afin de visiter nos blessés. Le jeune enseigne nous laissa seuls, pour obtenir cette permission de son colonel.

Un soldat prussien nous tint compagnie, tandis que cinq ou six de ses camarades veillaient aux fenêtres du rez-de-chaussée et du premier.

Notre position était vraiment singulière. Nous étions exposés aux coups des Français, et des soldats ennemis s'apprêtaient à prendre notre défense, tout en veillant sur leurs propres jours.

Nous restâmes debout, appuyés contre les murs, pendant trois quarts d'heure au moins.

Le jeune enseigne revint sans avoir pu trouver son colonel. Il fallut attendre encore.

L'heure avançait toujours et je me disais, à part moi, que l'on ne donnerait pas un seul blessé ce jour-là. Les lenteurs servaient les Prussiens, qui sans avoir d'armistice de droit, le possédaient de fait depuis le matin.

Les voitures de l'ambulance américaine arrivaient au loin. Ce fut avec un vrai plaisir que nous vîmes nos drapeaux flotter à l'horizon. Nous commencions à croire qu'il nous faudrait coucher dans la gare du Bourget, et cette perspective n'avait que de médiocres agréments. Il y eut à dater de ce moment une grande réserve dans nos relations avec les Prussiens, et nous sortîmes de notre refuge pour aller au devant de nos amis qui marchaient à pied à côté de leurs chars-à-bancs.

Avec les voitures américaines s'avançaient d'autres voitures de la Presse, de l'Internationale, etc., etc.

Le jeune enseigne sourit en voyant ce déploiement d'équipages, et il nous en demanda la raison à peu près en ces termes :

— Veut-on nous fournir les moyens de nous rendre à Paris avec plus d'agrément et de facilité ?

— Toutes les ambulances de Paris veulent prêter leur concours et soigner les blessés. Comme on n'en connaît pas le nombre, on en envoie plus qu'il ne faut.

La nuit tombait. Une estafette ennemie se présente. On croit qu'elle annonce la reddition définitive des blessés, mais elle ne nous apportait que cette parole glaciale :

— Les blessés sont très-bien soignés parmi nous. Vous pouvez partir tous et demain ils vous seront remis. — Nous étions joués. Les Prussiens avaient voulu un armistice de deux ou trois heures, ils en avaient gagné douze, et ils trouvaient le moyen d'y ajouter encore la nuit et la matinée du jour suivant.

Nos ambulances furent donc obligées de rentrer vides après une station et des jeûnes prolongés. »

— Le même aumônier après avoir assisté au combat de Châtillon, du 13 octobre, revint le lendemain sur le champ de bataille pour y chercher des blessés. Voici comment il raconte les incidents de sa visite :

« Nous devions revenir sur le champ de bataille, pour y recueillir nos blessés et nos morts, abandonnés forcément à cause de la résistance désespérée de quelques soldats français derrière la barricade.

M. le docteur Jacquemart et moi nous réalisâmes ce projet le 14 octobre, à 7 heures du matin.

A 500 mètres environ du village bombardé (Châtillon) et si admirablement défendu, le 13, par nos troupes, nous vîmes, au milieu de la route, trois personnages, dont l'un portait un drapeau blanc.

Notre voiture arrivait au pas. Le brouillard nous empêchait de bien distinguer.

A 250 mètres, nous mîmes pied à terre.

— Ce sont des Prussiens, me dit le docteur.

— Non, ce sont des prêtres à la recherche des blessés.

Le docteur avait raison.

Trois Bavarois nous barraient le chemin.

— Nous sommes parlementaires, dit le lieutenant, nous venons demander un armistice au général Trochu. Nous désirons enterrer nos morts et les vôtres.

— Vous nous rendrez aussi nos blessés sans doute ?

— Je ne sais, reprit le jeune officier (j'ai su depuis qu'il avait 21 ans) ; mais, en tout cas, vous nous rendrez les nôtres en échange. Comment faire savoir au gouverneur de Paris que le général désire une suspension d'armes ?

Le docteur se chargea volontiers d'aller à l'état-major et de porter la dépêche des Bavarois.

— Je resterai avec vous, leur dis-je, et, si vous le permettez, j'irai dans le pays, consoler, confesser et administrer nos malades.

— Je le veux bien, monsieur, à la condition que je vous banderai les yeux pour vous conduire à l'ambulance.

J'acceptai, et le docteur partit.

Il devait venir nous retrouver avec sa voiture et la réponse de la place aux dernières maisons de Châtillon.

Déjà je pliais mon mouchoir pour m'aveugler, quand le docteur revint avec un officier du fort de Vanves, annonçant l'arrivée du commandant.

A l'aide de leurs lunettes, ces messieurs avaient vu les parlementaires et ils venaient demander ce que voulait l'ennemi.

Il fut convenu que Français et Bavarois nous resterions dans le champ, et que l'officier de notre secteur viendrait, au plus tôt, répondre à l'invitation du général prussien.

Le commandant du fort, le docteur, le lieutenant bavarois, son tambour, son porte-drapeau et moi, nous entrâmes chez un marchand de vin, dont la maison était à moitié incendiée. On s'assit sur une boîte, sur une table et sur le comptoir, et la conversation s'engagea.

Ce fut une de ces conversations sans couleur, comme il en doit être entre hommes désireux de ne se rien dire de compromettant.

Le lieutenant nous apprit cependant que les pertes de l'ennemi avaient été assez douloureuses et que le village avait beaucoup souffert.

Le commandant français offrit courtoisement un cigare au lieutenant bavarois. Puis on se leva et une promenade fut décidée à travers champs pour explorer les lieux.

Notre première visite fut pour le funeste endroit où un caisson, frappé par un obus, avait éclaté, tuant, du coup, cinq hommes et trois chevaux.

Après une longue heure d'attente, l'officier du fort accourut, tenant à la main le télégramme du quartier-général.

L'armistice était accordé. Il devait commencer à 11 heures et finir à 5 heures. La condition essentielle était celle-ci : nous ne laisserons pas aux Prussiens le soin d'enterrer nos morts. Ils nous les apporteront sur une ligne déterminée et nous leur rendrons les derniers devoirs.

Il fallait s'entendre maintenant avec le général campé à Châtillon. L'officier parlementaire et moi, nous prîmes le chemin du village, tandis que le commandant du fort, son lieutenant, le docteur, le porte-drapeau et le tambour nous attendaient. L'officier parlementaire avait consenti à me prendre pour aller chercher les blessés et surtout pour que ces infortunés ne fussent pas privés du ministère du prêtre à leurs derniers moments.

Je revis alors cette rue dans laquelle, la veille, on s'était battu avec tant d'acharnement. Rien n'y était changé. Les barricades se trouvaient à la même place. Seulement, la dernière, à la bifurcation des routes, était gardée par les Prussiens. Il fallut prendre le chemin qui monte le long de la côte et qui conduit à l'église.

Un soldat français était mort au sommet de

la colline, en défendant le poste qu'on lui avait confié. Je saluai ce brave, et, à travers une rue sillonnée de débris de murailles et de vitres, j'atteignis la place de la Mairie. On m'avait dit que tout y était détruit. Je fus étonné de voir combien les dégâts répondaient peu au bruit d'une canonnade de 300 obus au moins. Un projectile dans l'église, deux dans la pension Hémard, etc. Les autres avaient dû causer de grands dommages, mais je ne pus m'en rendre compte, car le commandant prussien, qui s'était placé devant le parlementaire et moi, m'empêcha d'aller plus loin.

— Attendez ici, monsieur, me dit-il.

— Et les blessés, puis-je les visiter ?

— Les blessés ? Mais ne les avez-vous pas tous emportés pendant le combat ? Nous n'en avons qu'un ici. Il a été administré et il se meurt.

Je restai donc en face de la mairie, ayant devant moi un officier et une soixantaine de Bavarois.

Il était onze heures.

Pendant quarante minutes je causai avec le commandant Edouard Stier, de Spire.

Il me confessa que la guerre était à charge à tous les Bavarois, qu'ils ne voulaient pas être Prussiens, mais que tous soupiraient après l'unité allemande, qu'ils regardaient cette guerre comme le châtiment des nations belligérantes.

— Elles ne sont pas assez pieuses, disait-il. On ne sait plus prier. On ne prie plus. Comment voulez-vous que Dieu ne nous flagelle pas, vous et nous ? Prions Dieu pour la paix, et la paix nous sera rendue.

Tous les soldats qui étaient là étaient catholiques. A tous je distribuai des images de la sainte Vierge et des scapulaires. Le lieutenant en mit un à son cou, en le baisant.

— Voulez-vous voir nos morts ? Me demanda-t-il.

— Volontiers.

Il me conduisit au chevet de l'église.

Trente ou quarante cadavres de Prussiens gisaient à terre attendant l'heure de l'ensevelissement.

Deux ou trois Français étaient confondus parmi eux.

L'heure avançait, il était midi, et le parlementaire ne revenait pas.

Un colonel qui passa me fit aller à sa rencontre. C'est ainsi que je pus parcourir la grande rue de Châtillon et m'assurer que les maisons étaient, sinon intactes, du moins encore debout.

Je rencontrai bientôt le parlementaire avec lequel je rejoignis, par la même route, le commandant français, qui, avec ses compagnons, commençait à perdre patience.

L'armistice était accordé aux conditions du

général Trochu, et il ne devait commencer qu'à une heure.

On se sépara après avoir défini les lignes dans lesquelles Français et Prussiens devaient opérer. Un espace de cent pas à peu près fut déclaré neutre, et c'est là qu'on promit d'apporter les blessés et les morts.

Le docteur, auquel je fis part de nos pertes, heureusement fort minimes, prit le parti de rentrer à Paris.

Je restai seul avec l'ambulance américaine, dont on ne pourra jamais assez louer la dignité, la charité et l'esprit de concorde.

Les soldats français débouchèrent bientôt du fort de Vanves, et prirent leurs positions.

Du haut de la colline, sur laquelle est bâti Châtillon, les Bavarois se montrèrent, à l'heure précise, portant nos morts dans des civières.

Il y en avait vingt-cinq. On les plaça sur le chemin, tandis que les officiers des deux nations causaient ensemble.

Les soldats bavarois me permirent d'explorer les maisons situées entre les trois barricades derrière lesquelles avait eu lieu le combat.

Les caves, les chambres, les greniers, les jardins, tout était absolument vide. Aucun blessé, aucun mort. Le haut de la rue de Châtillon, strictement gardé par l'infanterie, ne permettait à personne de pousser plus avant ses reconnaissances.

Un officier me fit signe qu'il n'y avait aucun des nôtres dans le reste du pays.

Quelques charrettes particulières consentirent à se charger de nos morts et à les conduire au fort de Vanves, où ils devaient être inhumés.

Notre tâche était remplie. Le personnel de l'ambulance se prépara à la retraite.

Nous prîmes congé des Prussiens, nous saluâmes les officiers français et, quelques minutes après, nous étions à Paris. »

Voici une lettre écrite par un autre prêtre de Paris, le 30 novembre :

« La forte canonnade d'hier matin m'avait fait pressentir une affaire du côté d'Arcueil. Bien résolu, selon mon habitude, à ne manquer aucune occasion de venir en aide aux blessés, je me dirigeai, avec un infirmier de mes amis, vers la porte d'Orléans. Chemin faisant, des voitures d'ambulances nous prouvèrent que nous avions pris la bonne direction. Nous gagnâmes la redoute des Hautes-Bruyères par Arcueil. Au pied de l'aqueduc se pressaient de nombreuses voitures et le matériel de l'intendance. Nul doute qu'il n'y eût là des blessés. Nous venions d'ailleurs d'en rencontrer à la porte des Pères Dominicains d'Arcueil. Bientôt nous fûmes en présence des victimes de l'action qu'on apportait dans une maison de marchand de vin.

» Ce qui nous impressionna davantage fut de voir, entouré de quelques soldats désolés, le capitaine Fabre qui agonisait sur une civière. Il avait été frappé à la tête d'un éclat d'obus.

» — Je le ferais bien transporter, dit le chirurgien, mais il ne supporterait pas la voiture, il est perdu !

» — Pauvre père de famille ! s'écria un des assistants qui lui serrait la main pour la dernière fois.

» Cependant les blessés arrivaient toujours. Un infirmier militaire nous apprit qu'il y en avait plusieurs du côté de l'Hay et nous engagea à nous joindre à lui pour aller les enlever. Sur le plateau qui précède la redoute, deux tentes étaient déjà remplies de ces infortunés. En les quittant, nous nous croisâmes avec un général qui remontait vers la croix d'Arcueil suivi de son état-major. Enfin nous arrivâmes aux avant-postes français gardés par les braves mobiles du Finistère, faciles à reconnaître à la petite hermine qui ornait leur képi. Des cacolets s'avançaient derrière nous.

» Profitant de l'armistice qu'on venait d'accorder, il nous fut possible d'aller jusqu'auprès des lignes prussiennes pour recueillir nos autres blessés.

» C'est alors que je rencontrai un de mes anciens maîtres, M. l'abbé X......, aumônier volontaire, toujours un des premiers à exercer son ministère sur le champ de bataille. Il nous raconta sa campagne du matin, les blessés qu'il avait secourus, consolés, les mourants qu'il avait administrés. Grâce à la permission qui lui avait été accordée en vertu de l'armistice, nous pûmes nous approcher des soldats prussiens.

» —Vous avez encore ici deux morts, nous cria un de leurs officiers dans un très-bon français.

» — Avons-nous aussi des blessés ?

» — Oui, il y en a encore, mais bien plus bas.

» Et se tournant vers ses hommes :

» — Conduisez ces messieurs, leur dit-il en allemand.

» Un sous-officier et trois soldats nous menèrent à une petite maison située sur la limite des avant-postes prussiens. Elle avait servi d'objectif à nos canons, comme l'accusait sa toiture fort endommagée.

» Quelques brancards étant arrivés, on put enlever les cadavres de nos pauvres soldats. L'un d'eux avait été tué par un obus lancé des hauteurs de Châtillon.

» — Il reste encore deux blessés, nous dirent les Prussiens, mais l'armistice va bientôt finir, il faut vous dépêcher.

» Un intendant militaire survenu avec ses infirmiers nous offrit un de ses cacolets, après s'être bien assuré qu'il lui serait rendu.

» Lorsque les blessés furent prêts à partir, Français et Allemands se saluèrent pour rentrer dans leurs quartiers. »

Outre de nombreuses citations à l'ordre du jour de l'armée, un grand nombre de prêtres reçurent la décoration de la Légion-d'Honneur pour leur courage et leur dévouement pendant cette guerre désastreuse.

Ce furent :
— Mgr *Dupont des Loges*, évêque de Metz ;
— Mgr *Hacquard*, évêque de Verdun ;
— MM. l'abbé *Mausuy*, curé de la cathédrale de Toul ;
— L'abbé *Loisellier*, aumônier du 16ᵉ corps d'armée ;
— L'abbé *Stoub*, curé de St-Maurice des Noues (Vendée) ;
— L'abbé *Maranée*, aumônier des mobiles de la Sarthe ;
— L'abbé *Humez*, vicaire d'Asnières (Seine), aumônier du 36ᵉ bataillon de marche ;
— L'abbé *Jégat*, aumônier des mobiles du Morbihan ;
— L'abbé Théodore *Lamarche*, curé de Grenelle à Paris, aumônier militaire d'une division de l'armée du Rhin, décoré sur le champ de bataille ;
— L'abbé *Besson*, aumônier des mobiles du Jura ;

— L'abbé *Cachet*, aumônier des mobiles de la Nièvre ;

— L'abbé *Risse*, de Metz ;

— L'abbé *Doucet* (Louis-Emmanuel), aumônier ;

— L'abbé *Blanc*, aumônier, mort plus tard de ses blessures ;

— L'abbé de *Pélacot* (Gustave-Adolphe), aumônier ;

— L'abbé *Musset* (Joseph-Elysée), aumônier, blessé ;

— L'abbé de *Marhallach*, aumônier ;

— L'abbé *Raymond*, aumônier, cinq blessures ;

— L'abbé *Gros*, aumônier, mort de ses blessures ;

— L'abbé *Perdrigeon* (Jean-Baptiste-Louis-Clément,) aumônier ;

— L'abbé *Visidari* (Jacques-Pierre), aumônier ;

— L'abbé *Druon* (Charles-François), aumônier de la division de cavalerie (15e corps) ;

— Le R. P. *Escalle* (Pierre-Louis-Auguste), jésuite, aumônier volontaire, deux campagnes ;

— L'abbé *Fortier* (François), aumônier de l'armée du Rhin ;

— Le R. P. *Couplet*, supérieur des jésuites de Metz ;

— L'abbé *Petit*, aumônier de la Société de secours aux blessés ;

— Le R. P. *Join*, dominicain, du couvent de Lille, aumônier de l'armée du Nord, blessé pendant la campagne ;

— L'abbé *Dicmert*, curé de Reischoffen ;

— L'abbé *Brassier* (Pierre-Joseph), aumônier du 4e bataillon de la garde nationale mobile d'Ille-et-Vilaine ;

— L'abbé *Belleville*, aumônier de la garde nationale mobile du Cher ;

— L'abbé *Chassaigne*, aumônier volontaire de la garde nationale mobile du Puy-de-Dôme ;

— L'abbé *Domenech*, aumônier aux ambulances de la Presse, à Paris ;

— L'abbé *Labat* (Charles-Alphonse-Louis), curé de Pantin, près Paris, aumônier du 6e bataillon de la garde nationale mobile de la Somme ;

— L'abbé *Favier*, aumônier du 87e régiment de marche (garde nationale mobile de la Lozère) ;

— L'abbé *Hortala*, aumônier de la première division d'infanterie du 15e corps ;

— L'abbé *Humbert*, curé de Saint-Simon à Metz ;

— L'abbé *Morancé*, aumônier de la garde nationale mobile de la Sarthe ;

— L'abbé *Witkowski*, aumônier militaire. Le *journal officiel* porte la mention suivante : s'est distingué par son dévouement sur les champs de bataille et dans plusieurs ambulances de Paris pendant l'insurrection :

— L'abbé *Granjux*, aumônier des ambulances volantes de la société de secours aux blessés ;

— L'abbé de *Lagarde* (Louis-Etienne-Anne), directeur de l'ambulance du collége Stanislas ;

— L'abbé *Bertrand de Beuvron* (Henri-Joseph), aumônier du quartier général du 16e corps (armée de la Loire) ;

— L'abbé *Celles* (Félix), aumônier du fort de la Briche ;

— L'abbé *Julhe*, supérieur du Grand-Séminaire de Metz ;

— L'abbé de *Rénémesnil* (Armand-Gustave-Ferdinand), aumônier de l'ambulance de la Légion-d'Honneur ;

— Le R. P. *Mercier*, dominicain, du couvent de Lille, aumônier de l'armée du Nord, blessé ;

— L'abbé *Schulin*, curé de Neufbrisach ;

— L'abbé *Armand* (Joseph-Ferdinand), aumônier des gardes nationales mobiles de l'Ardèche ;

— L'abbé *Bernard*, aumônier de la deuxième division du 16e corps (armée de la Loire) ;

— L'abbé *Bazin* (Denis-André-Gustave), aumônier du Val-de-Grâce ;

— L'abbé *Boulet*, aumônier de la garde nationale mobile de l'Ain ;

— L'abbé *Bouquet*, aumônier des ambulances volantes de Paris ;

— L'abbé *Bretaudeau* (Victor), aumônier de la troisième légion de la garde nationale mobilisée de Maine-et-Loire ;

— L'abbé *Chardon*, aumônier de l'ambulance du Puy-de-Dôme ;

— Le très-révérend frère *Philippe*, supérieur général des frères des écoles chrétiennes, à Paris ;

— Le frère *Hippert*, supérieur des frères de St-Jean-de-Dieu, de Nancy.

Jamais récompenses ne furent moins recherchées ni plus méritées. Elles honorèrent ces saints prêtres, aussi modestes que dévoués. Elles furent un hommage rendu à la religion qui produit de tels hommes, lesquels, au milieu de tant de désastres, souvent rebutés et presque toujours entravés, surent faire leur devoir sans la moindre défaillance.

———

De tous les maux produits par cette effroyable guerre, la captivité fut, certainement, le plus désastreux. Elle priva tout d'un coup la France de ses meilleurs défenseurs ; elle jeta plus de 400,000 hommes dans les prisons glaciales de l'Allemagne, où ils arrivèrent brisés par les fatigues et les émotions, épuisés par les privations. Au lieu d'un confort nécessaire, nos soldats trouvèrent des aliments détestables et insuffisants, des logements malsains, des geôliers souvent inhumains ; ils manquèrent enfin des vêtements les plus nécessaires. C'est au soulagement de ces misères incommensurables que se porta le dévouement d'un grand nombre de prêtres français.

Que de prodiges enfanta la charité de nos prêtres et de nos religieux ! Il faudrait de nombreux volumes pour décrire tous les actes de sublime dévouement, de généreuse abnégation, de patriotique héroïsme, qui surgirent, comme par enchantement, au milieu de la consternation générale. Grâce à cette merveilleuse expansion de l'amour inspiré par la foi, malgré ses ruines, ses hontes et ses désastres, la France put encore exciter l'admiration de l'Europe.

Après le désastre de Sédan, beaucoup de prêtres français se rendirent à Rastadt, Carlsruhe, Spandau, Mayence, Coblentz, Ulm et dans toutes les places fortes d'Allemagne, pour partager la captivité de nos soldats.

Pendant que 400,000 Français étaient traînés dans les prisons d'Allemagne, brisés par les fatigues, épuisés par les privations, sous les rigueurs d'un climat sibérien, les prêtres seuls songèrent à secourir toutes ces infortunes. Et, qu'on le sache bien, les dévouements ne manquèrent pas ; un grand nombre de prêtres séculiers et réguliers arrivèrent de tous les points de la France, au plus fort de l'hiver, et sollicitèrent avec instance la faveur de s'associer aux travaux de leurs confrères. On répondit souvent par des refus : on tolérait un aumônier, deux étaient de trop ! Et combien de dépôts dont l'aumônier unique fut banni ou emprisonné !

Ce ne sont donc pas les prêtres qui manquèrent, c'est la liberté. Les évêques et les prêtres jetèrent le premier cri d'alarme pour adoucir le sort de nos prisonniers. Ils donnèrent la première impulsion à ce mouvement patriotique qui tenta plus tard des efforts surhumains, et nos prêtres catholiques étaient à l'œuvre depuis longtemps, lorsque les sociétés internationales pour les prisonniers se formèrent.

Les curés des villes et des villages de France secondèrent admirablement le dévouement de leurs évêques, non-seulement par le zèle qu'ils apportèrent à recommander leurs prisonniers aux aumôniers, mais par les sacrifices personnels qu'ils s'imposèrent pour les soulager. C'est que si le patriotisme n'est le monopole de personne, il est une vertu naturelle chez le prêtre : nul n'aime la patrie mieux que lui, parce que son amour est inspiré par la foi et la connaissance des véritables intérêts de ses concitoyens.

Nous ne pouvons mieux peindre la misère de nos pauvres compatriotes prisonniers et le dévouement des prêtres français qui partagèrent volontairement leur exil, qu'en reproduisant une partie de la correspondance de ces derniers.

M. l'abbé Edmond Guers écrivait d'Ulm :

« La Providence m'appelait à Ulm. Huit mille *prisonniers ;* plus de *neuf cents malades*, parmi lesquels le typhus fait des ravages quotidiens, *six morts au moins par jour, et pas un seul prêtre qui parle français* ! On m'a reçu comme un envoyé du ciel, tandis qu'en Bavière, dans trois forteresses, je n'avais pas même été reçu. Dieu soit loué ! Je fais ici beaucoup de bien par sa grâce. Toute la journée, confessions, visites de malades et administration des sacrements. Le pays est protestant, et le gouvernement a exigé que j'endossasse l'habit laïque ; mais dans les hôpitaux, je mets par-dessus ma pauvre douillette. Nos soldats sont admirables. Genève fait beaucoup de malheureuses tentatives pour les *protestantiser*, mais ils en rient, et ils sont francs catholiques jusque dans la mort. Oh ! si vous les voyiez baiser le crucifix et recevoir l'absolution et la sainte communion !

» Si vous pouviez nous procurer quelques secours ! *Il y a des malades qui manquent de tout.* Ecrivez, demandez, frappez aux cœurs et aux portes. Combien vous feriez de cœurs reconnaissants ! Envoyez-moi, si faire se peut, quelques gazettes de Genève. Ici point de journaux français. Tout ce que vous ferez pour nous sera d'un prix inestimable devant Dieu et pour le profit de tant d'âmes abandonnées. »

Le R. P. J. Joseph, barnabite, aumônier militaire des prisonniers français, écrivait aussi au directeur d'un journal, à la date du 31 octobre :

« Je viens encore une fois vous demander la publicité de votre journal, en faveur d'une cause éminemment chère à tout cœur français : la cause de nos captifs d'Allemagne. Sorti, il y a un mois, des décombres de Strasbourg, j'ai suivi nos prisonniers au-delà du Rhin, et Monseigneur l'évêque de Rottenbourg a bien voulu me confier la charge difficile d'aumônier des dix mille Français détenus à Ulm. Je me suis mis à l'œuvre. J'ai trouvé huit cents blessés ou malades, atteints pour la plupart du typhus, qui fait parmi eux de cruels ravages. Cela ne s'explique que trop facilement par les malheurs effroyables qui sont venus fondre sur notre armée. Dépourvus des secours et des soins qui leur eussent été nécessaires, nos pauvres soldats ont enduré des privations qui dépassent toute imagination. Le plus grand nombre marchent pieds nus ou dans de mauvais souliers, et presque tous ne portent sur eux que les misérables haillons échappés au désastre de Sédan.

Le gouvernement allemand donne bien quelques rares morceaux de linge, mais ce n'est pas assez pour garantir la santé de nos hommes. Les privations du moment s'ajoutant à celles qui ont précédé la captivité, il en résultera de terribles pertes ; chaque jour nous comptons 4, 5 et jusqu'à 6 victimes. Il faut à tout prix empêcher de plus grands malheurs ; il nous faut des caleçons chauds, des chaussettes, des tricots, des flanelles pour les poitrines faibles, etc., etc.

La France est écrasée sous le poids de ses infortunes, je le sais, mais faut-il pour cela abandonner ceux de ses défenseurs qui ont succombé !

Tous ne sont-ils pas intéressés à arracher à l'épidémie ceux que n'ont pas atteints les engins meurtriers de la guerre ? Un gilet et une obole ne ruineront personne ; ils sauveront une existence et arrêteront de nouvelles larmes. Hélas ! il en coule bien assez à cette heure !... Et il n'y a pas une minute à perdre ; les misères dont je suis témoin me déchirent le cœur, il faut à tout prix les soulager. De grâce, faites-vous l'intermédiaire des personnes qui seront sensibles à cet appel.

Puis ces pauvres enfants méritent bien vos sympathies. Comme le malheur a touché leur âme ! Ce respect humain autrefois si puissant est terrassé. Cette après-midi, une centaine arrivaient d'une lieue, sous un déluge d'eau glacée, pour se confesser et se préparer à la communion de demain. Chaque jour nous sommes témoins du consolant spectacle des retours les plus étonnants. Ces jeunes hommes, sublimes dans leur malheur, semblent convaincus de la perversité des maximes qui ont creusé pour la France de si profonds abîmes. »

Le R. P. Bailly, de la congrégation des Augustins de l'Assomption, qui avait suivi en Allemagne, comme prisonnier volontaire, les soldats dont il était l'aumônier, écrivait de Mayence au R. P. d'Alzon :

« Notre ministère est toujours le même ici, et c'est une grande grâce que le bon Dieu nous fait ; peu de missionnaires ont vu, en travaillant beaucoup, autant de retours que nous en voyons, sans faire autre chose que de nous asseoir deux fois le jour au confessionnal. Les premières communions continuent ; il y en a tous les jours. A partir de demain, nous prêcherons le mardi et le jeudi à deux groupes de deux mille hommes. »

M. l'abbé Rambaud (de Lyon) avait assisté comme aumônier, à toutes les batailles qui s'étaient livrées autour de Metz : Borny, Gravelotte, Saint-Privat, Jaumont, etc. Sans souci du danger, on l'avait vu ramasser les blessés aux premières lignes.

Après la capitulation de Metz, l'abbé Rambaud ne voulut pas abandonner ses amis, ses chers soldats, comme il les appelait. Il les suivit en exil pour pourvoir encore aux besoins de leurs âmes et leur prodiguer son dévouement.

En route pour la Pologne avec nos pauvres soldats prisonniers, portant comme eux son sac et faisant les mêmes étapes dans la boue et par la pluie, il écrivait de Speiker, le 3 novembre : « Les soldats sont très-contents de me voir au milieu d'eux. Ils sont très-bons pour moi, me donnent la meilleure place sous leur tente, et j'ai mes distributions de vivres comme eux. Nous allons, je crois, en Pologne, c'est loin, très-loin, mais Dieu est avec nous. Je suis très-content et plein de force quoique nous fassions de véritables marches forcées ; hier on a marché neuf heures sans s'arrêter. Je n'en pouvais plus.... mais nous avons été bien reçus à Speiker. Il était dix heures du soir. La route était bordée de traînards. Ce matin ils nous rejoignent peu à peu.

» Pouvait-on laisser partir ces pauvres exilés sans prêtres ? Non, c'eût été une lâcheté.

» L'abbé Jacques est parti de Metz pour me rejoindre. »

L'abbé Jacques, dont il est fait ici mention, se rendit en effet en Allemagne pour y secourir les soldats français. Il était accompagné de M. l'abbé La Marche, qui, comme lui, avait été attaché aux ambulances pendant le siège de

Metz. Ces deux prêtres dévoués s'attachèrent à un convoi de six mille de nos pauvres prisonniers de Metz qu'on conduisit au fond de l'Allemagne. Pendant cette longue route, après des étapes pénibles, on *parquait* les prisonniers dans des prairies où l'on ne leur donnait pas même le nécessaire. Lorsque la colonne était en marche, on tirait sans pitié sur les soldats français qui s'écartaient un peu.

— M. l'abbé Raimbaud écrivait encore de Kœnigsberg, le 20 novembre :

« Ici je commence à beaucoup agir. Chaque matin et chaque soir, ma grande chambre voûtée se remplit de nos chers compatriotes. Ce matin dimanche, j'ai dû dire la sainte messe dans un vaste corridor de casemate ; j'avais six cents soldats, et tous les soirs les réunions y auront lieu. J'ai aussi un hôpital dans une tour casematée où se trouvent cinquante malades que je vais visiter une ou deux fois par jour ; puis deux autres casernes. J'aurai bientôt six mille prisonniers, sans compter les officiers.

» J'ai retrouvé un peu de l'ardeur de ma jeunesse pour leur parler. Il y a jusqu'aux officiers prussiens qui viennent m'entendre.

» Il est nécessaire que des secours soient distribués à nos soldats. Ce qui serait le plus précieux dans ces climats froids, ce sont des vêtements chauds et quelques suppléments de vivres. Que je serais heureux si je pouvais disposer de quelque chose ! Ici on peut acheter à très-bon marché de fort bons lainages. Nos pauvres prisonniers qui ne font rien se confectionneraient facilement des caleçons, vestes de dessous, chaussettes, etc. On nous promet 25 à 30 degrés de froid pour cet hiver.

» Des livres aussi seraient très-précieux, des paroissiens, des cantiques et des livres d'histoire. Le grand mal ici, c'est l'ennui, c'est l'oisiveté. Comment occuper un si grand nombre d'hommes?

» Quant à moi, ne vous inquiétez pas, ma santé est parfaite; je vis à peu près comme nos prisonniers, je mange leur pain noir de seigle qui est d'une pesanteur double ou triple de notre pain.

» J'avais peu d'argent en quittant Metz, mais n'ayant rien dépensé pour moi en route, j'ai pu acheter pour nos soldats du pain et du tabac. Ici toutes mes dépenses sont pour nos malades. Quand je n'aurai plus rien, j'ai prévenu les officiers français que j'irais faire la quête près d'eux. Quelques-uns sont riches.

» J'ai été caserné avec nos soldats, comme prisonnier. C'est ce que je voulais. Je puis les voir au moins aussi souvent que je le veux. Sans cela, il m'eût fallu bien des permissions pour les visiter, car ils sont enfermés. »

Le Défenseur, journal de Saint-Etienne, publia aussi d'intéressants détails, que nous reproduisons, sur la visite des prêtres français à nos prisonniers :

« La Providence a désigné M. l'abbé Belmont pour Stralsund, où la misère était extrême, et où Dieu lui réservait beaucoup de tristesses et de consolations.

» Un jeune Polonais, parlant allemand, qui avait accompagné M. Belmont, vient de nous raconter les scènes émouvantes dont il a été témoin à l'arrivée de notre cher compatriote.

» 2,500 prisonniers étaient réunis là, à l'insu même du ministère de la guerre. Ils y étaient depuis longtemps déjà et personne ne les avait encore visités. C'était donc le dénuement le plus absolu ; un froid de 15 degrés et un vent de mer soufflant presque continuellement avec violence, à cause de la position particulière de la ville.

» Le commandant prussien lui-même, en apprenant que des secours arrivaient enfin à nos malheureux compatriotes, et en voyant M. l'abbé Belmont, ne put retenir ses larmes. Il réunit aussitôt les prisonniers et pria M. Belmont de leur adresser quelques mots. Ces paroles du cœur et du pays, cette soutane, ce rabat français, ces ballots de vêtements apportés au nom de la mère-patrie, bien malheureuse toujours, mais dont les malheurs ne pouvaient lui faire oublier aucun de ses enfants, même les plus éloignés, tout cela produisit un tel effet sur ces milliers de malheureux, que le

Polonais qui nous l'a raconté nous a affirmé n'avoir jamais rien vu de pareil.

» Mais les 714 paires de chaussettes, les 500 tricots étaient insuffisants. Nos chers compatriotes manquaient de tout, et, ne pouvant affronter, sans vêtements chauds, les rigueurs de l'hiver, ils restaient entassés dans les baraques, attendant, et Dieu sait dans quel état, ou des secours ou la mort. La mort, elle arrivait pour un grand nombre ; trois prisonniers moururent en ce jour ; il en mourait depuis longtemps plusieurs par jour et le curé de l'endroit, seul chargé du soin spirituel de nos compatriotes, ne savait pas un mot de français.

» M. l'abbé Belmont pensait ne rester que deux ou trois jours à Stralsund. En voyant le dénuement profond de tous les prisonniers, le grand nombre de malades, il ne put songer au retour ; et puis, déjà on réclamait son ministère. Dès son arrivée, il put confesser les mourants. Bientôt les soldats le supplièrent de rester, lui promettant d'être sages, de faire leurs pâques pour la nuit de Noël. Un jeune Parisien, s'approchant de lui, lui dit au nom de plusieurs : « Monsieur le curé, savez-vous que c'est embêtant de rester comme ça? J'espère bien que vous ne partirez pas sans nous donner un petit bout de messe pour Noël. »

» D'ailleurs, comment partir? Il fallait 1,540 paires de bas de plus, des gilets de laine, des sabots.

» Toutes ces demandes nous étaient transmises par le télégraphe, qui ne pouvait malheureusement pas transporter les ballots à Stralsund ; force fut donc à notre ami de rester, et, en attendant, il put distribuer les bonnes paroles, les sages conseils et cette grâce d'en haut qui fortifie et console, tout en dispensant le pain matériel et les vêtements qui empêchent le corps de succomber dans l'épuisement. »

M. l'abbé Monnier, de Saint-Etienne, écrivait aussi de Berlin, le 3 janvier :

« Je pars ce soir à onze heures pour porter des vêtements et des secours de tout genre à ces pauvres forteresses du Nord, les plus éloignées, les plus froides, et qui n'ont encore été visitées par aucun comité !

» Quelles douces joies nous a causées à Spandau cette chère distribution de secours le premier jour de l'an ! Ces bons enfants de la Loire nous attendaient depuis si longtemps ! Comme on se serrait la main ! Comme on s'embrassait ! Saint-Genest-Malifaux, Bourg-Argental, Montaud, Tardy, la Pareille, Montbrison étaient représentés. Et le sergent Magaud et le caporal Poinas qui nous a tant recommandé sa pauvre femme laissée à Saint-Etienne ! C'était un de mes amis, l'ami de tous mes bons amis, l'intime de Perrachon de Saint-Roch auquel il faut bien que vous donniez des nouvelles.

Elles seront bonnes, car tous se portent bien. Ils se portent bien aussi, ces jeunes sous-officiers prisonniers sur parole dans la ville, à qui nous avons pu, je crois, faire oublier un instant leur captivité.

» Mais je laisse à M. Culty le soin de vous décrire ces choses, et elles méritent d'être décrites. Que ne pouvons-nous vous faire parvenir en même temps les lettres qui nous arrivent de toutes parts et qui vous convaincraient du bien qui peut se faire en Allemagne à nos chers prisonniers ! Qu'elles sont consolantes ! Je ne vous retrace que ces deux lignes, qu'on nous envoie de Colberg sur la Baltique :

» Oui, au bout de l'Europe je me croyais à l'abri de toute sorte de surprise et voilà-t-il pas que votre charité vient me poursuivre jusqu'à ce réduit, de Colberg. J'ai été bien touché de ce que vous me rapportez. Tout le monde, en Allemagne et partout ailleurs, connaît bien la générosité des Français et la noblesse de leurs sentiments, mais, que tout un comité irait s'établir à Berlin pour porter secours aux malheureux compatriotes, voilà ce que je ne me serais pas imaginé. »

Le R. P. Hermann écrivait de Spandau où il était allé aussi se consacrer au service des prisonniers :

« Je suis maintenant attaché officiellement, comme curé militaire, aux 5,000 prisonniers français internés dans cette forteresse, et dont 500 énviron sont malades du typhus et de la dyssenterie.

» Chaque jour, je porte sur mon cœur le Dieu caché de l'Eucharistie pour aller le donner aux moribonds à l'hôpital. Ils sont si contents de m'entendre leur parler dans leur langue et de leur cher pays !

» Les besoins sont très grands. Il faudrait des tricots, des bas de laine, etc., etc. Si le bon Dieu vous inspire de m'envoyer quelques secours pour eux, veuillez me les faire passer par l'entremise du curé catholique de Berne. »

Le R. P. Struh, de la Congrégation du Saint-Esprit et du Saint-Cœur de Marie, écrivait de Mayence, le 12 décembre.

« Nous sommes sept prêtres chargés de nos pauvres prisonniers : 2 Pères Jésuites, 1 Père Lazariste, 2 Pères Augustins, M. l'abbé Dietz, de Strasbourg et moi.

Nous avons tous beaucoup à faire, et il nous est impossible de suffire à toute la besogne ; car, organiser un service religieux pour 27,000 hommes n'est pas chose facile ; surtout quand ce sont des prisonniers internés dans diverses casernes et baraques séparées les unes des autres. Environ 8,000 se trouvent même dans diverses forteresses hors de Mayence. Outre les 27,000 prisonniers français qui sont à Mayence, nous en avons environ 6,000 dans quelques autres villes voisines où je vais tâcher d'organiser aussi un service religieux ; j'ai déjà pour cela 2 prêtres français qui résident, en attendant, à Darmstadt.

Nous avons en ce moment 1,500 malades, et il en meurt en moyenne de 8 à 10 par jour. Parmi ces malades se trouvent 180 varioleux.

MM. les officiers français internés à Wiesbaden veulent aussi que je leur procure de temps en temps un sermon français ; la semaine dernière j'ai prêché à Darmstadt.

Ici, à Mayence, le service religieux est très-bien organisé. Le dimanche, les prisonniers français sont conduits dans cinq églises paroissiales de la ville, à la sainte messe et au prône. Outre cela, il y a encore la sainte messe dans les lazarets. Nous avons, de plus, messe avec sermon français tous les mardis et jeudis, dans une des plus grandes églises de Mayence. Tous les prisonniers français trouvent l'occasion de s'approcher des sacrements. Nous avons la permission de faire conduire, tous les jours, deux compagnies à l'église du Grand-Séminaire ; il y a tous les soirs une centaine de soldats qui viennent se confesser, et le lendemain ils reviennent pour la sainte communion ; un de nous leur donne chaque fois une instruction et tous reçoivent, à cette occasion, un petit livre de prières en souvenir de leur communion à Mayence.

Nous avons tous les jours de grandes conversions et presque tous les jours des premières communions. Je vais aussi organiser une grande confirmation dans quelques semaines d'ici.

Mgr de Ketteler et le clergé d'ici sont pleins d'égards pour nous.

Je reçois maintenant des secours de divers comités : de Bâle, de Lille, de Bruxelles, etc. J'ai déjà reçu au-delà de 20,000 fr. Pendant la semaine dernière, j'ai fait distribuer au moins 3,000 paires de bas aux pauvres prisonniers. Vous voyez que nous trouvons occasion d'apporter quelque adoucissement à leurs souffrances, tout en nous occupant du salut de leurs âmes.

Parmi ces 27,000 prisonniers, il s'en trouve de toutes les armes et de toutes les contrées de France. Toute la garde mobile de l'Alsace se trouvait ici depuis six semaines. Quelques-uns viennent d'être envoyés à Mülhausen dans la Saxe. Un grand nombre de curés de l'Alsace sont en rapport avec moi au sujet de leurs paroissiens prisonniers. »

On perd facilement la mémoire en Prusse!
Un aumônier écrivait d'Allemagne à un rédac-

teur de la *Décentralisation*, journal de Lyon, qu'il avait découvert deux mille prisonniers français dans une forteresse où ils avaient été oubliés depuis plusieurs mois par le ministre de la guerre.

Ces hommes pleuraient de joie à la vue de leur compatriote. Ils avaient pensé mourir de faim.

Les Prussiens créèrent souvent des entraves au dévouement de nos prêtres.

Un ecclésiastique zélé du diocèse de Lyon, M. l'abbé Guinaud, qui était allé porter des secours aux prisonniers français à Posen, reçut ordre du gouvernement prussien de quitter cette ville.

Un autre ecclésiastique, dont la charité s'était aussi dévouée aux soins des prisonniers, adressait à Paris les renseignements suivants, dans les premiers jours de janvier 1871.

« Les prisonniers français ont été répartis dans toute l'Allemagne comme il suit :

Prusse.

	Soldats.	Officiers.
Province rhénane,	61,000	2,700
Provinces de Silésie, Westphalie et Poméranie,	60,000	»
Saxe,	47,000	1,700
A reporter.	168,000	4,400

Report.	168,000	4,400
Autres Etats de l'Allemagne du Nord,	21,224	1,207
Etats du Sud		
Hesse-Darmstadt, y compris Mayence,	26,000	1,600
Bavière,	20,412	205
Bade, Rastadt,	8,202	
	243,838	7,412

» Disons d'abord que sous le rapport religieux, les secours ne manquent nulle part. Un grand nombre de prêtres sont occupés dans les différentes villes à évangéliser et à secourir les pauvres soldats français. C'est ainsi qu'à Mayence, sans compter le clergé, se trouvent MM. Strub, Bailly et autres; à Cologne, des jésuites et des lazaristes; M. Debras, à Stettin; M. de Wecq, à Magdebourg; M. Uhlès, à Francfort-sur-l'Oder; M. Staude, à Berlin; les Pères Dominicains, à Darmstadt; M. Ditz de Strasbourg, à Coblentz; M. Goergueim et M. Frippé, à Erfürt; qui tous s'occupent spécialement des pauvres exilés. Partout les soldats vont au-devant de leur charité. J'ai moi-même visité à différentes reprises les lazarets de Cologne et j'ai eu chaque fois le bonheur de voir un certain nombre de ces bons enfants demander à se confesser. Hélas! un grand nombre d'entre eux ne l'auraient pas fait de longtemps, sans les coups de la miséricordieuse justice de Dieu. Quant aux devoirs rendus à ceux qui meurent, M. Bailly, des Augustins de Nîmes, m'écrit : « Ici nous faisons beaucoup plus pour un simple soldat, qu'à Metz pour un capitaine mourant dans son commandement. »

« Quant à la nourriture, du moins à Cologne, elle est substantielle et abondante. Mais, dans les premiers temps surtout, les vêtements chauds manquaient. Grâce aux différents comités de secours, il a été possible de diminuer notablement les souffrances qui en résultaient. Il y a eu des scènes touchantes à ce sujet, à l'occasion de la Saint-Nicolas, des fêtes de Noël et du nouvel an. C'est ainsi que dans les immenses greniers de la Chartreuse, à Cologne, les religieuses franciscaines de la Sainte-Famille d'Eupen avaient préparé les étrennes à des centaines de prisonniers, malades et convalescents confiés à leurs soins. Tricots, cravates, chaussettes, livres, tabac, cigares, pipes : saint Nicolas avait tout prévu, et ce que saint Nicolas n'avait pu faire encore, la Providence l'a fait par l'Enfant-Jésus ; tout se trouvait au pied de l'arbre de Noël pour lequel un soldat français de Nevers avait peint avec beaucoup de talent la Nativité de Notre-Seigneur. »

Le 14 janvier 1871, le comité de l'Œuvre des prisonniers français, établi par Mgr l'archevêque de Lyon, avait déjà encaissé 123,434 fr. 20 c., et voté les répartitions suivantes :

1° Pour Berlin, d'où les secours furent distribués dans quelques villes du Nord, Stralsund, Schleswig, Dantzig,	25,000 fr.
2° Pour Stettin,	5,000
3° Pour Kœnigsberg et les environs,	8,000
4° Pour Magdebourg,	3,000
5° Pour Dresde,	12,000
6° Pour Munich, d'où les secours furent distribués dans quelques villes de la Bavière : Ingolstadt, Landchut, Neubourg, etc.	16,000
7° Pour Anspach,	2,000
8° Pour Coblentz,	3,000
9° Pour Mayence et Cologne,	10,000
Total.	84,000 fr.

Plus tard, de nouveaux secours furent envoyés par le Comité de Lyon aux divers dépôts des prisonniers français.

Beaucoup de diocèses envoyèrent leurs secours par l'intermédiaire du Comité présidé à Genève par Mgr Mermilhod ou par celui du Comité de Bruxelles créé par le R. P. Perraud, de l'Oratoire.

Enfin beaucoup d'évêques chargèrent des prêtres de leurs diocèses d'aller eux-mêmes en

Allemagne faire la répartition des secours en nature ou en argent qu'ils avaient recueillis.

Le traité de paix signé à Versailles le 26 avril, stipulait que « les prisonniers de guerre seraient rendus immédiatement après la ratification des préliminaires. »

Le crime sauvage de la Commune, qui a coûté si cher à la France, condamna du même coup trois cent mille soldats à prolonger leur martyre dans leurs affreux cachots où un grand nombre trouvèrent encore la mort.

Les départs suspendus à cause des sinistres événements de Paris recommencèrent le 26 mai. Tous les officiers captifs et quelques soldats partirent les premiers, *à leurs frais*. Mais les malades et les blessés encombraient les hôpitaux et aucune ressource officielle n'avait été affectée à leur rapatriement. Le dévouement admirable de leurs chers aumôniers y pourvut. Ces prêtres, qui avaient pour leurs malades la tendresse d'une mère, obtinrent d'abord, à force d'instances, des trains spéciaux pour leurs convalescents. Des infirmiers et des Sœurs accompagnèrent ces derniers jusqu'à Vesoul avec des provisions en vin, sucre, chocolat, oranges, etc. Les aumôniers firent partir les autres à mesure qu'ils furent en état de faire la route, mais *à leurs frais*. Chaque malade recevait, en outre, du chocolat, du sucre, une flanelle, les linges qui lui manquaient, et, de plus, une somme de 10 francs, qui fut doublée pour les plus malades. Cette générosité fut due aux archevêques de Cambrai, d'Auch, de Lyon, de Besançon, et aux évêques d'Angers, Luçon, Vannes, Limoges, Saint-Brieuc, la Rochelle, le Puy, etc., qui eurent la prévoyante charité d'envoyer encore au dernier moment ces secours précieux.

Vers la fin de juin, le gouvernement d'Ulm autorisa les aumôniers à emmener les plus malades. Le retour se fit par Constance, Schaffouse et Bâle, au milieu de ces Suisses si religieusement hospitaliers et dont le dévouement dans cette épreuve douloureuse laissera en France un souvenir impérissable.

———

Les élèves des séminaires, déjà formés à l'école du sacrifice, ne se montrèrent ni moins patriotes, ni moins dévoués que leurs aînés dans la vie religieuse.

Le 27 octobre, l'évêque de Saint-Brieuc fit un appel au dévouement libre des élèves de son séminaire.

« La loi vous protége, leur dit-il ; mais c'est à votre choix volontaire que je m'adresse.

. . . .

« Ce n'est pas un acte d'ostentation ou de parade que je sollicite de vous. La patrie a besoin de vrais soldats ; il faut se préparer à tous les

11.

sacrifices, affronter les intempéries, le froid, la faim, coucher sur la terre nue et détrempée, obéir à une discipline sévère, aller enfin sur le champ de bataille et verser son sang pour le pays. »

Le lendemain, ce prélat reçut la lettre suivante, portant la signature de tous ses séminaristes, au nombre de 292 :

« Monseigneur, vos séminaristes n'auraient pas l'amour du pays si profondément gravé dans leurs cœurs bretons à côté de l'amour de la religion, qu'ils le puiseraient dans les sentiments patriotiques de leur évêque.

» Si, le premier, en France, interprétant nos sentiments et nos devoirs, vous nous avez promis à la défense de la patrie, nous voudrions être aussi les premiers à nous enrôler sous ses drapeaux devenus plus chers par le malheur.

» Après la guerre sainte, qui sera la victoire, ceux qui reviendront seront plus dignes des regards de Dieu et de la grande mission du sacerdoce qui les attend, et qui est, elle aussi, le dévouement jusqu'à la mort.

» S'il en est qui ne reviennent pas, nous leur porterons envie ; ils auront reçu la meilleure part : la bénédiction de Dieu qui ouvre le ciel et celle de leur évêque qui consacrera sur la terre leur glorieux souvenir. »

Sa Grandeur répondit ainsi à cette lettre :

« Nos chers enfants, cet élan spontané de vos cœurs est bien digne de notre catholique Bretagne. Quoiqu'il ait besoin d'être discipliné et organisé pour se changer en dévouement pratique, car plusieurs d'entre vous n'ont ni l'âge ni la santé nécessaires, je ne veux pas tarder à vous en féliciter et à vous en bénir.

» Non, Dieu ne laissera pas mourir notre belle et malheureuse France, plus éprouvée que jamais elle ne l'a été dans son histoire ! Que chacun de ses enfants soit prêt à donner comme vous sa vie pour elle, et la victoire est assurée ! »

———

Un grand nombre de séminaristes des divers diocèses qui n'étaient pas encore engagés dans les ordres sacrés, s'enrôlèrent dans l'armée, pour la durée de la guerre, mais principalement dans les corps si religieux et si héroïques de Charette et de Cathelineau. Le corps des *Volontaires de l'Ouest* était composé pour la plus grande partie d'élèves des séminaires. Ces nobles jeunes gens eurent donc part aux glorieux combats de Patay, de Sougy, du Mans et ceux qui survécurent à nos désastres purent être fiers de cet éloge que leur adressa le général Gougeard, après la bataille du Mans : « Vous êtes les premiers soldats du monde. »

C'est qu'en effet la bravoure, la discipline, le mépris de la mort, c'est-à-dire les vertus militaires, sont naturelles à l'homme religieux.

Un de ces jeunes gens, sur le point de s'enrôler dans la *Légion de l'Ouest*, écrivit à sa famille la lettre suivante :

« Ma rentrée au séminaire m'a laissé souffrant d'une douleur morale que je ne pouvais m'expliquer. J'ai mis le doigt sur cette souffrance : le dévouement..... Il y a trois mois, j'étais triste, vous le savez. Une idée me poursuivait : je voulais aller mourir pour Pie IX...

» Aujourd'hui, le patriotisme a soulevé mon âme. Je vais partir comme volontaire pour la durée de la guerre, dans la légion du vaillant descendant de Cathelineau.

» Mais ne rêvons pas encore des triomphes ; songeons aux malheurs qui nous accablent, à plus de vingt départements envahis et pillés, à la France souillée par cette horde de barbares, à la religion. Je pense à vous que je quitte, et longtemps je balance ; vous qui m'aimez tant, pourrai-je vous porter ce coup si cruel de la séparation ! Ah ! chers parents, moi aussi je vous aime et je voudrais donner mon sang pour vous. Vous êtes pour moi une patrie, une religion ; mais en dehors de la famille, j'aperçois une autre patrie, la France ; une autre religion, celle de mon Dieu !

« Deux patries, deux religions, deux idées

qui tiennent mon cœur en suspens. Oh ! non ! qui protége la patrie de ma famille ? Qui défend la religion de ma famille ?

» N'est-ce pas la France ? N'est-ce pas Dieu ? Et lorsque ces deux défenseurs sont attaqués, lorsqu'on leur a juré une haine à mort, moi Français, moi chrétien, je resterais inactif !

» Je pars, je vais peut-être à la mort ; mais soyez forts, je le suis, parce que Dieu est avec moi ; avec ce bouclier je ne crains rien. Mon christ, mon scapulaire, le chapelet : voilà mes premières armes, elles me suivront partout, et lorsque je les baiserai, j'aurai un souvenir pour vous. Je pars avec votre amour dans le cœur. Si Dieu le veut, je vous le rapporterai ; sinon, j'irai le déposer au ciel, où je vous attendrai. »

Une partie des élèves du Grand-Séminaire de Nantes suivit l'armée bretonne pour desservir les ambulances.

« On vit partir avec un vif attendrissement, dit *l'Espérance du Peuple*, ces pieux jeunes gens pleins d'ardeur et de courage qui, le sac au dos, le képi sur la tête et la soutane relevée, allaient remplir leur mission de dévouement et d'humanité. »

Nous extrayons des correspondances des séminaristes de Rouen attachés aux ambulances les lignes suivantes :

« ..... Nous avons quitté mercredi, à une heure, le palais de l'Industrie. Notre marche dans les Champs-Elysées et la rue de la Fayette a excité un enthousiasme incroyable. Les enfants du catéchisme de persévérance de Saint-Sulpice avaient tenu à accompagner M. Lantier. Pendant tout le défilé, une quête a été faite pour les blessés, qui a produit près de 20,000 francs. Nous avions tous le sac au dos ; et bien que nous ayons été obligés de quitter la soutane, la foule savait que nous composions l'ambulance des Séminaristes.

» Nos deux voitures étaient pavoisées. Après le premier peloton, venait la voiture du médecin en chef, puis le corps médical, les infirmiers, les fourgons. Nous comptions 30 infirmiers, 2 aumôniers, les PP. Lantier et Hello, lazaristes. Nous avons été escortés jusqu'à la gare du Nord par près de deux mille personnes et près de cent mille spectateurs. Arrivés à la gare, nous avons tous fait en commun la prière du soir et donné le sujet de la méditation pour le lendemain, absolument comme au séminaire. Enfin, nous sommes partis à onze heures. Nous avons passé par Creil, Senlis, Saint-Quentin, Landrecies, jusqu'à Aulnoye. Nous traversons ensuite les Ardennes, et nous nous dirigeons vers Mézières. A partir de Mézières, les voies ferrées sont coupées et nous avançons par marches et étapes militaires.

» Chose singulière ! plus nous approchons, moins nous sommes impressionnés. Nous nous sommes confessés hier à la gare du Nord. La mort elle-même ne nous effraie pas. On nous a avertis de nous attendre à la canonnade dès ce soir... Nous nous entendons à merveille. Nous commençons la journée en chantant *l'Ave Maris Stella,* et nous la finissons par le *Magnificat...*»

CHAPITRE VI.

Patriotisme des Ordres religieux.

Avant de parler de l'héroïque dévouement des communautés religieuses pendant nos désastres de 1870 et 1871, nous croyons devoir reproduire ce que Victor Hugo a écrit sur ces humbles et infatigables ouvriers de la charité :

« Des hommes se réunissent et habitent en commun, en vertu de quel droit ? — En vertu du droit d'association. — Ils s'enferment chez eux ; — en vertu de quel droit ? — En vertu du droit d'aller et de venir, qui implique le droit de rester chez soi.

» Là, chez eux, que font-ils ? Ils parlent bas ; ils baissent les yeux ; ils travaillent. Ils renoncent au monde, aux villes, aux sensualités, aux plaisirs, aux vanités, aux orgueils, aux intérêts. Ils sont vêtus de grosse laine ou de grosse toile. Pas un d'eux ne possède en propriété quoi que ce soit. En entrant là, celui qui était riche se fait pauvre. Ce qu'il a, il le donne à tous. Celui qui était ce qu'on appelle noble, gentilhomme ou seigneur, est l'égal de celui qui était paysan. La cellule est identique pour tous. Tous subissent la même tonsure, portent le même froc, mangent le même pain noir, dorment sur la même paille, meurent sur la même cendre. Ils ont le même sac sur le dos, la même corde autour des reins.

» Si le parti pris est d'aller pieds nus, tous vont pieds nus. Il peut y avoir là un prince ; ce prince est la même ombre que les autres ; plus de titre.

» Les noms de famille même ont disparu. Ils ne portent que des prénoms. Tous sont courbés sous l'égalité des noms de baptême. Ils ont dissous la famille charnelle et constitué dans leur communauté la famille spirituelle. Ils n'ont d'autres parents que tous les hommes. Ils secourent les pauvres ; ils soignent les malades. Ils élisent ceux auxquels ils obéissent. Ils se disent l'un l'autre : « Mon frère. »

» Ils prient. Qui ? Dieu.

» Les esprits irréfléchis, rapides, disent : A quoi bon ces figures immobiles du côté du mystère ? A quoi servent-elles ? Qu'est-ce qu'elles font ? Il n'y a pas d'œuvres plus sublimes peut-être que celles que font ces âmes. Il n'y a peut-être pas de travail plus utile. Ils font bien, ceux qui prient toujours pour ceux qui ne prient jamais. »

« Victor Hugo. »

Plus de soixante jésuites suivirent, comme aumôniers, nos armées sur les champs de bataille. En outre, un grand nombre de leurs frères s'enrôlèrent dans les gardes nationales mobiles ou mobilisées. D'autres partirent comme infirmiers militaires.

Pendant toute la durée du siége de Paris, la direction du service télégraphique nocturne entre les forts fut aussi confiée aux Jésuites, ainsi que l'aumônerie des ambulances avancées.

Parmi les premiers noms cités à l'ordre du jour de l'armée, à la suite du combat de la Malmaison, se trouvait celui du R. P. Tailhan, de la même compagnie. Le bataillon dont il était l'aumônier ne devant pas prendre part à l'action, ce brave religieux demanda et obtint l'autorisation d'accompagner un des bataillons de Seine-et-Marne qui allait être engagé. C'est en donnant à nos blessés les secours de la religion qu'il fut renversé par une balle qui l'atteignit gravement à la tête. Un instant étourdi par sa blessure, il se pansa lui-même avec son mouchoir, et ne quitta le champ de bataille que lorsque son assistance fut devenue inutile.

Pendant les combats des 30 novembre et 2 décembre, les Jésuites se distinguèrent par leur intrépide dévouement. L'un d'eux, aumônier d'un des bataillons du Morbihan, eut la soutane criblée de plus de vingt balles, et il fallut lui en procurer une autre le lendemain de la bataille. Il semble que ce soit par miracle qu'aucun projectile ne l'ait atteint.

Un autre jésuite, également aumônier volontaire, fut blessé d'un éclat d'obus à la hanche et transporté rue Lhomond, dans la maison de son Ordre.

Le R. P. Arnold, jésuite, mourut dans la terrible explosion de Laon. Ce zélé religieux était allé s'installer à poste fixe dans la citadelle, pour y confesser les mobiles, quand elle sauta. On retrouva son corps en lambeaux.

Un Père Alsacien fut blessé d'un éclat d'obus au siége de Metz.

Les Pères Charles de Damas et de Renneville furent aussi blessés au siége de Belfort.

Le P. de Rochemontaix, emportant un blessé sur ses épaules à l'une des dernières batailles livrées par l'armée de la Loire, reçut en pleine figure un coup de sabre de la main d'un Prussien.

Les Pères Pontier et Laboré furent faits prisonniers, malgré les conventions internationales.

Le Père d'Audiffret accompagna au feu les mobilisés de Tarn-et-Garonne, comme le Père Escalle accompagna ceux de l'Isère.

Le P. Vautier resta pendant toute la bataille de Pont-Noyelles près d'une batterie d'artillerie. Un moment les artilleurs furent sur le point d'abandonner leur position ; il les encouragea si bien, qu'ils redoublèrent d'énergie et de sang-froid, rectifièrent leur tir et obligèrent l'ennemi à battre en retraite.

Plus de soixante jésuites se consacrèrent au service de nos prisonniers en Allemagne. La mort de trois d'entre eux et les maladies graves de dix autres ne ralentirent pas leur zèle. Leur dévouement causait l'admiration des protestants eux-mêmes. On remarquait partout, mais surtout dans les provinces du Nord où le catholicisme était moins connu, un résultat analogue à celui qui se produisit en Amérique lors de la guerre de la sécession. Le dévouement désintéressé de ces pieux religieux fit disparaître bien des préjugés.

Les R. P. Jésuites transformèrent aussi toutes leurs maisons en ambulances. Leurs colléges de Vaugirard et de Sainte-Geneviève, à Paris, abritèrent souvent à la fois près de deux mille blessés, dont le traitement ne coûta rien à l'Etat. Tous leurs établissements des départements s'ouvrirent aussi généreusement à nos malheureux soldats. Les colléges de Bordeaux, de Mongré, près de Villefranche (Rhône), etc., etc., furent transformés en casernes ; ceux de Dôle, de Saint-Michel à Saint-Etienne, de Metz, etc., etc., en hôpitaux militaires ou en ambulances.

———

Au commencement de la guerre, le T.-R. P. Provincial de Toulouse, de l'Ordre des Frères-Mineurs (Capucins), accompagné du Père Marie-Antoine, se présenta chez M. le général de division de Géraudon, commandant la 12ᵉ division militaire, pour lui remettre la pétition suivante, adressée au ministre de la guerre.

Cette pétition était signée par les religieux sous sa direction.

« Excellence,

» Nous, soussignés, Frères-Mineurs Capucins de la province de Toulouse, venons, avec l'autorisation du Supérieur de notre Ordre, supplier Votre Excellence de nous permettre de nous consacrer TOUS au service et aux soins des soldats blessés, tant dans les ambulances que sur les champs de bataille, à quelque titre que ce soit.

» Nous ne demandons que la place du dévouement et du sacrifice, nous ne voulons aucune rétribution, les règles de notre Ordre y étant d'ailleurs formellement opposées.

» Votre Excellence ne nous refusera pas cette faveur, que nous implorons comme enfants de la France, dans le pressant danger où se trouve la patrie. »

(Suivaient les signatures.)

Le général commandant la 12ᵉ division militaire apostilla de la manière suivante cette pétition, qui constate bien éloquemment le dévouement de ses auteurs :

« Je recommande à Son Excellence le ministre de la guerre la démarche du Supérieur de l'Ordre des Capucins de Toulouse.

» Tous les religieux de la province et du couvent de Toulouse en particulier, le R. P. Gardien à leur tête, s'offrent pour cette œuvre sublime. »

15 août 1870.

Signé : Général de Géraudon.

Le R. P. Provincial, de Toulouse, se rendit en personne à Paris présenter cette pétition au ministre de la guerre, avec les autres provinciaux du même Ordre, qui restèrent inutilement en instance jusqu'à la chute de l'empire.

Malgré cette déception, bien douloureuse pour des hommes habitués aux sacrifices les plus héroïques, les RR. PP. Capucins ne manquèrent pas d'occasions d'utiliser leur dévouement.

Le P. Régis et plusieurs autres religieux suivirent les opérations de l'armée du Rhin où ils rendirent les plus précieux services à nos soldats.

Pendant le siége de Paris, plusieurs forts eurent aussi pour aumôniers des religieux Capucins qui s'y étaient enfermés pour partager les dangers de leurs intrépides défenseurs. Citons entre autres le mont Valérien.

Un autre religieux Capucin, invité par les mobiles de la Sarthe à leur servir d'aumônier, accepta avec empressement cette mission et fit avec eux la campagne de la Loire.

Beaucoup d'autres membres du même Ordre furent attachés aux ambulances militaires où leur profonde charité accomplit des prodiges de dévouement.

Les Pères Capucins qui étaient restés au couvent de Toulouse recueillirent les orphelins des soldats ou des gardes mobiles de cette ville qui étaient morts pendant la guerre.

Les religieux Capucins du couvent de Sainte-Marie de l'Abbadie, commune de Bonnevaux (Gard), mirent aussi à la disposition du ministre de la guerre quinze places gratuites dans leur maison d'éducation, en faveur des orphelins de la guerre.

Plusieurs journaux du Midi signalèrent à cette époque le dévouement de Mgr de Charbonnel, ancien évêque de Toronto (Etats-Unis), devenu membre de l'Ordre des Capucins et évêque de Sozopolis, *in partibus*.

Avant d'être apôtre évangélique et évêque, Mgr de Charbonnel avait été militaire. Il avait servi avec le général de la Canorgue, qui se distingua à l'expédition du Mexique.

Dans une de ses missions évangéliques, l'évêque futur de Toronto s'était proposé de convertir une peuplade qui n'en était encore, en fait de religion, qu'à l'anthropophagie. Les néophytes commencèrent par vouloir manger le missionnaire ; mais celui-ci qui n'était pas de cet avis, étreignit de ses doigts d'acier deux des plus affamés, les posa doucement à genoux devant lui et les bénit.

Rien n'impose à l'homme sauvage comme la force physique. Les deux mangeurs d'hommes devinrent doux comme des moutons, et vouèrent un culte de vénération à l'intrépide et infatigable missionnaire.

L'Ordre de Saint-Dominique paya largement aussi son tribut de dévouement à la patrie.

Plusieurs Pères partirent comme aumôniers à la suite de nos armées, d'autres se vouèrent au service des prisonniers français en Allemagne, et enfin plusieurs frères convers entrèrent dans l'armée.

Le R. P. Ligier, secrétaire général de cet Ordre, suivit les zouaves pontificaux pendant toute la campagne, avec le P. de Gerlache, de la compagnie de Jésus.

Un autre religieux du même Ordre assista à toutes les opérations militaires de l'armée du Nord et reçut deux blessures.

Les Pères Dominicains de Paris offrirent à l'intendance militaire, qui l'accepta avec reconnaissance, leur couvent de la rue Jean-de-Beauvais. Leur cloître fut transformé en infirmerie.

Le R. P. Antoine Armand Bourgnon, baron de Layre, docteur en droit, mourut victime de son dévouement à cette ambulance, le 15 décembre 1870.

Malade déjà lorsqu'eut lieu le combat de Choisy, il avait bravé le froid et les fatigues pour aller avec les autres religieux de son Ordre relever les blessés sur le champ de bataille.

Mais sa grande âme lui avait fait tenter un effort au-dessus de ses forces et il revint avec le germe de la maladie qui l'emporta presque subitement. Malgré la gravité de son état il se fit transporter à l'ambulance de la rue Jean de Beauvais où il mourut quelques jours après.

Les Pères Join et Mercier, du couvent de Lille, suivirent l'armée du Nord comme aumôniers volontaires. On les vit souvent au milieu des balles, relevant les blessés, pansant leurs plaies, prodiguant à tous les consolations suprêmes. C'est dans l'exercice de leurs saintes fonctions qu'ils tombèrent à leur tour, frappés l'un et l'autre d'une blessure glorieuse.

— Dès les premiers jours du siége, l'école Albert-le-Grand, récemment établie par le R. P. Captier et quelques autres Dominicains dans la maison de Berthollet, à Arcueil, devint une ambulance. Sa situation était excellente pour cela. Placée entre le fort de Montrouge et la redoute des Hautes-Bruyères, elle se trouvait au front de nos lignes avancées. Bien en vue des lignes prussiennes, dans un repli de terrain qui la protégeait contre le tir de l'artillerie ennemie, elle arbora des premières le drapeau de la convention de Genève.

Les Dominicains mirent tous leurs bâtiments et tout leur personnel à la disposition des ambulanciers. Le R. P. Cottrault, procureur de l'école, chargé du temporel, s'appliqua à administrer l'établissement. A chaque combat, à chaque engagement, les braves Pères se rendaient sur le champ de bataille, relevant les blessés sous les balles, apportant aux mourants les secours de la religion.

Vint 'a Commune. Au lieu de s'enfuir, ce qu.. .eur eût été facile, les Dominicains placèrent de nouveau le drapeau blanc à croix rouge au faîte de leur maison. Soldats ou fédérés, reçurent d'eux les mêmes soins. Ils recommencèrent leurs périlleuses excursions dans la plaine qui s'étend entre Montrouge, Châtillon et Bagneux. Un jour le R. P. Cottrault faillit tomber sous les balles, tandis qu'il relevait un fédéré blessé, les soldats ne comprenant pas d'abord ce que venait faire sur le terrain, cet homme de haute taille, dont le costume leur était inconnu.

Quelques semaines plus tard, le dévouement de ces bons religieux fut récompensé par le martyre. Une bande d'assassins, de ceux-là même dont les amis politiques venaient d'apprécier la charité et le patriotisme de ces hommes admirables, massacra les RR. PP. Captier, Cottrault, Bourard, Chatagneret, Delhorme et huit des employés de leur maison attachés aussi à l'ambulance et dont ils portaient encore le brassard.

———

Le R. P. Hermann, de l'Ordre des Carmes, mourut à Spandau, où il était allé porter les secours de la religion à nos prisonniers.

On sait que le P. Hermann était un excellent musicien et un compositeur de mérite.

Né dans le judaïsme, le P. Hermann était tombé dans le nihilisme le plus complet. C'est de cet abîme que la Providence l'avait tiré pour en faire un instrument actif de la restauration de l'Ordre des Carmes en France.

Ce saint religieux, martyr de son dévouement, mourut presque subitement, en Allemagne, d'une atteinte de petite vérole noire qu'il avait contractée en soignant les prisonniers français.

Les religieux de son Ordre avaient transformé en ambulances leurs maisons de Bagnères-de-Bigorre, de Montpellier et de Lyon.

———

Un correspondant du *Times*, de Londres, attaché au quartier général de l'armée saxonne, pour en suivre et décrire les mouvements, après avoir fait l'éloge des services des Frères des écoles chrétiennes et de leur héroïsme, ajoutait :

« Il y a un autre homme, je regrette de ne pas savoir son nom, que, depuis Sedan jusqu'aux champs de bataille devant Paris, j'ai vu constamment suivre les traces des blessés. Il n'a ni voiture, ni cheval, mais le bourdon à la main, il suit le cours de la bataille et, avec l'élégance parfaite d'un homme bien élevé, et la tendresse d'une femme, il apporte aux mourants des consolations. C'est un prêtre français bénédictin. Je ne sais combien de fois je l'ai rencontré dans sa mission de charité. L'autre jour il s'est présenté tout d'un coup, près du champ de bataille, pour me demander où se trouvaient les blessés. Il avait fait à pied, le matin, environ vingt milles (plus de 30 kilomètres).

» Aucun gouvernement ne le paie ; c'est un volontaire dans la meilleure acception du mot. Tout témoin de ses efforts fait des vœux pour que Dieu lui donne la récompense dont il est digne. Il est à la fleur de l'âge, c'est un bel homme, d'un air distingué, à manières pour ainsi dire princières. »

———

Les couvents de la Trappe fournirent de nombreux volontaires à notre armée. Un seul monastère, celui de Notre-Dame-des-Dombes, eut trente-cinq frères incorporés dans la garde mobilisée de l'Ain.

A Sainte-Marie-du-Désert, à Mortagne, au Port-du-Salut (près Laval), à Aiguebelle, etc., un grand nombre de frères qui avaient quitté l'uniforme pour prendre l'humble vêtement de trapiste, reprirent du service pour la durée de la guerre.

Les Trapistes eurent aussi leurs victimes. Citons le vénérable abbé de la Trappe-des-Dombes.

Dom Augustin avait brillé jadis dans le monde, c'était le marquis d'Avezac de la Douze, d'une noble et ancienne famille du Périgord. Il fut le premier prieur et ensuite le premier abbé de Notre-Dame-des-Dombes. Le R. P. dom Augustin avait fait avec bonheur le sacrifice de ses religieux à la patrie, comme il fit bientôt lui-même le sacrifice de sa vie. Ce fut dans une visite à Pont-de-Vaux, vers ses chers enfants de la garde mobilisée, qu'il fut atteint de la petite vérole noire qui l'enleva d'une manière foudroyante.

Les Cisterciens de Semanque eurent huit de leurs moines enrôlés dans l'armée. — Les Frères Oblats servirent sous les ordres de Charette et de Cathelineau.

Les PP. Prémontrés de l'abbaye de Saint Michel de Frigolet, après avoir envoyé un d

12.

leurs Pères comme aumônier aux *volontaires de l'Ouest*, firent partir une douzaine de leurs religieux comme simples soldats dans une des légions mobilisées des Bouches-du-Rhône pour le *Camp des Alpines*.

Les religieux Chartreux demandèrent aussi et obtinrent de remplir un rôle actif dans l'armée, soit comme aumôniers, soit comme employés dans les ambulances.

Les RR. PP. Perraud et Elie Méric, prêtres de l'Oratoire et professeurs à la Sorbonne, se dévouèrent spécialement à l'œuvre des prisonniers français en Allemagne.

Dès le commencement de la guerre, le R. P. Perraud avait lui-même partagé les périls de notre armée sur les champs de bataille, et, après la conclusion de la paix, il se dévoua à une autre œuvre de charité dont le but spécial était de secourir les paysans français ruinés par la guerre. En moins d'un an, cette œuvre, aussi patriotique que charitable, réunit et distribua une somme de 346,756 francs.

Voici comment l'éloquent oratorien raconte quelques-unes des scènes douloureuses dont il a été témoin :

« Sans doute, rien n'est affreux comme l'aspect d'un champ de bataille, après que la lutte a cessé ; quand on s'en va, dans la nuit, une lanterne à la main, relever les blessés, absoudre les mourants, enterrer les morts !

» Mais enfin, ces hommes couverts de blessures, ce sont des soldats ! Terribles sont pour eux les conséquences de la guerre ! Toutefois, vainqueurs ou vaincus, ils avaient mis leurs vies comme enjeu de la lutte ! La mort qu'ils ont reçue, ils l'auraient donnée s'ils l'avaient pu.

» Mais que dire de ces populations inoffensives, au milieu desquelles se trouve transporté le théâtre de la guerre, et qui, paisibles la veille dans leurs hameaux, voient tout d'un coup leurs maisons envahies, leurs villages pris et repris, leurs fermes transformées en redoutes, les obus lançant des pluies de feu sur leurs écoles, et toutes les ressources du présent et de l'avenir détruites en quelques heures par le passage des belligérants ? »

Citons encore une autre scène de désolation racontée par ce bon religieux, pour engager les âmes chrétiennes à réparer le mal que la guerre a fait à nos populations rurales, principalement dans l'Est de la France.

» C'était le 28 août 1870, à l'entrée des défilés de l'Argonne et de la forêt des Ardennes. Les Prussiens s'avançaient à marches forcées pour nous atteindre sur les bords de la Meuse. Déjà, quelques engagements partiels avaient eu lieu, et on avait entendu retentir dans le lointain le bruit du canon. La pluie tombait à torrents. Les chemins détrempés et défoncés étaient comme des rivières de boue. Nous allions quitter un bourg où nous avions campé pendant la nuit, lorsque, vers huit heures du matin, un triste cortége y pénétra. C'était, à la suite les unes des autres, une file de charrettes conduites par des paysans, aux vêtements tout souillés de boue, au regard morne. Sur les charrettes, entre les matelas et quelques meubles, les vieillards, les femmes, les petits enfants. Les pères et les frères marchaient en poussant devant eux quelques vaches. C'était la population d'un village qui avait eu le temps de fuir devant l'approche des armées allemandes.

» Les infortunés avaient encore pu sauver, avec leurs personnes, une partie de leur mobilier ; et ils allaient ainsi, à l'aventure, marchant devant eux, ne sachant où chercher asile, sous ce ciel inclément et cette froide pluie ! Les femmes et les petits enfants pleuraient. C'était à fendre l'âme. »

Les éloges adressés par la presse de Paris aux Frères des écoles chrétiennes sont des documents historiques à conserver. Voici un extrait du *Paris-Journal* du 13 décembre :

« Il a été beaucoup parlé depuis quelque temps des Frères des écoles chrétiennes.

Le bruit est parti d'abord des clubs : il a

commencé là par des injures ; de là il est passé dans plusieurs municipalités, où il a pris un certain caractère de violence et de persécution. Il est arrivé enfin aux journaux.

Mais quand il est arrivé jusqu'à nous, il avait traversé les champs de bataille.

Ce sont nos *reporters* les plus courageux, les plus dévoués, les plus sincères, qui s'en sont alors faits les échos.

Ils nous ont dit, ces reporters non suspects de partialité, et qui appartenaient à la rédaction de journaux de toutes nuances, des nuances même les plus accentuées, qu'aux postes les plus périlleux, sous la mitraille, les balles et les obus, ils avaient rencontré des hommes plus braves encore que nos zouaves, nos Bretons et nos Francs-Comtois, calmes, modestes, animés de ce souffle intérieur qui grandit les âmes et fait les vrais héros, ceux qui sont inconscients de leur propre héroïsme, courant aux blessés et aux morts sans paraître se douter qu'ils peuvent être atteints à leur tour, combattants anonymes de la plus sainte des causes, celle de l'humanité et de la charité, n'étant assurés que d'une chose : c'est que nulle récompense, nulle distinction ne viendrait récompenser leur froide bravoure, et que s'ils succombaient le monde ne saurait pas même leur nom, car ils n'ont plus de nom selon la société.

Voilà ce qu'on nous a rapporté et ce qui a

commandé le respect aux esprits les plus prévenus.

Nous savons à présent ce que font les Frères des écoles chrétiennes, et nous pouvons dire qu'il n'est pas de mission plus utile et plus sainte que celle qu'ils accomplissent.

Ils ont cependant trouvé dans ces derniers temps d'ardents, d'implacables détracteurs, et, comme nous le remarquions en commençant, l'injure ne leur a pas été ménagée. Chose triste à dire, phénomène singulier que la passion politique peut seule expliquer, leurs plus cruels adversaires ont été précisément les hommes qui ont pris en main la cause du peuple et des pauvres, et ceux dont les doctrines politiques confinent au communisme !

Est-il cependant rien de plus modeste, de plus désintéressé, de plus détaché des intérêts matériels que ces instituteurs du peuple ?

Tous ils sont nés pauvres, tous ils mourront pauvres, après avoir vécu, non pas seulement pauvres, mais sans posséder même en propre la robe qui les recouvre. Ils n'ont rien à eux qu'un peu d'instruction ; ils la donnent aux enfants des pauvres. La plupart d'entre eux sont élèves des écoles où ils professent à leur tour. Leur vie entière s'écoule dans l'enceinte même de cette école. Ils ne connaissent ni les plaisirs de la jeunesse, ni les joies de la famille, ni les sévères devoirs de la paternité. Ils n'ont d'enfants que ceux que la pauvreté leur confie. Quand la vieillesse les enlève à leurs classes, ils vont s'éteindre dans quelque obscure et froide maison de retraite. Voilà leur vie.

Si les avocats des pauvres n'ont pas le droit d'être leurs adversaires, les partisans du communisme l'ont-ils donc davantage ?

Où donc la formule la plus exacte du communisme : « Un pour tous, tous pour un, » se trouve-t-elle plus rigoureusement mise en pratique que dans l'Institut des Frères ? Chez eux tout est à tous et rien n'est à personne. Ils concourent tous à une œuvre commune, par un effort commun, pour une fin commune, sans qu'aucun d'entre eux puisse en retirer un avantage, un profit, un succès individuel.

N'est-ce pas bien là le communisme tout entier ?

Quel est donc leur crime aux yeux de leurs adversaires ? Ils croient en Dieu ; ils sont chrétiens. Mais s'ils n'avaient pas cette foi, où donc puiseraient-ils la force d'accomplir jusqu'au bout le devoir rigide qu'ils ont accepté dans leur jeunesse ? Qui les soutiendrait, qui les consolerait, sinon le Christ dont l'Evangile leur enseigne le renoncement, l'abnégation et l'amour de la pauvreté et des pauvres ?

Leur croyance c'est la raison même de leur vie, c'est l'unique mobile de la mission sociale qu'ils remplissent. Pourquoi la leur reprocher ? Tirez-en profit plutôt. Ce sera plus habile, et l'argument a de quoi vous toucher. »

Dès le début de la guerre, les Frères des écoles chrétiennes établirent de vastes ambulances dans leurs maisons de Paris, Lyon, et d'un grand nombre de villes de France.

A Paris, au seul établissement de la rue Oudinot, il y eut plus de deux cents lits consacrés aux malades et aux blessés, et, dit le docteur E. Decaisne, il était impossible de ne pas être vivement touché des soins admirables et de la sollicitude dont malades et blessés étaient entourés. « Là, comme dans toutes les ambulances de la Presse où les Frères firent le service d'infirmiers, je fus frappé, » dit le même docteur, « de l'intelligence avec laquelle ils apprenaient en quelques jours à panser et à soigner les malades et à organiser un service d'ambulance. »

L'établissement de la rue Oudinot, avant les premiers combats livrés sous Paris, n'était destiné qu'à des fiévreux, comme disent les médecins, lorsque tout-à-coup, à cause de l'affluence des blessés, on fut obligé d'installer 85 lits pour un service chirurgical. La chose fut faite en un clin d'œil ; les 85 lits occupés immédiatement, et quelques heures après, les Frères avaient pourvu à tous les besoins et pansaient nos braves soldats comme s'ils n'avaient jamais fait que cela.

On pourra juger des services rendus par les Frères des écoles chrétiennes, quand on saura que pendant le siége de Paris, ils n'ont jamais eu à soigner moins de 1,400 blessés ou malades.

Une horrible épidémie menace d'étendre un voile de mort sur les asiles des victimes de la guerre. On les voit aussitôt rechercher de préférence ceux que le fléau atteint. Ils conservent à la patrie les défenseurs que la variole lui dispute. Rien ne les arrête dans leur œuvre de salut.

Mais leur zèle allait plus loin, et tous ceux qui les ont vus à l'œuvre sur les champs de bataille ont été saisis d'admiration devant leur intrépidité et leur mépris pour le danger. A chaque combat, plus de deux cents frères allaient, souvent au péril de leur vie, et sous le feu de l'ennemi, ramasser les blessés ; et on les a vus plusieurs fois rentrer dans Paris, portant dans les plis de leur pauvre robe la preuve irrécusable et glorieuse de leur courage et de leur charité. « Croyez-moi, mon Frère, disait le général Ducrot, au combat du 30 novembre, à l'un d'eux, qui, pour sauver un blessé, s'était avancé au milieu des balles prussiennes, croyez-moi, l'humanité et la charité ne demandent pas qu'on aille aussi loin. »

Quoiqu'il n'y ait rien à ajouter à un pareil témoignage, nous dirons que les novices et les Frères rivalisaient de courage et de dévouement. Le vénérable Frère Philippe, supérieur général, oubliant ses soixante dix-huit ans, conduisait ses religieux en dehors de Paris, et, jour et nuit, servait lui-même ses pauvres malades, les consolait et les fortifiait avec ce doux sourire et cette sensibilité exquise qui lui attirent tous les cœurs.

Faut-il s'étonner, en présence de tant d'héroïsme, qu'un médecin des ambulances de la Presse se soit écrié : « Ah ! soyez bénis pour tout le bien que vous faites, humbles serviteurs des enfants du peuple ! Je vous le jure, ô mes Frères, vous avez la vraie science, la science de la charité, de l'abnégation et du dévouement, la science qui fait les héros, et Paris et la France délivrés diront que vous avez bien mérité de la patrie. »

Deux cent vingt Frères formaient, le 21 décembre, le service de nos ambulances du côté du Bourget ; trente d'entre eux avaient, dès la veille, quitté Paris pour se rendre sur le champ de l'action, afin d'y remplir leur courageuse et charitable mission. Cette première escouade s'était avancée dans la direction du Bourget, le 21, à huit heures et demie ; elle était conduite par le Frère visiteur, ayant à ses côtés deux Pères dominicains. Le cortége sortit de la Courneuve ; le drapeau de la convention de Genève était porté en tête par un Frère. Sur l'indication d'officiers, on se dirigea à 150 mètres en avant pour relever des blessés ; aucun soldat n'accompagnait les Frères dans leur marche.

Cent mètres étaient à peine franchis qu'une décharge des troupes prussiennes éclata sur le front des ambulanciers : deux Frères eurent leur robe trouée, un troisième fut atteint, celui qui portait le premier brancard : une balle, pénétrant au défaut de l'épaule gauche, alla jusqu'au poumon, produisant les plus graves désordres. Le malheureux tomba tout sanglant et fut porté immédiatement à l'ambulance de la Légion-d'Honneur de Saint-Denis.

Ce Frère, qui succomba bientôt après, appartenait comme professeur de la première division, à l'établissement si connu de Saint-Nicolas, qui avait pour son compte détaché 38 de ses professeurs. Il se nommait Jean-Baptiste Baffie, en religion Frère Néthelme. Il était né en 1840, dans le département de la Lozère.

Après deux jours d'horribles souffrances le frère Néthelme, brancardier des ambulances de la Presse, qui avait eu la poitrine traversée par une balle au combat du Bourget du 19 décembre, succomba.

Le corps de la courageuse victime resta exposé pendant une journée dans une chapelle ardente de l'établissement de la rue de Vaugirard. Sur le cercueil on avait étendu sa robe et le brassard à croix rouge qui devait, hélas ! le protéger contre les balles prussiennes. Les enfants qui priaient autour de la bière se montraient en silence une déchirure ensanglantée sur cette robe noire.

La mort avait passé là.

Le Comité des ambulances de la Presse voulut honorer comme elle le méritait la mort du frère Néthelme ; il convoqua son personnel médical, pharmaceutique et administratif, à la funèbre cérémonie, et chacun de ces services envoya une députation à l'église Saint-Sulpice, où la messe des morts fut célébrée par le vénérable curé.

M. Jules Ferry, membre du gouvernement et maire de Paris, avait répondu par la lettre suivante à l'invitation du Comité des ambulances de la Presse :

« Monsieur,

» Je vous suis reconnaissant de cette pieuse pensée d'associer l'administration municipale à l'hommage que vous rendrez demain au très-digne et très-courageux citoyen, en religion frère Néthelme, qui a payé de sa vie son dévouement pour les blessés. S'il y a des degrés dans l'héroïsme, les plus beaux sacrifices sont les plus obscurs, et le frère Néthelme a accompli le sien, assurément sans espoir de gloire. C'est pour nous un devoir d'autant plus étroit de lui rendre les honneurs civiques, auxquels il n'aspirait pas, mais qui témoigneront une fois de plus de l'union intime de toutes les âmes françaises dans une seule foi et dans un seul amour, l'amour et la foi dans la patrie ! Je ne puis assister personnellement aux funérailles du frère Néthelme, mais la présence de M. Léon Béquet, chef de cabinet du gouverneur, particulièrement chargé de la direction et de l'organisation de nos brancardiers municipaux, marquera nettement le sentiment fraternel qui unit tous les collaborateurs à notre grande œuvre hospitalière.

» Recevez, Monsieur, l'assurance de mes meilleurs sentiments.

» *Jules Ferry.* »

A onze heures l'office commença.

L'église était remplie d'une foule énorme, qui avait voulu témoigner par sa présence de son respect pour cette mort héroïque et obscure. Le comité des ambulances était présent ; auprès de Mgr Bauër et de MM. Ricord, Demarquay et Armand Gouzien, avaient pris place M. le comte de Flavigny, président de la Société Internationale, M. le comte Serrurier et M. le marquis de Bethisy, de la même société, unis dans une commune pensée : l'hommage dû à la victime d'un de ces dévouements que, mieux que personne, ils avaient pu apprécier.

Trois officiers d'ordonnance assistaient à la cérémonie et représentaient le général Trochu, le général Ducrot et le vice-amiral La Roncière.

Le deuil était conduit par le supérieur de l'Institut des Frères, le frère Philippe, et ses assistants les frères Baudime, Callixte et Libanos.

Auprès du représentant de M. Jules Ferry se trouvaient M. Hérisson, maire du 6ᵉ arrondissement, l'un de ses adjoints, M. Lauth et plusieurs ecclésiastiques.

Les enfants des écoles promenaient leurs regards étonnés et recueillis de cette foule imposante à cet humble cercueil, couvert d'un drap blanc, sur lequel était posé le tricorne noir à croix rouge de ce frère qu'ils avaient, dans leurs classes, appris à aimer.

Le curé de Saint-Sulpice, après la cérémonie religieuse, prononça quelques paroles émues sur la « fraternité » telle que la comprennent ceux dont l'ambition est de mériter le nom de « frères » qu'ils se sont donné.

Après la mort du frère Néthelme, tué au Bourget, son frère partit de la Lozère et se présenta à la communauté, rue Oudinot.

— Je viens, dit-il simplement au frère Philippe, prendre la place de mon frère qui est mort.

— Avez-vous le consentement de votre famille ? lui demanda le vénérable supérieur.

— Mon père et ma mère, répondit le postulant, m'ont embrassé et béni avant de me laisser partir.

Et le lendemain, le nouveau frère remplaçait auprès des pauvres et des enfants celui que les balles prussiennes avaient tué.

Plusieurs autres Frères des écoles chrétiennes furent blessés au combat du Bourget.

L'un d'eux, atteint à l'épaule, chancelait. Un brancardier s'élance vers lui.

— Ce n'est rien, dit le Frère, secourez les plus pressés.

Et comme un rédacteur du *Gaulois,* présent sur le champ de bataille, lui demandait son nom :

— Pourquoi ? Répondit simplement le Frère ; je remplis ici un devoir dont Dieu seul, et non pas les éloges de mes semblables, doit me récompenser.

Au même instant, plusieurs projectiles déchiraient la robe d'un autre frère, qui, par bonheur, ne fut que légèrement atteint.

Le lendemain du sanglant combat du 22 décembre, rendez-vous avait été donné aux Tuileries pour le départ des ambulances : il y avait encore des blessés à prendre et à ramener.

La veille, pendant que des brancardiers *honoraires* fumaient tranquillement leur pipe, et restaient inébranlables derrière de bonnes murailles, 150 Frères de la doctrine chrétienne, les reins ceints d'une corde, allaient, au premier signe, ramasser sous le feu de l'ennemi, les blessés et les ramenaient à l'abri. Un Frère, frappé d'une balle au milieu du cœur, tombait roide mort. Un autre, grièvement blessé d'un éclat d'obus, était rapporté mourant.

C'était donc le lendemain.

Il était six heures du matin ; un vieux Frère de 70 ans, le sous-directeur, venu à la place du Frère Philippe, empêché par son grand âge, amenait au docteur Ricord un renfort de 100 Frères, pour se joindre aux autres restés à Genevilliers.

Le docteur Ricord s'avança vers le vieillard à cheveux blancs, une figure profondément sillonnée, ascétique, mais bonne, bienveillante et fine, un vrai Holbein détaché de son cadre.

— Mon frère, dit-il, comment va notre cher blessé ? — Mal, docteur, il n'est pas mieux, nous avons peu d'espoir.

Le docteur était ému, lui qui voyait tant de douleurs.

— Mon frère, dit-il en lui prenant la main, s'embrasse-t-on chez vous ?

— Mais, dit le bon vieillard, il n'y a pas de

règle pour cela. — Eh bien ! dit Ricord, permettez-moi d'avoir l'honneur de vous embrasser. Vous êtes admirables ! vous et les vôtres. Portez ce baiser à tous vos frères, et dites-leur que nous les remercions tous, en notre nom et au nom de la France !

Voilà un baiser qui valait plus qu'une croix d'honneur !

Dans la journée du 2 janvier, un autre Frère des écoles chrétiennes fut tué sur le champ de bataille et un second fut grièvement blessé.

— On a vu le courage et le patriotisme des Frères sur les champs de bataille ; on a vu leur dévouement dans les ambulances, rappelons aussi la mission douloureuse et vraiment héroïque qu'ils remplissaient pour l'ensevelissement des morts.

A la suite des sanglants combats de Champigny, Petit-Bry et Croisy, un rapport prussien envoyé par voie parlementaire signala au commandant en chef des forces françaises la présence d'un assez grand nombre de cadavres des deux armées sur la ligne des avant-postes. Informé de ces faits, le général Ducrot désigna les ambulances de la Presse, desservies par les Frères, pour rendre les derniers devoirs à nos soldats tombés sur le champ de bataille.

Un armistice fut donc conclu entre les deux armées.

Mais un malheureux incident ne permit pas d'accomplir le premier jour cette pénible mission. Le commandant de la redoute de Saint-Maur, n'ayant pas reçu à temps l'avis du gouverneur relatif à l'armistice, avait pris de loin les braves Frères qui se baissaient pour des artilleurs ennemis mettant une batterie de campagne en position et avait dirigé le feu de la redoute contre eux. Force fut donc de revenir à Paris.

Le lendemain, les précautions ayant été prises, le même convoi reprit le même chemin et s'arrêta à l'arbre 89, qui marquait la limite des grand'gardes.

Les pouvoirs des plénipotentiaires des deux armées ayant été vérifiés, on se mit sans retard à l'œuvre. Les soldats du train s'éloignèrent avec leurs voitures pendant que les Frères attaquaient vigoureusement la série de tranchées destinées aux morts. Ces tranchées étaient au nombre de quatre qui s'étendaient à gauche de la route de Villers, à l'angle formé par un petit chemin qui mène au Tremblay.

La première tranchée était perpendiculaire à la route et parallèle au sentier ; elle avait 33 mètres de long. La seconde qui lui faisait face, n'en mesurait que 16 ; elle était réservée aux officiers et encadrée dans deux autres tranchées parallèles de 52 mètres de longueur chacune. La largeur uniforme était de 2 mètres et la profondeur à peu près équivalente, ce qui donnait un développement général de 153 mètres.

Pendant sept heures consécutives, et par un froid excessif, les Frères travaillèrent sans relâche. Les soldats prussiens réunissaient les cadavres derrière la ligne du chemin de fer et les posaient dans les fourgons qui les ramenaient pleins aux Frères.

La plupart des hommes qu'on rendait étaient dépouillés de leur argent et de leurs menus objets, on ne trouvait guère sur eux que ce qui avait échappé à l'avidité des ennemis. Le peu de souvenirs recueillis par les Frères fut mis de côté avec soin pour être rendu aux familles.

La nuit tombait et la funèbre tâche ne s'achevait que lentement. Il semblait que les Prussiens prolongeassent avec intention cette triste cérémonie. Lorsque cinq heures sonnèrent dans le lointain à l'église d'un village on n'avait encore enseveli que 485 morts. L'armistice expirait ; on convint de part et d'autre de reprendre le lendemain, et les voitures chargées de Frères, que ces exercices avaient bien fatigués, rentrèrent dans Paris sous les premiers flocons de neige qui présageaient une journée plus rigoureuse encore.

Le lendemain, 8 décembre, les Frères repartirent pour leur lugubre mission.

La route qui mène de Vincennes à Champigny, lorsqu'on coupe au plus court, est à travers « bois » ; ce mot a quelque chose d'exagéré quand on pense à ce qui reste des arbres de cette magnifique forêt, mais il est nécessaire à l'intelligence de ce qui va suivre.

La neige était tombée en abondance pendant la nuit ; une neige sèche, fine, qui se glissait partout, garnissait tous les points noirs, élargissait l'horizon et aveuglait le regard.

Le convoi, garni de Frères aux sombres costumes, avec les fourgons chargés de pioches et de sacs de chaux vive, traversait ce paysage éblouissant et morne à la fois comme un souvenir terrifiant de la retraite de Russie.

Des groupes de soldats disséminés çà et là, des campements dont la fumée s'élevait en tournoyant vers le ciel, tout un attirail de guerre, tout un mouvement militaire, complétaient cette ressemblance et ce tableau.

Quand on arriva à la Fourche, un capitaine prussien disposait ses hommes pour l'enlèvement des derniers cadavres. Les Frères déblayèrent les fosses comblées par la neige de la nuit, et reprirent courageusement l'œuvre interrompue des deux premiers jours.

Les morts de Petit-Bry, de Champigny et de Croisy commencèrent à arriver par charretées. On procéda à la vérification des numéros matricules, à défaut d'indications plus précises ; chaque rangée, aussitôt après avoir été reconnue, allait prendre sa place à côté des autres.

Ce pâle linceul qui recouvrait le sol, ces arbres décharnés qui étendaient leurs bras vers le ciel, ces trous béants où les cadavres roidis et blêmes dormaient de l'éternel sommeil sur un lit de chaux — neige sur neige ; ces ombres noires qui se profilaient sur le fond blanc, tout, dans cette nature et dans ce mouvement, concourait à une mise en scène extraordinaire, impossible à oublier pour le petit nombre de ceux qui l'ont vue.

Les Frères poursuivaient en silence leur épouvantable mission ; ces fossoyeurs chrétiens et résignés avaient quelque chose de surnaturel. Les officiers prussiens eux-mêmes s'en montrèrent frappés.

— Nous n'avons rien vu en France jusqu'ici de pareil ! dit l'un d'eux.

— A l'exception des Sœurs grises, reprit un de ses collègues.

— C'est vrai, voilà d'admirables exemples pour votre population démoralisée.

On avait beau se hâter, il restait encore des cadavres au bord des fossés ; la nuit s'avançait ; les pelles retentissaient sur la terre avec un bruit sourd ; la fatigue des Frères devenait extrême.

Il fallait encore un vigoureux effort : ils le donnèrent. Les fourgons entrèrent un à un et se rangèrent le long de la route ; le sol fut nivelé ;

les Frères rentrèrent leurs outils, baissèrent leurs manches retroussées depuis le matin, reprirent leur sombre chapeau, rejetèrent leur sac sur leurs épaules et remontèrent un à un, lentement, dans les voitures profondes.

Une bénédiction suprême tomba sur ces héroïques victimes de la guerre. — On dit que nous sommes dans un siècle sans foi, les deux tiers de ces pauvres gens portaient des scapulaires et des médailles. — Le chiffre des morts fut officiellement annoncé à haute voix aux officiers ennemis, qui le déclarèrent conforme à leurs propres informations, et on planta sur chaque tumulus une croix de bois noir avec cette simple inscription :

ICI REPOSENT

SIX CENT QUATRE-VINGT-CINQ SOLDATS ET OFFICIERS FRANÇAIS TOMBÉS SUR LE CHAMP DE BATAILLE, ENSEVELIS PAR LES AMBULANCES DE LA PRESSE, LE 8 DÉCEMBRE 1870.

Dans cette campagne, les Frères ont eu dix-neuf morts et un grand nombre de malades, gravement atteints dans l'exercice de leur sublime ministère.

Citons un trait admirable de leur héroïsme. Le drame terrible qu'on va lire s'est passé à Grenelle et son héros a voulu garder l'anonyme.

Dans les premiers jours de septembre 1870, on amena à l'ambulance des Frères un soldat, nommé Adrien Blanc, qui était atteint de la petite vérole noire. La maladie fit des progrès si rapides qu'en peu de jours le malade se trouva réduit à l'extrémité, son corps ayant perdu toute forme humaine. « Il n'y a plus rien à faire, dit alors le docteur Audhoui ; le corps de cet homme est dans un tel état de pourriture, que dans quelques heures la vie aura cessé. »

Le Frère qui soignait le malheureux insista toutefois auprès du médecin pour savoir ce qui pourrait être tenté, dans le cas où il resterait encore quelque espoir de guérison. « Tout est inutile, » reprit le docteur ; puis il ajouta : « Si quelqu'un en a le courage, on peut percer toutes les pustules du malade et le laver ensuite avec de l'eau légèrement phéniquée, pour le débarrasser de la grande quantité de matière purulente qui l'empoisonne. »

En entendant cette réponse, le Frère eut pris bien vite une héroïque résolution. Il s'empressa de fabriquer un petit bistouri très-effilé, et au bout de quelques minutes il se mit à l'œuvre, n'ayant pas à compter avec les plaintes du moribond qui avait perdu toute sensibilité.

Les témoins de cette longue opération étaient étonnés du dévouement du bon Frère. Aucun d'eux n'eût voulu, à aucun prix, se soumettre à pareille besogne. Mais l'héroïque religieux fit taire en lui toutes les répugnances de la nature ; il se dévoua pour Dieu et l'humanité.

Le jour suivant, le malade reprit un peu de force, son état s'améliora bientôt d'une manière sensible. La charité avait conservé à la vie celui que la *putridité* avait marqué pour la mort.

Le docteur Audhoui rappela souvent au soldat, pendant sa convalescence, que s'il vivait encore, il le devait après Dieu au courage du Frère infirmier.

Ces admirables Frères en montrant tant d'héroïsme sur les champs de bataille, tant de dévouement dans les ambulances et partout où il y avait un service à rendre, un danger à courir, n'avaient vu que l'accomplissement de leurs devoirs de chrétiens et de Français. Mais la France tint à leur donner un témoignage de sa reconnaissance. Un décret du Gouvernement de la défense nationale, voulant honorer toute la Congrégation dans la personne d'un de ses membres, nomma le T.-R. Frère Branciet (Mathieu), en religion Frère Philippe, supérieur général des Frères des Ecoles chrétiennes, chevalier de la Légion-d'Honneur.

Le plus illustre de nos médecins apporta lui-même au vénérable supérieur général des Frères la croix d'honneur.

Dès lors il a semblé aux hommes de cœur que le ruban rouge étincelait sur la poitrine de tous ces instituteurs patriotes. C'est la croix du drapeau qui oblige le passant respectueux à saluer le régiment entier. Les Frères étaient de bons maîtres enseignant bien et vite. Aujourd'hui ce sont des modèles à suivre.

— Quelques mois plus tard, lorsque la guerre civile éclata à Paris, on vit encore avec admiration ces bons Frères accourir au premier coup de feu, pour continuer, comme pendant le siége, leurs services dévoués aux ambulances des *insurgés*. On les injurie, on les tient en haine, on les dépouille ; voilà leur vengeance : ils courent, au péril de leur vie, relever et soigner sans distinction leurs amis et leurs persécuteurs.

Les grands exemples de patriotisme et de dévouement chrétien des Frères des écoles chrétiennes vivront toujours dans la mémoire des hommes de cœur. Aussi, interprète de la reconnaissance publique, le président de l'Académie de médecine, l'illustre docteur Ricord que nous avons déjà nommé, adressa-t-il, à l'occasion du premier janvier de l'année qui suivit nos désastres, au très-honoré Frère Philippe, supérieur général de ces bons Frères, une touchante lettre qu'on nous saura gré de reproduire.

Très-honoré Frère supérieur,

Vous voilà désormais tranquille, après tant

de fatigues et après avoir couru tant de dangers.

Vous et les bons Frères de vos communautés, vous êtes enfin rendus à votre vie calme et toute de charité.

Vous avez retrouvé vos enfants, les enfants du peuple, que vous instruisez si patiemment. Allez, continuez votre belle mission, vous ne ferez pas toujours des ingrats ; beaucoup se souviendront que vous leur avez appris la première lettre, le premier mot correct et honnête de leur langue et la première prière qu'ils doivent adresser à Dieu !

A vous toujours,

RICORD.

Paris, 1er janvier 1872.

Mais un hommage, plus éclatant encore, était réservé à la congrégation des Frères des Ecoles chrétiennes.

Au moment de la guerre, la ville de Boston avait envoyé à la France une offrande de 800,000 francs. Cette somme fut répartie suivant le vœu des Américains, et l'Académie française fut priée de disposer du reliquat, montant à 2,000 francs, en faveur d'une personne s'étant distinguée pendant la guerre par un grand acte de dévouement.

L'Académie choisit l'Institut des Frères des écoles chrétiennes. Le don matériel était sans importance, mais les paroles qui retentirent, le 8 août 1872, sous les voûtes de l'Académie, et que saluèrent les applaudissements enthousiastes du public, furent pour ces hommes admirables une récompense plus grande que leur modestie n'eût jamais osé la rêver.

Voici comment M. le duc de Noailles expliqua, dans son discours, les motifs qui avaient dicté le choix de l'Académie.

« Maintenant, messieurs, à qui décerner ce prix exceptionnel ? Nous l'avouons avec fierté : quand il a fallu choisir celui qui en est le plus digne, les faits de courage et de dévouement, d'abnégation et de sacrifice, se sont trouvés si nombreux que le choix nous a paru impossible. Dans notre enquête, nous n'avons trouvé parmi nous qu'une chose : l'égalité dans le patriotisme. C'est alors que nous avons eu la pensée de donner à ce prix le caractère le moins personnel et le plus collectif possible. Nous l'avons décerné à un corps entier, aussi modeste qu'il est utile, que tout le monde connaît, que tout le monde estime, et qui dans ces temps malheureux s'est acquis une véritable gloire par son dévouement. Nous voulons parler de l'Institut des Frères des écoles chrétiennes. Vous savez tous à quelle carrière ils consacrent leur vie, et avec quel dévouement désintéressé, avec quelle paternelle simplicité ils l'accomplissent.

» Quant aux événements dont il s'agit ici, nous n'avons qu'à laisser parler les faits. Lorsque l'on vit la patrie en danger, le sentiment qui nous émut tous, les émut vivement ; ils se demandèrent comment ils pourraient concourir à sa défense et soulager ses maux. Deux fibres vibrèrent à la fois dans leurs cœurs : celle du citoyen et celle du chrétien ; deux sentiments, deux vertus les entraînèrent : le patriotisme et la charité.

» Dès le 15 août, le frère Philippe, que tout le monde connaît par le chef-d'œuvre d'Horace Vernet, écrit au ministre de la guerre pour lui dire qu'il met à sa disposition tous les établissements et toutes les écoles communales que son institut possède, ainsi que tous les membres qui le composent, et ses novices, et lui-même, et tout son conseil, pour prodiguer partout leurs soins aux malades et aux blessés. Le ministre usa de leur bonne volonté ; mais d'eux-mêmes les frères se mirent à l'œuvre. Ils établirent à leur compte une grande ambulance, rue Oudinot ; ils fournirent un personnel dévoué aux ambulances organisées par la grande Société de secours dans les gares de chemins de fer, pour l'arrivée des convois de blessés, et ils organisèrent un service de même nature pour un grand nombre d'amlances particulières.

» C'est alors que la Société de la Presse fit appel à leur dévouement pour les enrôler dans son entreprise en qualité de brancardiers sur les champs de bataille et d'infirmiers dans les ambulances. Les Frères acceptèrent avec enthousiasme. Ils fournirent cinq à six cents des leurs, qui furent constamment et gratuitement occupés à ces deux services. Les jours de bataille, ils étaient plus nombreux.

» Il faut ajouter, messieurs, que leurs écoles ne furent jamais fermées ni leurs classes interrompues pendant toute la durée du siége. Ils suffirent à tout : à l'enseignement scolaire, aux ambulances intérieures et aux combats. Ils se dédoublaient ; chaque frère marchait à son tour. Un jour il faisait la classe, l'autre jour il allait au feu. Ils étaient en concurrence entre eux pour partir. Le jour où le frère Néthelme fut tué à la bataille du Bourget, ce n'était pas à lui de marcher.

» C'est ainsi qu'ils eurent constamment leurs places et sur les remparts et dans les batailles qui se livrèrent devant nos murs : la bataille de Champigny, celle du

Bourget, celle de Buzenval et l'attaque de Montretout.

» Ces jours-là, on les voyait de grand matin, par un froid rigoureux, traverser Paris au nombre de trois à quatre cents, salués par la population, le frère Philippe en tête, malgré ses quatre-vingts ans, et les envoyant au combat, où il ne pouvait les suivre. Quant aux Frères, ils affrontaient le feu comme s'ils n'avaient fait que cela toute leur vie, admirables par leur discipline et leur ardeur.

» C'est ce que tout le monde a proclamé. Ils étaient réunis par escouades de dix, un médecin avec eux, et ils marchaient comme un régiment. Arrivés au combat, les reins ceints d'une corde, et s'avançant deux par deux avec un brancard, ils se répandaient, courant toujours du côté du feu, relevant les blessés, les portant avec soin jusqu'au médecin et aux voitures d'ambulance. Pour chaque bataille, il y aurait une foule de traits à signaler. « Mes frères, leur criait un jour un de nos généraux, l'humanité et la charité n'exigent pas qu'on aille si loin. » Un autre chef descend de cheval et embrasse l'un d'eux, sous le feu du canon, en lui disant : « Vous êtes admirables, vous et les vôtres ! »

» C'est qu'en effet, dans le plus fort de la mêlée, ils couraient à nos blessés sous les balles et la mitraille, mêlées cordialement avec nos soldats, qui les regardaient comme des camarades. Ils marchaient de concert : l'un, comme on l'a remarqué, portait l'épée qui tue ; l'autre la croix qui sauve. Puis, le lendemain des batailles, ils ensevelissaient les morts. Eux-mêmes eurent à pleurer deux des leurs qui furent tués ; plusieurs furent blessés, et dix-huit périrent par suite de maladies contractées près des blessés et des malades.

» Ces soldats pacifiques se retrouvaient ensuite, soit paisiblement au milieu de leurs enfants, à l'école, soit, doux et affectueux, auprès des malades qu'ils soignaient.

» Mais ce ne fut pas Paris seul qui fut témoin de ce dévouement que la charité chrétienne inspire. Dès l'origine de la guerre, ils sollicitèrent dans toutes les provinces les emplois les plus pénibles et les plus dangereux. Ils demandèrent à faire partie de l'armée du Rhin. Leurs établissements devinrent des casernes ; ils organisèrent partout de nombreuses ambulances pour nos soldats ou pour nos mobiles, pour nos recrues ou pour nos blessés. Tout cela est constaté par des correspondances multipliées, par des remerciements de maires ou d'officiers.

» De même qu'à Paris, les Frères parurent sur tous les champs de bataille de province : à Dijon, à Alençon, à Pouilly, à Pontarlier, partout où l'on se battit, allant toujours au milieu du feu, le plus loin possible, pour ramasser nos blessés. C'est attesté par tout le monde. Que de faits il y aurait à citer ! Que d'épisodes à raconter !

» Je m'arrête, messieurs, il y aurait à vous dire le courage des Frères sous la Commune, qui vint si tôt couvrir d'un voile lugubre ce qui aurait dû être la glorieuse fin d'une guerre malheureuse. Il y aurait à vous les montrer recueillant même à Belleville ou à Longchamp les blessés des insurgés, mais bientôt persécutés, chassés par eux, arrêtés avec leurs élèves dans leur maisons d'Issy et ailleurs, conduits à Mazas, au moment d'y périr, et, quand ils s'échappèrent, l'un d'eux, le frère Justin, tué en sortant.

» Ce que j'ai dit, messieurs, suffit à justifier le choix que nous avons fait de cet Institut des Frères des écoles chrétiennes pour lui décerner le prix si honorable de la ville de Boston. Les frères sont presque tous enfants du peuple, et tous dévoués à l'éducation et au bien du peuple. Que toute justice leur soit rendue! L'Académie sera heureuse de la leur rendre, et ce prix qu'elle va leur décerner sera comme la croix d'honneur attachée au drapeau d'un régiment. »

L'assemblée tout entière s'associa à cet hommage de la reconnaissance nationale par une double salve d'applaudissements enthousiastes ; les larmes qui roulaient dans tous les yeux témoignaient de l'attendrissement profond qu'inspirait l'humble et sublime dévouement des brancardiers du Bourget, des fossoyeurs de Champigny, des infirmiers de toutes les ambulances ; ces larmes ratifiaient et doublaient le prix académique.

Presque au même instant où l'Académie française proclamait les vainqueurs dans le glorieux concours du dévouement patriotique, on affichait, sur les murs de Paris, les résultats d'un autre concours plus modeste, entre les élèves des écoles laïques et ceux des écoles chrétiennes. Or, ces résultats les voici : les quatre cinquièmes des élèves présentés par les Frères, étaient déclarés admissibles (96 sur 121).

Chez leurs émules, les admissibles ne dépassaient guère le quart des élèves présentés (57 sur 201).

Les écoles chrétiennes obtenaient les onze premières places, sauf la deuxième.

Ce succès éclatant n'était qu'un nouvel anneau d'une chaîne glorieuse, qui remonte à un quart de siècle. Pendant les vingt-cinq dernières années, des chiffres officiels, irrécusables, avaient constaté que sur 975 bourses accordées par la ville de Paris, 802 avaient été dévolues aux écoles des Frères, et 173 aux écoles laïques.

A Valence, cinq élèves des Frères s'étaient présentés au concours pour l'école des Arts et Métiers. Tous avaient été déclarés admissibles et avaient obtenu les numéros 1, 2, 3, 4 et 6 sur 14 concurrents venus de différents établissements.

Des triomphes analogues étaient remportés partout où les diverses écoles étaient mises en présence. De telle sorte que si quelque autre ville opulente des Etats-Unis envoyait une nouvelle couronne pour récompenser les plus beaux succès obtenus en France, dans l'enseignement primaire, il ne serait pas même nécessaire de recourir à l'Académie, l'inexorable suffrage des chiffres suffirait ; c'est sur le front du même vieillard octogénaire, du révérend et si sympathique frère Philippe, sur le front de ses modestes collaborateurs qu'elle devrait être posée.

―――

Les Frères de Saint-Viateur adressèrent au préfet du Rhône, le 29 août, la lettre suivante :

« La Congrégation des Clercs de Saint-Viateur, partageant l'élan patriotique qui se produit dans toute la France, est heureuse de vous offrir, pour servir d'asile aux blessés de l'armée du Rhin, sa maison de Vourles, où elle a cinquante lits disponibles.

Elle met aussi à votre disposition toutes ses écoles libres et communales du département.

Nos Frères serviront d'infirmiers et sont disposés à prodiguer aux soldats blessés, qui leur seront confiés, tous les soins possibles.

Déjà nous avons offert à M. le préfet de l'Aveyron notre maison de Rodez, où sont actuellement logés, en attendant les blessés, deux cents gardes mobiles. »

Le supérieur général des Frères de Saint-Gabriel de Saint-Laurent-sur-Sèvre (Vendée), offrit aussi le concours de sa Congrégation. Voici la lettre qu'il adressa au ministre de la guerre, à la date du 28 août :

« Au premier bruit des hostilités, nos établissements de Lille ont été mis à la disposition de l'intendance militaire du Nord.

» Plusieurs de nos maisons ont également sollicité, près des autorités locales, le privilége de donner asile à nos braves soldats blessés sur le champ de bataille.

» Aujourd'hui, Monsieur le ministre, c'est la Congrégation entière que je viens vous offrir.

» En présence des dangers actuels, les fatigues de l'année scolaire qui finit compteront pour rien. Les Frères de Saint-Gabriel sont prêts.

» Sur votre ordre, ils sacrifieront avec joie leur temps et leurs faibles ressources. Ils feront plus; ils se donneront eux-mêmes, afin de soulager ceux qui n'auront pas craint de s'exposer à la mort pour le salut de la patrie.

» Si vous agréez nos services, je porterai immédiatement à votre connaissance le nombre de lits que l'Institut peut offrir aux blessés. »

L'Ordre de la Charité de St-Jean-de-Dieu ne faillit pas aussi à sa vocation pendant nos désastres. Au début des hostilités, il y avait quarante-huit frères à l'hôpital militaire de Nancy ; l'occupation prussienne les y trouva. Une quinzaine d'autres Frères suivirent en qualité d'infirmiers l'armée du maréchal Mac-Mahon. On sait quelles rudes et tristes épreuves leur étaient réservées.

L'Ordre avait donné ses membres les plus jeunes et les plus robustes, mais il restait des plaies sans nombre à panser, des douleurs immenses à soulager. Les Frères ne reculèrent pas devant de nouveaux efforts et de nouvelles fatigues. Les maisons de Lyon, Lommelet, Paris et Dinan se préparèrent immédiatement à recueillir des blessés, pendant qu'une ambulance spéciale de cent lits s'organisait à Paris. Les religieux de Lommelet, aux portes de Lille, reçurent aussi cinquante blessés.

Les héroïques filles de Saint-Vincent-de-Paul, les Sœurs de la Charité, furent aussi, comme toujours, d'admirables modèles de dévouement, d'abnégation et de courage. Partout où nos soldats eurent des dangers à courir, sur les champs de bataille, dans les foyers d'épidémie, dans l'exil, on trouva toujours ces anges de la charité s'exposant à une mort imminente pour exercer leur sublime dévouement.

— A Reischoffen, une jeune Sœur de charité suivait nos troupes battant en retraite. Tout-à-coup, elle s'arrête. Un soldat vient de tomber, et elle a entendu un cri. Un instant après, elle est auprès du blessé qu'elle soigne et qu'elle console.

Un boulet de canon arrive, qui lui emporte les deux jambes, et elle tombe mourante elle-même.

Son nom, qui le dira ? Qui peut le dire ? Elle n'en a pas. C'est une Sœur de charité. Ces vaillantes femmes sont le plus souvent des filles du peuple, des pauvres soignant et consolant des pauvres ; mais combien de fois aussi ce sont des filles de haut rang qui renoncent à la dentelle pour la robe de bure, à leurs joyaux pour le chapelet noir et le christ de cuivre !

— A Soulz (Alsace), les Prussiens fusillèrent quatre Sœurs de Charité, sous prétexte qu'elles avaient excité les populations à la résistance.

Quatre Sœurs de Charité ! Ces barbares du Nord ne respectaient donc rien ? Ils ne s'inclinaient donc devant aucun dévouement ? Du sang, toujours du sang, de quelques veines qu'il coulât, peu leur importait !

Les Sœurs de Charité, ces saintes filles qui font l'admiration du monde entier, ne purent trouver grâce devant leur brutalité. Ils les arrachèrent froidement du chevet des blessés pour les assassiner lâchement !

— Une autre fut tuée au combat de Spickeren, frappée d'une balle, pendant qu'elle relevait et soignait les blessés.

— Dès le 2 octobre, 22 Sœurs de la Charité étaient mortes en soignant les blessés devant Metz.

Partout elles montrèrent le même héroïsme : à l'armée du Rhin, à celles de la Loire, de l'Est et du Nord, à Sédan, à Strasbourg, à Paris, dans les hôpitaux, dans les ambulances militaires ou privées qu'elles desservirent et où celles qui n'avaient pas été exposées au feu de l'ennemi, trouvèrent souvent une mort non moins glorieuse en succombant aux épidémies qu'elles avaient contractées en soignant nos soldats.

Voici un trait signalé par les journaux de Paris qui peint bien l'admirable dévouement de ces bonnes religieuses.

Pendant le siége de Paris quarante-sept d'entre ces Sœurs avaient été envoyées à Bicêtre pour soigner les varioleux qui y étaient hospitalisés ; onze Sœurs succombèrent au hideux fléau.

On en demanda onze pour les remplacer, il s'en présenta trente-deux, on dut tirer au sort !

Un officier de l'armée du Rhin a raconté lui-même le dévouement et la mort héroïque d'une religieuse Trinitaire. Nous reproduisons son touchant récit.

« Pauvre Sœur Sainte-Claire, je la vois encore avec son grand voile noir doublé de bleu, foulant la paille sanglante de notre ambulance, insensible au canon qui grondait, à l'incendie des dernières maisons du village, qui projetait ses lueurs sinistres sur nos visages mâles ; mais comme elle entendait la moindre plainte, le moindre soupir échappé à l'un de nous !

Partout et à tous en même temps ! Quelle force Dieu avait mise dans ce petit corps ! On ne l'avait pas encore vue qu'on sentait déjà devant ses lèvres la boisson rafraîchissante qu'on n'avait pas même le courage de demander. On entr'ouvrait des yeux alourdis par la fièvre, et l'on voyait ce visage fin et sympathique, un peu marqué par la petite vérole, mais si souriant, si tranquille, si résolu en même temps, qu'on oubliait et sa souffrance, et les Prussiens, dont la fusillade éclatait à quelques pas, et l'incendie qui menaçait à chaque instant de dévorer la grange qui nous servait d'asile. Bonne Sœur, devant Dieu où vous êtes maintenant, victime de votre cœur et de votre foi, vous devez entendre les actions de grâces et les prières de ceux qui, vivants, se souviendront éternellement de vous, ou qui, morts, vous ont dû de s'endormir du sommeil éternel avec calme, avec espérance !

C'était le 16 août, le soir d'une de ces batailles, que l'histoire aura à enregistrer comme une des plus sanglantes ; les blessés arrivaient en foule. — On déposait dans une grange de Rezonville tous ceux que l'intensité de leurs souffrances empêchait de transporter plus loin ; les premiers bras que l'on voyait tendus vers soi, c'étaient ceux de cette petite femme noire, le sourire aux lèvres, les larmes dans les yeux : à deux pas du champ de bataille, et de l'énervement de la lutte, à deux pas de la place boueuse et sanglante où l'on avait cru mourir comme tant d'autres, quel soulagement immédiat que celui de cette charité, qui panse à la fois et vos blessures et surtout votre anéantissement moral !

Pauvre Sœur, pour puiser l'eau que cinquante voix déchirantes réclamaient à chaque instant, il fallait aller sous la mitraille, et toutes les cinq minutes vous sortiez avec vos deux bidons, et vous rentriez aussi sereine, aussi tranquille, que si Dieu vous avait fait invulnérable.

Le lendemain, notre armée si vaillante, qui venait pendant quinze heures de lutter contre des forces triples, après avoir couché sur le champ de bataille, se repliait sur Metz. On évacuait toutes les ambulances à la hâte, car l'armée prussienne, qui n'avait pu entamer aucune de nos positions de la veille, nous suivait pas à pas. Les blessés enlevés précipitamment s'encombraient dans les fourgons et sur les cacolets.

Que de cris, que de douleurs, que de souffrances, et pourtant, pauvre Sœur, vous trouviez moyen, vous qui depuis quarante-huit heures n'aviez pas eu une seconde de repos, d'aller d'un bout à l'autre de cette sinistre colonne! d'apporter à l'un une goutte d'eau, à l'autre une bonne parole, de soulever de vos petits bras cette tête qui s'incline, de replacer dans une position moins pénible ce malheureux amputé de la veille et qui dans une heure peut-être sera mort! — Puis vous êtes partie sur le dernier cacolet.

Hélas! à peine une demi-lieue plus loin, une balle venait vous frapper, soutenant encore contre votre poitrine le blessé placé de l'autre côté. — Un escadron de uhlans coupait notre ambulance et nous faisait prisonniers !

Pauvre Sœur, c'est par nos ennemis qu'a été creusée la fosse où vous dormez maintenant, au milieu de ceux à qui vous avez prodigué les trésors de votre âme. Et, de ceux qui survivent, aucun probablement ne saura jamais quelle était cette petite trinitaire qui avait nom en Dieu Sœur Sainte-Claire, ce rêve de charité entrevu au milieu d'une longue nuit d'agonie.

Vous reposez obscurément dans un sillon perdu de la Lorraine, mais votre souvenir restera vivant jusqu'au dernier jour dans tous les cœurs que vous avez soulagés ! »

Partout ces admirables religieuses montrèrent le même héroïsme. Un ordre du jour du général Du Temple, commandant un corps de l'armée de la Loire, signala à l'armée la belle conduite d'une des Sœurs de la Charité de Nevers. Nous le reproduisons.

ORDRE DU JOUR :

« La Sœur Léocadie Labattu, Sœur de la
» Charité de Nevers, est mise à l'ordre du jour
» de l'armée.

» Par cette distinction, le général ne prétend
» pas récompenser la Sœur Léocadie Labattu
» dont la conduite est au-dessus de toute ré-
» compense : il veut seulement remercier, au

» nom de l'armée qu'il commande, la femme
» qui, depuis un mois, expose chaque jour sa
» vie pour soigner nos malades et nos blessés.
» Neuvy, le 7 janvier 1871.
» Le général commandant la brigade,
» Du Temple. »

Une autre religieuse, Madame Dubar, en religion Sœur Sainte-Victoire, supérieure du couvent des Sœurs de l'Espérance de Nancy, reçut la croix de la Légion-d'Honneur, en récompense du dévouement dont elle avait fait preuve en soignant les blessés de l'armée de Metz.

Le dévouement des Sœurs de Châteaudun ne fut pas moins admirable. Voici avec quelle simplicité la supérieure de ces bonnes religieuses raconte les tristes événements auxquels elle prit une part glorieuse :

« Le bon Dieu nous a gardées miraculeusement, et nous lui devons, pour toute la vie, une profonde reconnaissance.

» Quand je fus à peu près certaine que l'ennemi viendrait nous visiter, je fis placer au-dessus de notre maison une image de la Sainte-Famille, avec prière de ne point laisser franchir le seuil de notre habitation par un seul Prussien. — Aucun n'a mis le pied chez nous.

» Un jeune homme dévoué a dû vous faire parvenir mes quelques lignes de la semaine dernière. Hier, nous avions encore 150 Prussiens ici ; c'est pourquoi je ne puis vous donner certains détails sur la journée du 18. Je vous dirai seulement que le premier combat a eu lieu sur la hauteur qui nous domine à gauche ; aussi, ai-je vu tomber autour de moi plus de trente bombes et boulets incendiaires, qui ont enlevé la toiture de notre maison. Tout près de nous, plusieurs maisons brûlaient, je fis monter de l'eau, et à chaque instant, malgré les bombes, je surveillais le côté en danger.

» A huit heures du soir, je sortis avec ma Sœur J. E. pour secourir un blessé qui me réclamait. Je ne le trouvai pas, mais je fus assez heureuse pour rendre service à plus de quinze personnes exposées à une mort certaine. Mes Sœurs, M. L. et S. A. étaient venues me retrouver ; mais quand, à 9 heures, nous essayâmes de rentrer chez nous, nous trouvâmes toutes les issues gardées par l'ennemi qui était dans la ville depuis une demi-heure.

» Force nous fut de rester dehors ; les boulets tombèrent autour de nous pendant trois heures, c'est-à-dire jusqu'à minuit, parce que l'on bombardait la maison du maire, notre voisin. En passant par-dessus deux murs, nous parvînmes à la petite maisonnette qui fait face à la nôtre. J'entr'ouvris la porte de la rue, et je vis de tous côtés des sentinelles, puis cinq soldats frappant à coups redoublés à notre porte ;

j'entendis alors distinctement ces paroles : ce sont des Sœurs ; et ils passèrent. A ce moment, je dis à ma Sœur S. A. d'aller ouvrir, nous traversâmes rapidement la rue, sans être vues, je crois. Il était temps ; à peine étions-nous entrées, que le cri : *Wer da* (qui vive), et plusieurs coups de feu se firent entendre. Nos pauvres Sœurs me croyaient morte.

» Quelle nuit affreuse ! Les flammes venaient sur nous de tous côtés ; l'ennemi mettait partout le feu, en poussant des hourrahs sauvages ; nous entendions les cris de détresse des malheureux incendiés. A ce moment, j'eusse voulu mourir, je vous assure ; pourtant, nous priions toutes, et toujours avec confiance. Quarante femmes et enfants s'étaient réfugiées chez nous.

» Le matin venu, je voulus savoir ce que nous avions à craindre et je le demandai à un officier ; il ne me laissa pas achever, et me dit : « Non, non, Sœurs ! en me faisant signe qu'ils n'entreraient pas. »

» C'est alors que je fus témoin d'une bien triste scène. Un pauvre jeune homme fut fusillé sous mes yeux, à dix pas de moi. Un autre, menacé du même sort, se réfugia derrière moi, avec son enfant dans les bras ; nous allions périr l'un et l'autre, mais je détournai vivement le bras du meurtrier et lui demandai grâce pour ce malheureux père. Le soldat abaissa son arme, quoiqu'à regret et s'éloigna. Il y a eu, le 18, environ vingt-cinq tués et quarante blessés français. Les Prussiens ont eu de bien plus grandes pertes.

» On a découvert dans les caves, des familles entières asphyxiées et brûlées ; c'est horrible. Cent quarante hommes du pays ont été faits prisonniers. Je me suis rendue à Orléans, dimanche, pour avoir de leurs nouvelles ; le général, comte de Thann, m'a reçue avec toutes sortes de respects, à cause des services que les religieuses rendent à ses blessés. Son aide-de-camp me donna un sauf-conduit pour le retour (pendant vingt kilomètres, j'avais rencontré 4 ou 5,000 Prussiens), et le lundi matin, j'allai porter à Monseigneur l'Evêque la liste des prisonniers pour lesquels il veut bien s'employer.

» Mardi, je fus obligée de retourner au camp prussien de Saint-Peravy, porter une seconde liste destinée au commandant de Corbeil ; c'est là que sont nos pauvres prisonniers Dunois. C'est un aide-de-camp, le baron de Reithem, qui s'est chargé d'expédier la requête.

» Maintenant nous serons tranquilles, je crois, et nos moments seront consacrés à soulager toutes les misères, et il y en a beaucoup.

» P. S. Je souhaiterais qu'il vous fût possible de nous envoyer quelques secours, en vêtements ou autres choses, pour les incendiés. »

Pendant le combat de Forbách, une Sœur de la Providence de Peltre fut tuée par une bombe. C'était la supérieure qui dirigeait avec un rare talent les écoles de Forbach.

La supérieure des Petites-Sœurs-des-Pauvres attachée aux ambulances de Pau succomba aux atteintes combinées de la variole et du typhus qu'elle avait contractés en soignant les blessés.
— Dans l'ambulance de la prison de la même ville, où l'on s'était efforcé de localiser cette double contagion, les Sœurs de Saint-Dominique s'enfermèrent au milieu des victimes dont le soin pouvait leur coûter la vie.

Le dévouement des religieuses de la Visitation ne fut pas moins admirable.

A Orléans, ces saintes filles de Madame de Chantal reçurent à la fois jusqu'à 200 blessés. Elles se privèrent pour eux de tout : de leurs propres lits, de leurs couvertures, couchant, elles, sur la paille. Elles les veillèrent le jour et la nuit. Il y en eut qui payèrent de leur vie leur dévouement ; et la supérieure alla deux fois aux portes de la mort.

Au Mans, quatre de ces bonnes religieuses moururent de la terrible épidémie régnante, la variole, en soignant nos soldats qui en étaient atteints.

Leurs maisons de Paris, de Metz, de Lyon,

comme d'ailleurs la plupart de celles des départements, servirent d'asile à un grand nombre de blessés. A Angers et dans quelques villes où l'exiguité de leur maison et le manque de ressources ne leur permit pas d'établir des ambulances régulières, ces charitables religieuses prirent une part non moins active à l'œuvre de salut public, soit en enlevant au modeste ordinaire de leur table la meilleure part pour les ambulances, soit en consacrant leur travail à l'entretien du linge des blessés et des malades de l'armée.

———

Les Sœurs Franciscaines de Saint-Sorlin, près Mornant (Rhône), offrirent de recevoir dans leur maison toutes les orphelines des victimes de la guerre, de trois à sept ans, appartenant au département du Rhône.

Cinq religieuses de cet ordre allèrent à Cologne donner leurs soins aux soldats français malades du typhus et de la dyssenterie. Nous avons recueilli dans la correspondance de ces pieuses religieuses quelques traits touchants : — Un pauvre moribond se mit à chanter d'une voix sonore le *Salve Regina*. Arrivé au mot : *Advocata nostra*, il cessa, baisa le crucifix et dit : « O mon Dieu ! je vous donne ma vie et tout......... tout......... tout !........ » Quelques minutes après, Dieu avait accepté son sacrifice.

— Un jeune homme était mort de nostalgie, après avoir langui longtemps.

— On demandait à un autre qui souffrait du même mal : « Que vous manque-t-il donc, mon ami ? — « La France ! » répondit-il d'une intonation qui fit saigner le cœur.

Les Sœurs garde-malades des pauvres, rue Violet n° 57, à Grenelle-Paris, imitant en cela leur vénérable fondateur, qui, dès le début de la guerre, s'était rendu à l'armée pour soigner nos soldats, mirent à la disposition des blessés leur maison entière et tout leur personnel.

Les Sœurs de Bon-Secours, de Lyon, envoyèrent onze de leurs religieuses soigner les blessés dans les ambulances de l'armée. Elles-mêmes en établirent une dans leur maison.

Le 28 décembre 1870, un corps d'armée prussien investit la petite ville de Péronne. Des parlementaires vinrent en exiger la reddition en menaçant de la détruire en cas de refus. Quelques heures plus tard, la ville, qui avait refusé d'ouvrir ses portes, était bombardée d'une façon effroyable. Placée au bord de la Somme et dominée de tous côtés par des hauteurs, elle ne pouvait échapper à un écrasement complet.

L'hôpital fut atteint tout d'abord, malgré le drapeau d'ambulance qui flottait sur ses toits élevés. En un clin d'œil ce fut un embrâsement général. Dans cette angoisse terrible, on vit des actes de dévouement sublime. Les Sœurs de Charité prirent sur leurs épaules leurs malades qu'elles transportèrent, au milieu d'une pluie de bombes, dans une grande caserne située à une distance assez éloignée, et eurent la consolation de les y mettre tous en sûreté.

L'héroïsme des habitants de Péronne nous engage à donner quelques détails sur les malheurs qu'ils éprouvèrent.

Pendant que l'incendie et les bombes achevaient la destruction de l'hôpital, le désastre n'était pas moins grand à l'église paroissiale de Saint-Jean. Cette église surmontée d'une tour gothique de quarante-cinq mètres servait de point de mire aux batteries prussiennes qui, cachées derrière des collines, apercevaient sans être vues le faîte de la tour. De tous côtés à la fois elle était battue par les projectiles incendiaires. La charpente qui soutenait les cloches fut bientôt en feu, et l'incendie devint tellement violent que les cloches fondirent. Le métal en fusion jetait des torrents de lumières dont la lueur sinistre se réfléchissait sur l'immense nappe d'eau glacée qui enserrait les murailles de la ville et qui facilitait aux ennemis un assaut qu'ils n'osèrent pas tenter.

Plus loin, les sacristies brûlaient également

avec tous les objets précieux. Les voûtes s'effondraient et les magnifiques vitraux volaient en éclats.

A une autre extrémité de la ville se trouvait un établissement religieux vénéré de toute la contrée. C'était un couvent de Clarisses de l'Ordre de Saint-François d'Assise. Le bâtiment occupé par leur aumônier était déjà en flammes qu'elles ne voulaient pas encore qu'on leur parlât de quitter leur demeure. La supérieure cependant décida le départ. Mais sortir, pour ces saintes filles qui s'étaient vouées à la plus rigoureuse des clôtures, c'était un malheur plus redoutable que la mort; elles se jetèrent donc aux pieds de leur supérieure en la suppliant de les laisser mourir dans le lieu sacré où elles avaient toujours vécu, sous l'œil de Dieu. La supérieure n'osa leur refuser cette grâce; mais l'aumônier survint, et, au nom de la sainte obéissance, il leur ordonna de sortir et d'aller se réfugier dans les casemates du château.

On vit alors ces saintes filles de Saint-François s'avancer en procession, pieds nus sur la neige, et se diriger vers leur nouvel asile. Deux des plus vieilles pouvaient à peine marcher. Une femme de la campagne prit l'une d'elles sur ses épaules et la porta aux caveaux. L'autre suivit péniblement, aidée par quelques personnes dévouées.

Lorsque la sainte cohorte traversa la foule des habitants déjà entassés dans les casemates, ce fut une grande joie ; il sembla à ces malheureux qu'ils n'avaient plus rien à craindre. On conduisit les religieuses dans une casemate isolée où elles purent suivre encore les exercices de leur règle.

Le clergé de Péronne se montra à la hauteur de ces douloureuses épreuves.

Sur les glacis de la citadelle, au milieu des héroïques défenseurs de la place ou exerçant leur dévouement dans les casemates, partout les prêtres s'efforcèrent d'adoucir les atroces souffrances de la population. L'un d'eux alla même, au milieu d'un ouragan de mitraille, supplier les Prussiens de laisser sortir les femmes et les enfants. Il ne put rien obtenir et son caractère sacré ne le préserva pas même des insultes de l'ennemi.

C'était le 2 janvier, et cependant on attendit le 9 pour se rendre. Une prolongation de résistance étant devenue complétement inutile, on dut capituler. L'ennemi exempta la ville de toute contribution de guerre et même de la nourriture de la garnison prussienne, *en raison*, disait la capitulation, *de la résistance énergique de Péronne, eu égard à sa faible position et aux dégâts produits par le bombardement.*

Les services rendus par les communautés

religieuses de Paris, pendant le siége, furent inappréciables. Près de QUINZE MILLE SOLDATS blessés ou malades reçurent à la fois les soins les plus dévoués dans ces établissements qui supportèrent en outre presque toutes les dépenses.

Voici, pour un seul quartier (le faubourg Saint-Germain), les maisons religieuses qui établirent des ambulances.

— *Communautés de femmes*. — Les Oiseaux, — l'Abbaye-aux-Bois, — les Filles de la Charité, — les Petites-Sœurs des Pauvres, — le Sacré-Cœur, — les Dames de la Retraite, — les Dames-Auxiliatrices, — les Sœurs de Bon-Secours, — les Dames-de-Dieu, — les Sœurs de Saint-André, — les Sœurs de la Croix, — les Bénédictines, — les Dames de Saint-Thomas de Villeneuve, — les Visitandines, — les Religieuses de Notre-Dame de Sion, — les Augustines, — les Sœurs de St-Joseph de Cluny, etc.

— *Communautés d'hommes*. — Les Jésuites, — les Lazaristes, — les Sulpiciens, — les Missions étrangères, — les Dominicains, — les Capucins, — les Oratoriens, — les Frères des écoles chrétiennes, — les Frères de Saint-Jean-de-Dieu, etc.

Nous devons mentionner aussi les nombreuses ambulances organisées par les soins et aux frais du clergé de chaque paroisse.

Dans tous les diocèses, surtout dans ceux qui furent plus exposés aux calamités de la guerre, le clergé et les communautés religieuses montrèrent le même dévouement.

La ville d'Orléans placée au centre des opérations de l'armée de la Loire, et autour de laquelle se livrèrent vingt combats, recueillit des milliers de blessés et fut pour eux admirable de charité et de dévouement.

Les prêtres, les frères des écoles chrétiennes et des citoyens courageux partaient la nuit, le jour, par la neige et le froid le plus rigoureux, pour aller relever sur les champs de bataille, et ramener à Orléans les blessés.

Plus de 400 religieuses furent occupées pendant toute la durée de la guerre à soigner les malheureux blessés. Les religieuses de la Visitation en reçurent à la fois plusieurs centaines, et se privèrent même du plus strict nécessaire pour accomplir jusqu'au bout l'œuvre de dévouement qu'elles avaient entreprise. — Au Sacré-Cœur, le nombre ne s'éleva pas aussi à moins de 200. — Les religieuses du monastère de la Charité, si pauvres que pendant toute la durée de la guerre, elles furent obligées de prendre, pour elles et leurs orphelines, le pain à crédit, en eurent jusqu'à 180. -- Les Sœurs de Saint-Aignan si pauvres aussi, que le vénérable évêque d'Orléans était obligé de chercher, chaque jour, les moyens de pourvoir à leur existence, recueillirent également, dans leurs deux maisons, plusieurs centaines de blessés.

Nous pourrions nommer aussi les Sœurs de la Sagesse, les Sœurs Garde-Malades, les Petites-Sœurs des Pauvres, les Ursulines, les Carmélites, dont les deux Supérieures moururent par suite des maladies contagieuses de leurs blessés.

La charité de l'évêque d'Orléans obtint des résultats extraordinaires et qui suffirent à tous les besoins de l'armée. Par ses soins, son évêché, trois églises, toutes les salles disponibles dans ses trois séminaires et toutes ses communautés d'hommes furent convertis en ambulances.

Que n'aurions-nous pas à dire surtout du clergé et des communautés de l'Alsace et de la Lorraine? Quels admirables exemples de patriotisme et de dévouement ne donnèrent-ils pas à la cause nationale pour que l'ennemi ait pu leur reprocher d'avoir été les instigateurs de la résistance à outrance et les en ait punis par les traitements les plus féroces?

S'ils eurent l'insigne honneur d'éprouver la cruauté de l'ennemi, ils eurent aussi la consolation de forcer son admiration. Voici le témoignage que le Prince Frédéric-Charles rendit du clergé catholique, dans un dîner officiel donné par M. de Tauffkirchen, ambassadeur de Bavière à Rome, le 26 février 1872. « Il n'y a en France qu'une classe debout et digne, noble et patriotique, véritablement influente, c'est le clergé. Il était impossible de ne pas l'admirer sur le champ de bataille. »

Sœur Marie-Augustine, l'une des plus zélées fondatrices de l'ordre des *Petites-Sœurs-des-Pauvres*, avait été, pendant le siége de Paris, la providence de nos soldats, et, sur le rude champ de bataille de la bienfaisance, elle avait noblement conquis la médaille militaire et la croix de la Légion d'honneur.

A son lit de mort, ses pieuses compagnes l'entouraient et lui demandaient de désigner celle qui la remplacerait :

« Ne vous préoccupez pas de cela, leur dit-elle, souvenez-vous seulement du mot de Sœur Rosalie : Une sœur de charité, ce n'est qu'une vitre qui abrite un instant contre le froid; quand elle est brisée, on en met une nouvelle qui vaut autant. »

Esprit de l'Evangile ! voilà l'éloquence que tu inspires ! Il y a loin d'une telle parole au cri si vain et si désolé d'Alexandre mourant : « Je lègue mon empire au plus digne. »

Le plus digne se rencontre toujours dans le royaume des humbles de cœur que dirige la providence de Dieu.

Le dévouement du clergé et des Ordres religieux ne fut pas moins admirable pendant la guerre civile qui désola Paris après la conclusion de la paix.

Malgré les outrages et les menaces qui leur furent souvent adressés, les Prêtres et les Frères des écoles chrétiennes reparurent dans les dangers des combats et dans les ambulances pour prodiguer leur fraternel dévouement à ceux-là même qui, quelques semaines plus tard, ne devaient les en récompenser que par le martyre.

Au plus fort de la bataille livrée à Courbevoie, le 3 avril 1871, entre l'armée et les insurgés, à l'heure où les projectiles sifflaient de toutes parts, pendant que la mitraille faisait des ravages affreux dans les rangs des fédérés, un modeste héros, un prêtre, le curé de Courbevoie arriva sur le champ de bataille pour porter secours aux malheureux blessés.

Il allait de l'un à l'autre, relevant celui-ci, exhortant celui-là, prodiguant aux agonisants les consolations les plus touchantes.

De tous côtés, ceux qui souffraient s'écriaient à la fois :

— A moi, monsieur le curé, à moi !

Et le digne homme se multipliait pour courir vers ceux dont les souffrances paraissaient vouloir un plus prompt soulagement.

Après avoir parcouru une partie du champ de bataille, donnant à boire à l'un, aidant l'autre à s'asseoir, il commença la plus pénible besogne. Il prit sur son dos un blessé, l'installa le mieux qu'il put, et le transporta non loin de là, derrière une maison effondrée au-dessus de laquelle flottait le drapeau de l'Internationale, et où un chirurgien faisait les premiers pansements.

Après avoir déposé son précieux fardeau, le bon curé retourna sous le feu au champ de bataille et ramena un deuxième blessé, puis un troisième. Quoique accablé de fatigue, il fit ainsi onze voyages.

Voilà la vengeance des chrétiens : on les injurie, on les calomnie, on les persécute ; ils sacrifient leur vie pour leurs persécuteurs comme pour leurs amis.

Mais voici l'heure sinistre où toutes les ignominies humaines, vont essayer de noyer l'honneur de la France, sa foi religieuse, son patriotisme, sa vieille gloire, sa prospérité, dans le sang de nouveaux martyrs.

Vingt et un prêtres catholiques sont égorgés par une bande d'assassins et meurent en héros.

Rappelons sommairement quelques détails de l'attentat de la rue Haxo que nous puisons dans les documents officiels du 6e conseil de guerre.

Le 26 mai 1871, vers trois heures de l'après-midi, soixante fédérés de différents bataillons, et presque tous ivres, se présentèrent à la Roquette. Leur chef apportait un ordre signé Ferré, enjoignant de remettre les ôtages.

Aussitôt cet ordre reçu, le misérable auquel la Commune avait confié la garde des victimes, se hâta d'en assurer lui-même l'exécution en ce qui concernait les prêtres et les gendarmes.

En entrant dans le premier corridor, il s'écria : « Attention ! il m'en faut quinze ! Qu'on se range et qu'on réponde !... »

Cette brusque interpellation produisit un redoublement d'angoisses parmi les ôtages ; ils eurent la force de n'en rien laisser paraître.

Ils s'étaient mutuellement préparés à mourir et se rangeaient docilement à la voix du gardien-chef. L'un d'eux, le Père de Bengy, dont on prononçait mal le nom, s'approcha de la liste et dit simplement : « De Bengy ? c'est moi ? » et il alla se placer à côté des autres victimes.

A deux pas de lui, le Père Guérin, prêtre des Missions étrangères, se tenait auprès de M. Chevriaux, proviseur du lycée de Vanves, et lui proposait de répondre pour lui et de mourir à sa place s'il venait à être appelé.

Dès la veille, le Père Guérin, prévoyant ce lugubre appel, avait dit à M. Chevriaux, de cellule à cellule : « Vous avez une femme, vous avez un enfant ; ce sont des liens par trop douloureux à briser : laissez-moi vous sauver ! On ne vérifie pas notre identité ; je suis vêtu comme vous en laïque, ma vie est vouée au martyre ; elle aura été utile si elle conserve la vôtre : laissez-moi répondre pour vous. »

Cette proposition était faite dans le silence de la nuit. Un homme moins fortement trempé eût pu céder au désir de vivre pour sa famille et accepter ; M. Chevriaux refusa. Ni l'un ni l'autre ne furent appelés. Ils sont heureusement sauvés, et ont figuré tous deux comme témoins à l'instruction.

Les ôtages conduits à la rue Haxo, étaient au nombre de 47 : il y avait 25 gendarmes, 10 gardes de Paris, 10 prêtres ou religieux et 2 laïques.

A l'entrée du terrain choisi pour l'exécution, sur le seuil de la grille, un artilleur fédéré, d'une force herculéenne, attendait les prêtres au passage pour assouvir sur eux sa rage infernale. A chaque prêtre qui franchissait ce seuil, le misérable asténait un coup de poing qui renversait quelquefois la victime.

Il semble que la dignité de leur attitude douce et sérieuse, que l'aspect touchant de leurs regards sans haine et sans peur aient un instant fait hésiter les assassins qui les approchaient : car on resta là plusieurs minutes sans oser les toucher, malgré les excitations et les cris de mort qui partaient des rangs plus éloignés de la foule. Mais le massacre commença bientôt et dura plus d'un quart d'heure.

Un seul fait de révolte, mais de révolte sublime, a été révélé par l'instruction: des témoins ont rapporté qu'au moment où un jeune homme dans toute la force de l'âge, le maréchal de logis Genty, de la garde de Paris, présentait sa poitrine au fusil d'un marin fédéré qui le visait, un vieux prêtre ne put contenir son indignation ; il repoussa l'assassin et se plaça devant la victime.

Cet admirable dévouement ne produisit qu'un redoublement de fureur ; la foule s'acharna sur le corps bientôt abattu du vénérable prêtre.

Voilà comment un disciple du Christ sait remplir, même en face de la mort, les sublimes devoirs de la charité.

APPENDICE.

§ Ier. — Les Zouaves pontificaux.

C'est parler encore du patriotisme du clergé et des ordres religieux que de citer les actes de dévouement à la patrie qu'ils ont inspirés par leur enseignement et leur exemple.

Dans cette guerre désastreuse de 1870-1871, si triste par les défaillances du plus grand nombre, la France trouva de nobles cœurs qui soutinrent son honneur et portèrent haut et ferme son drapeau. Des jeunes gens, timides la veille et étrangers aux habitudes de la guerre, n'écoutant que la voix du devoir, se plièrent tout-à-coup aux exigences de la discipline, supportèrent avec la plus louable abnégation les privations les plus pénibles, les souffrances d'un hiver exceptionnellement rigoureux, et montrèrent sur les champs de bataille la solidité de vieilles troupes. Qui avait produit cette étonnante transformation ? Le sentiment du devoir, inspiré par la foi religieuse.

Citons d'abord l'héroïque corps des zouaves pontificaux souvent appelé pendant cette guerre *Légion des Volontaires de l'Ouest* ou corps de Charette, du nom de son illustre commandant.

Après l'envahissement de Rome par les soldats de Victor-Emmanuel, ces braves jeunes gens que leur dévouement chrétien avait conduits à la défense du Saint-Siége, s'empressèrent d'offrir leurs services à la France malheureuse. Ils étaient peu nombreux, car les balles italiennes avaient éclairci leurs rangs, mais chacun d'eux était un héros, et d'ailleurs de nouveaux dévouements allaient bien vite combler les vides.

Lorsque la Légion parut à Tours pour faire légaliser son existence, elle ne comptait que 180 hommes, mais elle se forma bientôt et constitua trois bataillons, chacun de six cents hommes. Des officiers ayant déjà fait plusieurs campagnes y entrèrent comme simples soldats, les réglements du corps exigeant que tous ses chefs sortissent de ses rangs.

Parmi ces simples soldats, se trouvaient le marquis de Coïslin, l'orgueil de la Vendée, âgé de plus de 60 ans; le comte de Bouillé, petit-fils de Bonchamps, l'ancien généralissime des Vendéens, et beaucoup d'hommes portant un nom justement vénéré. La barbe blanche de ces nobles vieillards vue à côté des visages aristocratiques de plusieurs jeunes diplomates, quand la Légion faisait l'exercice, eût pu prouver aux Allemands que les volontaires français étaient loin de mériter d'être traités comme des brigands.

La discipline, le maniement des armes étaient

admirables dans ce corps d'élite, qui n'avait pas de rivaux dans l'armée. Quand un homme se présentait pour y être admis on lui disait : « Vous serez sur le premier rang au feu ; vous n'aurez que de la paille pour vous coucher, si on en trouve ; vous mangerez quand vous pourrez et quand on aura quelque chose pour vous ; réfléchissez, et si cela vous plaît, nous vous recevrons parmi les *zouaves pontificaux.* »

Les zouaves pontificaux furent reçus avec la plus vive sympathie par la ville de Tours ; on leur fit des ovations. Gambetta voulut nommer sur-le-champ le capitaine Le Gonidec *général* ; celui-ci refusa et consentit seulement à recevoir le titre de chef de bataillon. Les zouaves pensaient qu'il serait bon de changer de nom. Le *Moniteur* trancha la question en publiant la promotion suivante : M. Le Gonidec, *capitaine aux zouaves pontificaux*, est nommé chef de bataillon.

Au Mans, le général de Négrier nomma commandant de place le capitaine Lallemant des *zouaves pontificaux*. Il s'était adressé à M. de Charette en lui disant : « Donnez-moi un homme. » M. de Charette lui avait répondu : « Attendez, j'en ai un qui a la main ferme et qui saura faire marcher votre garde nationale. » Le capitaine Lallemant devint bientôt l'homme autour duquel tout rayonna.

Le général de division voulut avoir aussi pour

aide-de-camp un capitaine pontifical, et quand il passait des généraux au Mans : « Tenez, leur disait-il, si vous voulez un homme, demandez un sergent des pontificaux, et vous pourrez dormir sur les deux oreilles. » Les officiers les montraient à leurs soldats : « Voyez ces zouaves, leur disaient-ils, et faites comme eux. » Bourbaki en réclamait à grands cris.

Pour la distribution des vivres on appelait les régiments par ordre de tour ; les zouaves se mettaient les derniers, mais on les faisait passer les premiers, en leur disant : « Les premiers au feu, les premiers partout, » et ces braves zouaves étaient obligés de défiler comme dans une revue devant les autres régiments qui les regardaient avec admiration et envie.

Dans les premiers jours d'octobre, pendant que M. de Charette préparait à Tours son organisation, il fut informé qu'une bannière, déposée dans une maison chrétienne de cette ville, lui était destinée. Cette bannière était l'ouvrage d'une religieuse de la Visitation de Paray-le-Monial ; elle l'avait brodée bien avant la guerre et disait que des mains dévouées à la défense de la religion la porteraient au combat. Lorsqu'on sut que le corps des zouaves pontificaux allait prendre part à la lutte contre les envahisseurs de notre sol, on reconnut tout de suite en eux les combattants chrétiens qu'attendait la religieuse de Paray-le-Monial.

Un rendez-vous fut donné dans une pieuse demeure de la rue St-Etienne, à Tours, demeure bien connue et toujours visitée ; là se réunirent M. de Charette, sa belle-mère, Madame la duchesse de Fitz-James, et quelques autres personnes. Le jeune colonel des zouaves pontificaux fut religieusement ému en présence de l'étendard qui portait cette inscription : *Sacré-Cœur de Jésus, sauvez la France*, et, sur le revers : *Saint Martin, patron de la France, priez pour nous*. Le fanion était blanc.

Le jour de la bataille de Cercottes, il avait été confié au sergent de Verthamon, de Bordeaux.

M. de Verthamon, atteint par une balle, passa l'étendard à M. Fernand de Bouillé qui, frappé lui-même, le passa à M. Jacques de Bouillé, son père. Ce glorieux étandard fut enfin sauvé, mais après avoir été relevé plusieurs fois encore des mains de nouvelles victimes, et teint du sang de ceux qui l'avaient si noblement porté.

Les zouaves pontificaux assistèrent à tous les combats que livra l'armée de la Loire.

A Cercottes, 170 zouaves, commandés par le capitaine Le Gonidec, luttèrent avec succès contre un corps bavarois de douze cents hommes d'infanterie et deux cents cavaliers. La plupart des zouaves étaient d'excellents tireurs. Ils s'étaient couchés dans un taillis pour y attendre l'ennemi qui arrivait dans cette direction. Quand les Allemands ne furent plus qu'à cent pas, une décharge mit par terre leur premier rang et les arrêta. Seconde décharge de la part des zouaves et mouvement de retraite pour recommencer plus loin. Bientôt après, nouvelle halte et nouvelle décharge. La cavalerie ennemie essaya en vain de tourner cette poignée de braves ; elle fut arrêtée et décimée par un rideau de tirailleurs qui profitant de tous les buissons ne tiraient qu'à coup sûr. Le succès des zouaves fut si complet que les Allemands, croyant avoir en face tout un régiment jugèrent prudent de s'arrêter.

Les zouaves ne perdirent dans cette brillante affaire que sept hommes : deux tués, trois blessés et deux prisonniers.

L'armée entière leur rendit justice. Tous les officiers s'empressèrent de féliciter le commandant Le Gonidec et ses braves compagnons. Le soir même du combat de Cercottes, les zouaves pontificaux furent chargés du service des avant-postes.

Au combat de Brou, près Nogent-le-Rotrou, les zouaves placés à l'avant-garde avec les marins forcèrent l'ennemi à abandonner les positions qu'il occupait à Yèvres et à Brou. Leur deuxième bataillon eut 14 blessés, dont trois amputés. Parmi les blessés se trouvaient le capitaine de Kermoal, le sergent de Saisy et quelques autres qui moururent des suites de leurs blessures.

Après l'échec de Nogent-le-Rotrou, la position du 21ᵉ corps devint excessivement fâcheuse : les soldats fuyant à travers champs sur Bellesme, jetaient leurs armes et l'artillerie allait devenir la proie de l'ennemi. Le général Jaurès qui commandait ce corps fit appel au dévouement du 3ᵉ bataillon de zouaves, commandé par le capitaine de Couëssin et le chargea de couvrir la retraite avec l'infanterie de marine. Les zouaves qui marchaient à jeun depuis quatre heures du matin prirent position à six cents mètres en avant de la ville sur la route menacée. Moins d'une demi-heure après, à la nuit close, l'ennemi se présenta et envoya une décharge aux zouaves. Ces derniers lui ayant répondu, il s'arrêta. Il y avait là quatre mille Prussiens. Pendant plusieurs heures les deux corps restèrent ainsi en présence, à une demi-portée de fusil. Le général prussien envoya plusieurs paysans en guise de parlementaires, menaçant de brûler la ville si les zouaves ne se rendaient pas. Le capitaine de Couëssin garda les paysans et ne répondit rien. Ce ne fut que vers minuit, lorsque le 21ᵉ corps était loin de toute atteinte de l'ennemi, que les zouaves pontificaux reçurent ordre de quitter leur position et de suivre l'armée comme arrière-garde. Ces braves jeunes gens qui venaient de rendre un service si important étaient des recrues de deux ou trois semaines et beaucoup d'entre eux savaient à peine charger un fusil. Ils marchèrent sans repos pendant trente-six heures.

Les zouaves pontificaux se couvrirent de gloire à la bataille de Loigny, à laquelle on a aussi donné le nom de Patay. Cette bataille était engagée depuis deux jours par l'armée de la Loire qui, après avoir obtenu des avantages importants, venait d'être refoulée sur Loigny, Villepion et Faverolles. C'étaient les 15e, 16 et 17e corps qui soutenaient cette lutte terrible et inégale contre les armées réunies du grand-duc de Mecklembourg et du prince Frédérick-Charles.

L'action décisive allait avoir lieu à Loigny, village du département du Loiret, sur la limite de ce département et de celui d'Eure-et-Loir, à 25 kilomètres d'Orléans et à 35 de Châteaudun. C'est une forte position militaire parce que ceux qui l'occupent sont couverts par la route de Paris à Châteaudun, par le cours de la Connie, gros ruisseau qui se jette dans le Loir, et aussi parce que Loigny est situé sur un plateau qui domine le Loir. Vaillamment défendu par les chasseurs et les mobiles, Loigny venait d'être enlevé par les Allemands qui s'y étaient retranchés.

C'était donc sur le plateau de Loigny, à 12 ou 15 kilomètres en avant de Patay, que la lutte avait lieu lorsque les zouaves arrivèrent dans ce dernier village où ils croyaient passer la journée. Le canon grondait bien au loin, mais comme ils servaient de réserve au 17e corps, rien ne pouvait leur faire supposer qu'ils dussent prendre une part active à la bataille. La prise de Loigny venait de rendre la situation critique. Pour reprendre cette position, il eût fallu des troupes énergiques, et les meilleures de l'armée n'étaient plus capables de cet effort. Le général de Sonis, qui commandait le 17e corps, essaya pourtant de le tenter. Reprendre Loigny, c'était en effet gagner à moitié la bataille. Le général de Sonis envoya donc chercher la division de Flandre pour attaquer avec elle et toute son artillerie cette redoutable position. Mais cette division, trop éloignée sans doute, n'arrivait pas et le temps pressait. Le commandant du 17e corps n'avait plus alors qu'un régiment de la 2e division qu'il avait ramené de Terminiers. Il vint à lui et essaya de l'entraîner. Mais ce régiment, après avoir essuyé une première fois le feu meurtrier de l'ennemi, recula et finit par refuser de marcher. Indigné de ce refus et emporté par l'ardeur de son courage, le général de Sonis s'élance, avec son escorte de spahis, vers le campement des zouaves pontificaux. Il demande au colonel de Charette un de ses bataillons et s'adressant aux zouaves qui l'entourent :

« Messieurs, leur dit-il, je compte sur vous pour faire voir, puisqu'il le faut, comment des hommes de cœur enlèvent une position à la baïonnette. »

Aussitôt les rangs se forment, le colonel monte à cheval, après avoir laissé au camp dix hommes par compagnie pour la garde des effets, trois cent cinquante zouaves environ se mettent en mouvement.

Le général de Sonis, avec son état-major, marche à l'ennemi au petit trop, accompagné du colonel de Charette, et derrière eux le baron de Troussures, à la tête de son bataillon. Arrivés à portée des Prussiens, les zouaves ouvrent le feu en tirailleurs; mais celui de l'ennemi est tellement supérieur, qu'ordre est donné de ne plus tirer et de se porter en avant à la baïonnette.

C'était un spectacle magnifique que celui que présentaient tous ces jeunes hommes, s'avançant au pas gymnastique comme à la parade, en ligne avec leur drapeau, sans daigner répondre par un seul coup de fusil au feu effroyable de l'ennemi.

Cependant les zouaves avançaient toujours. La pointe des premières baïonnettes se fit sentir à l'ennemi qui se mit à fuir à la débandade. Sur quelques points les Allemands essayèrent de résister, on se battit corps à corps, il y eut là un affreux carnage. L'ennemi fuyait vers le village, les zouaves triomphants le chassaient devant eux, la baïonnette dans les reins. C'est alors qu'il eût fallu soutenir ces braves enfants de l'Eglise et de la France, quelques bataillons eussent suffi pour assurer une victoire décisive; mais personne ne vint, et les zouaves emportés par leur héroïsme allèrent se heurter aux murs des jardins et des maisons de Loigny qui regorgeaient de Prussiens. Ils emportèrent même les premières maisons et quelques-uns s'y retranchèrent. Mais les Allemands qui, à la vue de cet ouragan, avaient appelé leurs réserves, opposèrent bientôt des masses compactes et débordèrent les zouaves de tous côtés.

Ecrasés par le nombre des assaillants, servant de but aux boulets, aux obus et aux feux de mousqueterie, les zouaves pontificaux se retirèrent lentement, avec le sang-froid des troupes les plus aguerries disputant le terrain pas à pas, jusqu'à ce qu'ils eussent gagné la limite d'un petit bois où l'ennemi ne se risqua pas à les poursuivre.

Ils regagnèrent tous ensemble et en bon ordre leur campement.

Telle fut cette charge de Loigny, désormais célèbre comme celles d'Inkermann et de Palestro. Elle eût aussi gagné une victoire si deux bataillons avaient secondé ce vaillant effort.

Mais que la gloire, hélas! avait coûté cher à ces héroïques jeunes gens!

Le général de Sonis, blessé le premier, était resté sur le champ de bataille ; le colonel de Charette gisait, à côté de son cheval tué sous lui, et le brave commandant de Troussures était tombé, frappé mortellement d'une balle.

M. de Verthamon avait laissé sa carabine pour porter le drapeau ; il fut tué raide à l'attaque du petit bois. M. de Traversay, sergent-major, était à sa gauche et M. de Bouillé à sa droite : une balle vint frapper et renverser M. de Traversay au moment où il allait prendre le drapeau ; M. de Bouillé saisit alors le glorieux emblème qui servait de mire à l'ennemi, mais une balle le frappa à son tour, et ce fut un jeune zouave qui eut la gloire de rapporter intact au campement le drapeau du bataillon.

Pendant la retraite, le colonel de Charette fut rencontré gisant derrière un pli de terrain, et l'un de ses zouaves put lui serrer la main. Tout blessé qu'il était, il put encore faire preuve d'héroïsme. Autour de lui se trouvaient des blessés qui, sous le feu de l'ennemi, le supplièrent de se laisser emporter par eux. Mais le colonel jugeant qu'ils se feraient tuer inutilement en essayant de le sauver sous une grêle de projectiles, leur ordonna de le laisser là avec cette autorité du commandement à laquelle aucun des siens ne résistait.

Les zouaves pontificaux étaient partis 350 à la baïonnette ; il en revint 143, dont 4 officiers.

Voici l'état nominatif des hommes de la Légion qui ne répondirent pas à l'appel du 2 décembre 1870.

OFFICIERS :

MM. de Charette, colonel, blessé à la cuisse ; — de Troussures, commandant, tué ; — de Montcuit, commandant, blessé ; — de Gastebois, capitaine, tué ; — du Reau, capitaine, blessé à l'épaule ; — de Ferron, adjudant-major, blessé ; — de Boischevalier, lieutenant, très-grièvement blessé et fait prisonnier ; — de la Bégassière, lieutenant, blessé ; — Wetch, sous-lieutenant, tué ; de Charette (Ferdinand), frère du colonel, sous-lieutenant, une balle dans la jambe.

PREMIER BATAILLON :

1re *Compagnie*. — MM. Quéré, Lemaître, de Foresta, de Villebois, de Ferron, sergents ; — Pichavant, Chotard, Mallé, Bailly, caporaux ; — Leluc, Marchandise, Portal, Bucas, Rhimbault, Lombard, Coufourrier, Monnier, Lebris, Artiges, Philippeau, Prévost, Souffrant, Tual, Leroy, Gabory, Quivier, Esnault, Fouchard, Moisy, Coignard, de la Porte, Belo, Gueheneuc.

2e *Compagnie*. — MM. du Bourg, blessé grièvement, sergent-major ; — de Villemaret, de Vogué, Delplank, sergents ; — Crucozi, Orvain, caporaux ; — Girard, Mauroy, Desmars, Halgon, Beauchamp, Goibeau, Leger, Beaulieu, de Noël, Legras, Desjardins, Joffu, Cahour, Masson, Le Parmentier, Hodus, Ganto, Le Lièvre de la Touche, Ménager.

3e *Compagnie*. — MM. de Traversay, sergent-major; — Laurie, sergent; — de Bellevue, blessé grièvement, de Raincourt, Le Gal, Auvrignon, Herquellé, de Cazenove, caporaux; — Castex, Delfour, Bernarhon, Lethiée, de Richemond, Perrière, Froteau, de la Mallerie, de Pontourny, de Montalembert, de Lesparda, Chaboissière, de Ferron, de Fois, Durand, Besnard, Deshais, Lemogne, de Bouillé (Ferdinand), de Bouillé (Jacques), Tulasne, clairon.

4e *Compagnie*. — MM. de Kersabiec, prisonnier, sergent-major; — de Vezins, Charrier, Serio, blessé, sergents; — Folie, caporal; — de la Vallette, sergent; — Neyron, Laroque, caporaux; — de Verthamon, sergent; — Lefebvre, caporal; — de Suze, Herdiau, de Mauduit, Bayon, Saulnier, Subileau, Bréoin, Linoir, de Back, Galouye Adrien, Galouye Léon, de Barry, Le Comte, Allain, Chauveau, Chas-Lavignole, Mazé, Culérier, André, blessé, Catherin.

5e *Compagnie*. — MM. de Maquillé, sergent-major; — Jacobs, sergent; — Turmigny, sergent-fourrier; — Carro, Boureny, caporaux; Guesneuf, Luvigné, Bourgoin, Jouanne Léon, Drognon, Vielle, Simon, Pérault, Ouvrière, Travers, Caune, Petit, Eude, Trotin, Léger, Ducas, Ganet, David, Lemonnier, Cerclé, Cocheux, Maignon, Daniel, Cartivel, de Joze, Souvette, Garnier, Soudrais.

6ᵉ *Compagnie*. — MM. de la Celle, sergent-major; — Renaudière, blessé au genou, Vagner, sergents; — Dupé, Guérin, caporaux; — Aubineau, Lorjoux, Mariette, Pécuchet, Augereau, de Grille, Houdet, Thébault, Durand, Boédec, Gasnier, Retailleau, Levron, Champau, Courty, Pierre, Baut; — Le Maître, caporal; — De la Brosse Hippolyte, Legendre, de Repas, de Mauduit.

De Lagrange, secrétaire du colonel, tué.

Parmi les officiers, cinq seulement revinrent sans blessures, ce furent les lieutenants de Bellevue, Pavy, Bouquet, des Chaux et Garnier.

Voici l'ordre du jour du commandant intérimaire de la Légion, après la bataille de Loigny.

Officiers, sous-officiers et soldats,

Appelé, pendant l'absence du colonel de Charette, au commandement de la légion, j'éprouve le besoin de me rapprocher de vous pour ne pas être écrasé sous le poids de l'honneur qui m'est fait et de la responsabilité qui m'incombe.

La crise que traverse la légion est terrible; mais quelque désastreuse que soit la situation qui nous est faite par l'éloignement de notre chef et la perte de tant de nos braves camarades tombés sur les collines de Patay, nous ne devons pas nous décourager.

La guerre que nous subissons est une guerre d'expiation, et Dieu a déjà choisi parmi nous les victimes les plus nobles et les plus pures. Elevons donc nos cœurs à la hauteur de la mission qui nous est confiée et soyons prêts à tous les sacrifices. Retrempons notre courage dans nos convictions religieuses et plaçons notre espoir dans la divine sagesse dont les secrets sont impénétrables, mais qui nous fait une loi de l'espérance.

C'est par un acte de foi que la France est née sur le champ de bataille de Tolbiac; c'est par un acte de foi qu'elle sera sauvée, et, tant qu'il y aura dans notre beau pays un Christ et une épée, nous aurons le droit d'espérer.

Quoi qu'il arrive, avec l'aide de Dieu et pour la Patrie, restons ici ce que nous étions à Rome : les dignes fils de la fille aînée de l'Eglise,

Le commandant de la légion,

Signé : D'ALBIOUSSE.

Malgré les pertes cruelles qu'il avait éprouvées à Loigny, le corps des zouaves demeura attachée à la réserve qui couvrit la retraite de l'armée sur Orléans et le Mans.

Lorsque les armées Allemandes se rapprochèrent du Mans, le général Chanzy fit attaquer leurs têtes de colonnes sur tous les points où elles se présentaient.

A l'une de ces attaques qui eut lieu le 10 janvier, à quelques kilomètres du Mans, sur la route de Saint-Calais, le général Gougeard qui commandait jeta les 6 compagnies du 1er bataillon de zouaves dans les bois de pins qui bordent la route.

Après un combat d'artillerie qui dura une heure, le général, s'étant aperçu qu'il avait affaire à des forces supérieures, surtout en artillerie, ordonna la retraite. Malheureusement cet ordre ne fut pas communiqué à deux compagnies de zouaves qui occupaient les bois du côté gauche de la route et qui restèrent immobiles à leurs postes de tirailleurs. Ces deux compagnies d'infanterie se trouvèrent tout-à-coup en face d'une brigade prussienne. La petite troupe attendit résolument l'ennemi et le reçut à bout portant par une vive fusillade. Les Allemands, vingt fois plus nombreux, ripostèrent par un feu terrible qui prenait les Français de face et en travers, sans les faire reculer. Ce violent combat durait depuis une demi-heure lorsque le capitaine de Fabry, qui commandait les zouaves, ordonna la retraite et ramena sa troupe à Yvré-l'Evêque en échappant à plusieurs corps ennemis qui l'entouraient. Les zouaves perdirent dans cette affaire trente-quatre hommes tués ou blessés. Le R. P. Doussot, dominicain, aumônier du 1ᵉʳ bataillon et l'aide-major Finot, furent pris par l'ennemi. Ce combat, livré près du village de Saint-Hubert, ne servit malheureusement à rien ; mais ce fut un honneur pour cette petite troupe de deux cent cinquante hommes d'avoir tenu tête à une brigade entière et de lui avoir échappé. La perte des Prussiens s'éleva à cent cinquante hommes et plusieurs officiers.

Lorsque les Prussiens attaquèrent les positions occupés autour du Mans par l'armée du général Chanzy, les zouaves appartenaient à la réserve du 21ᵉ corps, mais par suite de mouvements stratégiques, ils se trouvèrent aux extrêmes avant-gardes du 16ᵉ corps. C'est ainsi qu'ils prirent part aux combats du 10 janvier.

Le lendemain, la lutte recommença avec le même acharnement. Elle durait depuis le matin, lorsque vers trois heures et demie de l'après-midi, l'aile gauche de notre armée recula tout-à-coup, abandonnant les positions importantes qu'elle occupait à Auvours, en avant d'Yvré-l'Evêque, et laissant sur le terrain une partie de son artillerie. Un désastre devenait inévitable, car les Prussiens, maîtres de ces hauteurs, allaient commander la route du Mans, seule voie de retraite pour le 16ᵉ et le 17ᵉ corps.

Les généraux Gougeard et Paris se précipitent alors vers les zouaves qui, depuis le matin, étaient restés, sac au dos, dans la neige et l'arme au pied.

— « Zouaves ! leur crie le premier, le salut de l'armée dépend de vous, c'est un dur morceau, mais il faut enlever à tout prix ces positions. Allons, *à la baïonnette !* »

— « Sacs à terre ! » commande alors le brave commandant de Moncuit, et les zouaves s'élancent. Les cuirassiers leur font faire place et refoulent à coup de plat de sabre les soldats qui encombrent le pont pour fuir.

La montagne est gravie au pas gymnastique, aux cris de *vive Dieu, vive la France !* sous une pluie de balles et d'obus, la baïonnette au bout du canon, sans tirer.

Quand ils approchèrent des cimes occupées par les Prussiens, la lutte devint terrible. On se battit pendant une heure corps à corps. Les Allemands s'abritaient dans un taillis et derrière des épaulements élevés pour des tirailleurs, d'où ils fusillaient à bout portant les zouaves qui se jetaient sur eux à la baïonnette.

A la chute du jour les zouaves étaient maîtres du sommet, et l'ennemi reculait devant eux. Mais il essaya de les tourner sur leur droite, les pentes du plateau, de ce côté-là, étant beaucoup plus inclinées. Les zouaves étonnés de recevoir tout-à-coup des balles sur leur droite crurent à quelque erreur des troupes qui les soutenaient. Le capitaine Lallemant avec quelques hommes alla reconnaître ce qui se passait. Malheureusement l'obscurité ne permettait pas de reconnaître les uniformes. Le capitaine des zouaves crut que c'étaient des mobiles et cria : « Ne tirez pas, nous sommes Français. — Et nous aussi, répond une voix de la troupe. — Quel régiment? — 51e de marche. » Le capitaine Lallemant s'approche, et à quelques pas on lui crie : « Rendez-vous. — Jamais! » répond le brave capitaine qui reconnaît alors l'ennemi. Une décharge passe autour de lui sans le toucher. Il regarde les Prussiens en face, les bras croisés. « Maladroits! » leur crie-t-il, et se tournant, comme s'il avait eu un bataillon derrière lui, d'une voix forte il commande le feu. Les zouaves tirent et l'ennemi déconcerté s'empresse de battre en retraite.

Cette lutte affreuse étant finie, les batteries françaises furent réinstallées sur le plateau d'Auvours. Le général Gougeard passant alors devant le front des zouaves, leur dit : « Zouaves, vous êtes des braves, vous avez aujourd'hui sauvé l'armée! »

Vers le soir, le général Jaurès alla à Montfort trouver le 3e bataillon des zouaves resté tout le jour en réserve auprès de ses batteries. Il s'arrêta au milieu d'un groupe d'officiers et leur dit : « Messieurs, votre 1er bataillon a vigoureusement donné à Yvré : ses pertes sont cruelles, mais il a rendu un grand service. » Et quelques pas plus loin, le commandant de Couëssin ayant accompagné le général, M. Jaurès lui répéta : « Votre 1ᵉʳ bataillon s'est brillamment montré. Sans lui les Prussiens seraient peut-être au Mans à cette heure. »

A ces témoignages si honorables joignons celui du général Chanzy : « Les Volontaires de l'Ouest s'étaient montrés héroïques, » dit-il en parlant du 1ᵉʳ bataillon ¹. « Le général Gougeard, qui mena la charge d'Auvours avec sa fougue et son intrépidité ordinaires, a écrit des zouaves « qu'il regardera comme un éternel honneur d'avoir commandé à de pareils hommes ². »

Toutes les positions étaient donc reprises, mais les deux tiers du 1ᵉʳ bataillon des zouaves étaient étendus dans la neige. Les zouaves furent seuls de toute l'armée portés à l'ordre du jour. L'armée entière, artillerie, cavalerie et infanterie les acclama sur leur passage, mais qu'ils avaient chèrement payé cet honneur !

Des capitaines, 2 sur 6 avaient échappé à la mort.

Il restait seulement 5 lieutenants ou sous-lieutenants, dont 2 blessés, et 4 sergents.

Parmi les capitaines morts se trouvaient : MM. Bellon, de Bellevue, du Bourg ; parmi les

---

¹ La deuxième Armée de la Loire, p. 315.
² L'Armée de Bretagne, p. 54.

autres officiers, MM. Justin Garnier, Joseph de Vaubernier, Féligonde, de Goyon, Hébrard, Michel, Mourren, Gautier ; et parmi les lieutenants blessés, MM. Le Bailly et Bonvalet.

Voici l'ordre du jour publié par M. de Charette à la suite de la bataille du Mans :

« Poitiers, 14 janvier 1870.

» Je viens d'apprendre la belle conduite du 1er bataillon à la bataille du Mans. Je n'ai point encore de nouvelles du 3e ; mais il aura fait son devoir. Que ce sang répandu pour la défense du pays engendre de nouveaux dévouements, et sachons être à la hauteur des circonstances difficiles dans lesquelles la Providence a placé notre pauvre Patrie.

» Le régiment n'ayant pu, malgré tous mes efforts, être réuni depuis sa formation, je viens enfin d'obtenir du gouvernement l'autorisation voulue. C'est à Rennes que je vais essayer de réunir les glorieux débris de nos bataillons, sûr que ce noble exemple ne peut être que sympathique aux enfants de la valeureuse Bretagne, et qu'il aura un écho dans la France entière.

» Les dépôts resteront à Poitiers, où le recrutement sera toujours ouvert. Un autre bureau sera ouvert à Rennes.

» Le commandant de la légion,
» DE CHARETTE. »

La France entière exprima sa reconnaissance

et son admiration à cette héroïque Légion. Les journaux républicains eux-mêmes payèrent un tribut d'éloges au courage et au patriotisme des zouaves pontificaux.

Voici l'hommage rendu aux héros de Loigny par le journal démocratique de Nantes, le *Phare de la Loire,* dans son numéro du 6 décembre :

« On s'est ému des pertes cruelles éprouvées par le corps de M. de Charette, blessé lui-même et fait prisonnier. Beaucoup de Bretons, beaucoup de Nantais ont pris rang dans ce corps, et l'on attend avec anxiété des détails sur les pertes éprouvées dans l'affaire récente dont les dépêches officielles ont parlé si laconiquement.

» Il ne nous en coûte pas de reconnaître et de louer ici le courage et l'entraînement d'une légion qui vient de payer avec tant de valeur sa dette à la patrie commune. »

Et, plus tard, en rendant hommage à la mort glorieuse de M. le comte de Bouillé, le même journal s'exprimait ainsi :

« La noblesse bretonne a su porter haut et fier le drapeau de la France et la République l'en remercie aujourd'hui. »

Les services militaires de M. de Charette furent récompensés par le grade de général. Un décret du 24 janvier lui donna, outre le commandement de sa légion qu'il ne voulut pas quitter, celui d'une division de mobilisés bretons. Cette division comprenait, le 24 janvier, outre les zouaves pontificaux, trois bataillons mobilisés d'Ille-et-Vilaine, deux bataillons du Finistère et deux du Morbihan, renforcés, le 5 février, de cinq autres bataillons. Un escadron de lanciers, une batterie de campagne et la compagnie des francs-tireurs de Tours rejoignirent plus tard la division qui compta alors un effectif de 14,000 hommes. Quant au corps d'élite des volontaires pontificaux, de nombreuses recrues remplirent bientôt ses cadres, et son effectif s'élevait, à cette époque, à 2,000 zouaves, un escadron d'éclaireurs et une batterie de montagne.

La glorieuse Légion des zouaves pontificaux conserva son organisation longtemps après la conclusion de la paix : honneur qui était bien dû à cette vaillante troupe.

Ce fut le 13 août 1871 que les zouaves reçurent avis de leur licenciement. Après la messe à laquelle ce corps avait assisté, la Légion ayant reçu ordre de former le carré, le général de Charette, entouré de tous les officiers, prononça d'une voix forte et émue l'ordre du jour suivant :

ORDRE DE LA LÉGION
du 13 août 1871.

« Le général porte à la connaissance de la

Légion l'ordre du jour suivant de M. le ministre de la guerre, général de Cissey :

« Officiers, sous-officiers et soldats,

» Au moment où la France a été envahie et accablée sous le poids des malheurs, vous n'avez pas hésité à venir lui offrir vos bras, votre cœur et le meilleur de votre sang. Partout où votre noble Légion a combattu, principalement à Cercottes, à Brou, à Coulmiers, à Patay et au Mans, elle s'est distinguée au premier rang par son élan devant l'ennemi, son dévouement, sa bonne discipline et son excellent esprit. Vous avez un noble courage qui vous fait le plus grand honneur, aussi bien qu'au vaillant général de Charette, votre commandant et votre guide. L'armée vous en remercie par ma voix. La légion des volontaires de l'Ouest va être licenciée ; mais avant de nous séparer de vous, je suis sûr que la France pourra toujours compter sur votre dévouement contre les ennemis du dehors et du dedans.

» Signé : Général DE CISSEY. »

« Après un témoignage aussi flatteur venant de si haut, je n'ajouterai pas une parole, je craindrais d'en affaiblir la portée ; mais ce que le ministre n'a pas cru devoir dire, c'est qu'il nous avait offert la plus belle récompense nationale que nous puissions ambitionner en nous proposant à nous, corps de volontaires, d'entrer dans l'armée régulière. Il a fallu des motifs bien graves pour nous faire refuser l'honneur qui nous était fait ; mais, venus comme zouaves pontificaux, nous ne nous croyons pas le droit d'aliéner notre liberté, ni d'introduire dans l'armée un uniforme qui n'était pas à nous seuls ; j'ai donc demandé le licenciement.

» Vous allez rentrer dans vos foyers, mais votre tâche n'est pas finie. Vous avez combattu côte à côte, sur plusieurs champs de bataille. Rappelez-vous que le sang versé est un lien plus fort que tous les serments ; et si la France fait encore appel au dévouement de ses enfants, vous serez tous là au premier signal. Le ministre y compte, et moi j'en suis sûr !

» Au revoir, mes chers camarades ! C'est le cœur profondément navré que je me sépare de vous ; ce n'est pas impunément que l'on brise une existence de onze années où tout a été mis en commun, joies, douleurs et sacrifices. Ne nous laissons pas cependant abattre. Il nous reste deux grandes choses : la foi dans notre cause, qui est celle de l'Eglise et de la France, et l'espoir du triomphe. Restons dignes de notre cause et Dieu nous donnera le triomphe!

» Signé : Général DE CHARETTE. »

Cet ordre du jour, si flatteur pour cette héroïque Légion, fut accueilli par les cris répétés de :

Vive la France !
Vive Pie IX !
Vive le général de Charette !

Deux jours plus tard, après s'être consacrés au Sacré-Cœur, ces intrépides zouaves, au nombre de près de 2,000, se séparaient tristement, mais ne se disaient point adieu. Tous se disaient : au revoir ! Tous promettaient de garder leur titre et leurs obligations de soldats du Pape et de la France.

Par arrêté du chef du pouvoir exécutif, en date du 29 juillet 1871, rendu sur le rapport du ministre de la guerre, furent promus ou nommés dans l'ordre de la Légion-d'Honneur, les officiers de la Légion des zouaves pontificaux dont les noms suivent, savoir :

Au grade d'officier :

M. le général de Charette, commandant supérieur de la Légion.

Au grade de chevalier :

MM.

Le Gonidec de Traissan (Olivier), commandant.

De Fumel (Auguste), chef de bataillon.

Le Pays du Teilleul (René), chef d'escadron.

De Kermoal (Adolphe), capitaine ; 2 blessures.

De la Tocnaye (Arthur), capitaine.

Du Plessis-Quinquis (Bonabès), capitaine.

Wyart (Henri), capitaine adjudant-major.

De Charette (Ferdinand), lieutenant ; 2 blessures.

De Sapinaud (Maurice), lieutenant.

Par un autre arrêté, en date du même jour, la médaille militaire fut conférée aux sous-officiers et volontaires de la Légion des zouaves pontificaux, dont les noms suivent, savoir :

MM.

De Maquillé (Henri), sergent-major; 1 blessure.

De la Celle (François), sergent-major; 1 blessure.

De Beaurepaire (Pierre), sergent-major.

De Giverville (Robert), maréchal des logis chef.

De Raincourt (Pierre), sergent; 1 blessure.

De Cormis (Louis), sergent; amputé.

Stucki (Joseph), sergent; amputé.

Remignac (Pierre), sergent.

De Villemarest (Robert), sergent ; 1 blessure.

De Lescaude (Gaston), sergent; 1 blessure.

Michel (Joseph), sergent.

Prigent (François), sergent.

Laurié (Abel), sergent; 1 blessure.

Gigaud (Achille), sergent.
Jouet (Armand), sergent.
Mauger (Maurice), sergent.
Guérin (Victor), sergent; 1 blessure.
Stofflet (Edmond), sergent-fourrier; 1 blessure.
De Tourmignies (Edouard), sergent-fourrier, 1 blessure.
Petitot (Jean), caporal; amputé.
Blain (Joseph), caporal; 1 blessure.
Piquet (Gustave), caporal; 1 blessure.
De Richemond (Roger), volontaire; 2 blessures.
Lombard (Julien), volontaire; amputé.
Derepas (Gustave), volontaire; amputé.
Legendre (Victor), volontaire; amputé.
Chaboissier (Xavier), volontaire; 1 blessure.
Morgot (Ernest), volontaire; 1 blessure.
De Violaine (Edmond), volontaire.
La Maestre (Vincent), volontaire; 1 blessure.
Posnic (Yves), volontaire.

§ II. Les Volontaires de l'Ouest.

Un homme qui porte un nom justement respecté en France, le petit-fils du premier généralissime des Vendéens, M. de Cathelineau, organisa aussi un corps de volontaires.

Voici des renseignements précis sur ce corps

et son vaillant chef, fournis pendant la campagne, par un des francs-tireurs vendéens :

« Né pour commander, d'une taille au-dessus de la moyenne, bien proportionné, M. de Cathelineau a une vraie tête de soldat.

» Autrefois blond ardent, aujourd'hui blond grisonnant, avec sa barbe à la Henri IV, c'est la vraie belle et large figure d'un zouave de Crimée, le cachet de l'homme du monde en plus, et une puissance de regard extraordinaire. Cependant son regard est habituellement doux et bon. M. de Cathelineau est, du reste, toujours bienveillant, malgré son caractère vif et son habitude de ne pas répéter deux fois les choses.

» C'est bien le général qui use le moins de galons. Feutre noir avec plumes noires, veste courte, ceinture bleue, un cœur rouge sur la poitrine, vêtement entièrement noir, voilà le costume de notre chef.

» Comme arme offensive, sa tabatière, comme arme défensive, sa canne avec laquelle, dit-il, il n'a jamais eu peur d'un honnête homme. Voilà ses armes, en route ou au feu. Inutile de vous dire qu'au feu il est là le premier, à nous regarder faire, sans se douter qu'il est une cible vivante. On le croirait sourd, car il est de ceux qui ne saluent pas les balles ; leur sifflement ou le ronflement de l'obus le laissent impassible. Dans tous les cas, il n'a pas froid aux yeux, et il a du flair, tant il sait deviner les moindres mouvements et les moindres intentions de l'ennemi. Il nous a plusieurs fois tous sauvés, mais d'une façon remarquable, alors que, non par sa faute, nous étions cernés. Il est très-apprécié des généraux, il a toute notre confiance ; avec lui nous ne doutons de rien, rien ne nous étonne, nous savons qu'il s'en tire toujours, quelque critique que soit la position.

» Sa famille est avec lui ; son fils Henri, jeune gars de dix-sept ans, je crois, est maintenant sous-officier. J'espère bien qu'on le fera sous-lieutenant, il le mérite. Souvent je l'ai trouvé couché dans la paille, pêle-mêle avec mes hommes, ou bien rôdant pour chercher de quoi mettre sous la dent, avec ce petit air qui me rappelait le *Quærens quem devoret*.

» C'est vous dire qu'il ne retire pas grand profit d'être le fils du général. Mme de Cathelineau est avec nous et organise les ambulances. Craignant de lui déplaire, je n'ose pas trop en parler, mais, quelle bonté, quelle abnégation, quel dévouement ! que de consolations elle a données ! que de malheureux elle a secourus dans nos longues marches ! D'un caractère à ne pas aimer aller tourner autour de mes chefs ni de personnes influentes, je n'ai eu que deux fois l'honneur de parler à Mme de Cathelineau, mais ce que je vous en dis est bien la vérité ; elle a beau se cacher, nous savons tous le bien qu'elle fait. Prisonnière une fois, elle n'en continue pas moins la noble tâche qu'elle s'est imposée, et, au moment du danger, elle est là, prête à recevoir le premier blessé. Elle a pour auxiliaires nos quatre aumôniers qui tous ont fait leurs preuves, allant chercher les blessés, même sous le feu des Prussiens, les confessant ou les emportant sur leurs épaules, à travers la mitraille.

» Maintenant, je ne puis trop vous parler de chacun des nôtres; nous avons des pères de famille qui sont venus avec leurs fils, tels que M. Loiret; nous en avons qui sont grand'pères, tels que le brave capitaine de Raissy que j'ai pourtant toujours vu à la tête de sa compagnie pendant les 1,200 lieues que nous avons faites en marches et contre-marches. Nous avons le vieux Bayard, c'est le nom qui convient à M. de Puységur, commandant de l'état-major du général, vrai père du soldat, donnant son cheval pour y faire monter un homme fatigué, et cela très-souvent. D'une bravoure sans égale, c'est un de ces hommes dont les balles ne veulent pas; il paraît en être fâché, car il prétend que mourir pour son pays, c'est mourir dans les bras de Dieu.

» Chez nous, depuis le général jusqu'au simple soldat, après le service, on oublie les grades: nous sommes tous amis ou camarades. Tous les matins, nous faisons la prière à l'appel, ainsi que le soir. En route, c'est avant le départ ; en présence de l'ennemi, avant de commencer le feu. La prière est courte et se termine en demandant à Dieu d'avoir pitié de notre pauvre France. Le dimanche, on va à la messe, si c'est possible. Le général y va avec sa garde et ceux qui veulent y aller, il ne force personne.

» Voilà l'exacte vérité sur notre général et son corps de volontaires. Nous avons été éprouvés et nous avons perdu de bien nobles cœurs ; mais, d'un autre côté, chaque jour nos vides se comblent, et c'est par prudence que je n'ose dire le chiffre de notre effectif, à la reprise des hostilités ; nous les désirons, car nous sommes de ceux qui aiment mieux se faire tuer que d'assister au déshonneur ou à l'agonie de leur pays, alors qu'il leur reste encore des cartouches. »

Après la reprise d'Orléans par les Français un volontaire vendéen écrivait :

« Dieu soit béni ! c'est notre Légion vendéenne qui a chassé les Prussiens d'Orléans et y est entrée *la première* à une heure de la nuit. En face de la ville notre incomparable commandant de Cathelineau nous a réunis tous autour de lui et nous a dit avec sa rondeur et sa simplicité habituelles : « Mes amis, nous allons entrer à Orléans pour y vaincre, et s'il le faut pour y mourir. Vive Dieu ! Vive la

France ! » Quelques moments après, nous entrions sans coup férir.

» Six cents Prussiens tombaient entre nos mains pendant que nous délivrions trois cents Français de leur captivité.

» Partout sur notre passage les couronnes de fleurs tombaient sur nos têtes aux cris de : *Vivent les francs-tireurs de la Vendée ! Vive la catholique Vendée ! Vive Cathelineau !* Et, dans sa foi admirable, notre pieux commandant répondait : « Tout pour Dieu ! tout pour la France ! » Quel coup inattendu de la Providence ! Et comme cette Providence fait bien les choses pour confondre l'impiété des uns et l'orgueil des autres ! Les soldats qui portent sur leur côté gauche, bien en évidence et sans respect humain, l'image du Cœur Sacré de Jésus, sont ceux-là même, qui en petite phalange ont été choisis pour rendre à la France la ville de Jeanne d'Arc.

» La journée du 9 a été sanglante. Le 16e corps s'est couvert de gloire pendant que nous poursuivions l'ennemi. Pour nous, francs-tireurs vendéens, depuis que nous traquons et démontons l'ennemi, nous n'avons eu ni un mort ni un blessé. Dieu merci, s'il y a des malades à l'ambulance, ce ne sont que les hommes éprouvés par la longueur des courses à travers les bois et les chemins.

» La comtesse de Cathelineau marche avec

nous, dirigeant l'ambulance et montrant aux hommes qui la suivent l'exemple de la plus douce piété.

» Le comte de Cathelineau est notre commandant en chef ; il vient d'être élevé au grade de général de brigade, ayant un corps d'armée sous ses ordres. Son fils marche et combat au milieu de nous, mais comme simple volontaire.

» La foi de Cathelineau est vraiment celle des croisades de la Vendée. Ce matin, à cinq heures, il se mettait à genoux, comme il le fait souvent aux pieds du prêtre et, ne pouvant entendre la messe, il communiait et montait à cheval.

» Quelle arme croiriez-vous qu'il porte dans ses mains ? Sa canne, rien de plus. Il va au combat comme on va à la promenade. Vous savez qu'à la promenade on dit son chapelet ; eh bien ! lui fait ainsi.

» Les Prussiens ont fait un mal horrible dans tous les pays qu'ils ont traversés. Cette vue double notre ardeur à les poursuivre. Ils craignent les francs-tireurs comme le diable craint l'eau bénite. Que Dieu nous protége, et, je n'en doute pas, nous leur en ferons voir bien d'autres. »

Un autre volontaire écrivait :

« La vie du camp est dure et difficile, surtout en temps de pluie, mais elle a aussi ses charmes surtout avec des hommes aussi chrétiens que nous les avons. La messe au camp célébrée au milieu d'un bois, me ravit toujours et reporte ma pensée à des temps que je ne croyais plus revoir.

» Chaque soir après dîner, mon plus vif plaisir est d'entendre tous nos vieux gentilshommes parler près d'un feu de bivouac des malheurs de la France et chercher ensemble les moyens d'y porter remède.

» Dès que j'entends retentir les cris de Dieu et Patrie poussés par ces hommes énergiques, je crois toujours que le ciel aura enfin pitié de nous et que Dieu lui-même prendra ses foudres pour chasser l'insolent étranger. »

Voici ce qu'écrivait un capitaine des éclaireurs de Cathelineau sur le combat de Nancray.

« La journée de dimanche a été chaude. Nous occupions depuis la veille le village de Chambon, au nord-est de la forêt d'Orléans. Le matin, de bonne heure, les Prussiens se sont emparés du village de Nancray, distant de 2 ou 3 kilomètres avec des forces très-supérieures aux nôtres ; nous avons couru sur eux, et à neuf heures du matin nous étions maîtres du village et nous emportions leurs positions en leur infligeant des pertes fort sensibles, Vers midi ils sont revenus ; mais, malgré leur nombre cette fois encore plus considérable, malgré leur artillerie, et bien qu'ils aient essayé de nous tourner, l'avantage de la journée nous est complétement resté, grâce aux sages dispositions de notre brave commandant et à l'élan qu'il a su inspirer à tous les francs-tireurs placés sous son ordre, en les enlevant de sa personne aux moments les plus décisifs. Nous avons eu quelques blessés ; les Prussiens ont perdu beaucoup de monde.

» Il ne m'appartient pas de dire ici de quelles nobles émotions nous nous sentions saisis en voyant notre Cathelineau, surnageant comme dans une auréole de feu, tant je craindrais de blesser sa modestie ; mais plusieurs d'entre nous avaient de grosses larmes dans les yeux, et ces larmes étaient l'expression la plus vraie de notre reconnaissance envers Dieu qui a suscité à notre tête un chef faisant simplement de si héroïques choses. »

Un jeune volontaire du corps de Cathelineau racontait ainsi ce qu'il avait vu de la bataille de Beaune-la-Rolande :

« Dieu soit loué ! Je suis hors de danger. Hier, j'ai assisté à une grande bataille à Beaune. Le 28 novembre restera longtemps gravé dans ma mémoire.

» A 4 heures du matin, nous partions d'Ingranes. Arrivés à 7 heures à Nancray, on dispose les avant-postes, on prend ses positions. Quelque chose de sérieux va se passer.

» Nous dominions une vaste plaine de 5 à 6

lieues de tour. Sous nos yeux, les troupes viennent prendre leur place de bataille ; çà et là, les régiments d'infanterie ; çà et là, les régiments de cavalerie. L'artillerie arrive au galop et va se poster sur les hauteurs.

» Vers huit heures, le signal est donné ; les premiers coups de canon se font entendre, les colonnes se mettent en mouvement. Jusqu'à six heures du soir, canonnade et fusillade n'ont pas discontinué. On ne peut pas se figurer une bataille, quand on ne l'a pas vue ! Nous avions pour mission de soutenir l'artillerie de l'aile gauche, et nous opérions ainsi avec les troupes régulières, sans aucune différence. Toute la journée, nous avons été exposés au feu des obus, qui pleuvaient comme la grêle. Pas une minute de trêve, pas un instant pour manger un morceau de pain. Je ne sais pas pourquoi on dit que la canonnade porte au cœur ou ailleurs. Pour moi, je n'ai rien éprouvé du tout qui ressemble à une colique ou à un mal de cœur.

» La bataille se donnait entre Beaune, Batilly et Saint-Michel. Le but était Beaune à prendre.

» Tout alla bien jusqu'à cinq heures. Les Prussiens étaient battus sur toute la ligne. Mais voilà qu'à ce moment un énorme renfort arrive à l'ennemi et la situation change. Beaune qui avait été pris par nous est repris par les Prussiens qui y mettent le feu. Triste spectacle !

» Quand la nuit fut tout-à-fait noire, le général de Polignac, qui commandait en chef, vint remercier M. de Cathelineau et le prier de lui rendre *un petit service* ; c'était de charger à la baïonnette une colonne prussienne qui venait en face.

» On nous place dans un fossé pour attendre l'ennemi. Là, les fatigues de la journée m'avaient tellement abattu, que je ne pus résister au sommeil : je m'endormis au milieu du fossé sur la terre mouillée. Ce ne fut pas de longue durée ; mais ensuite, je m'éveillai avec la fièvre et des étourdissements à ne pouvoir tenir debout. Je vais, dans une maison, me réchauffer un peu, puis je pars, avec la colonne, sur Chambon.

» Adieu, chers parents. Si je meurs, sachez que je suis prêt à mourir.

» Bataille indécise ; aucune position conquise ; aucune perdue. Qu'en résultera-t-il ? »

— Il en résulta l'abandon de Beaune-la-Rolande par les Prussiens, ainsi que le constata une dépêche du prince Frédéric-Charles, et ce fut là un succès du lendemain qui ne fut pas à dédaigner.

M. l'abbé Vandangeon, un des aumôniers de la Légion vendéenne, après avoir raconté les privations de ce corps d'élite, les fatigues, les marches et contre-marches pour surprendre l'ennemi, les campements pendant des semaines entières dans les bois, parlait ainsi des exercices religieux. « Comme autrefois leurs pères, les francs-tireurs vendéens récitaient souvent leur chapelet. » « Il y a quelques jours, dit cet aumônier, abordant le commandant, je lui rappelai que la veille nous avions mal sanctifié le saint jour du dimanche. » « C'est vrai, cher abbé, me répondit-il, pour ma part, je n'ai eu que le temps de réciter mon chapelet. »

« Un autre jour, un capitaine me proposa une promenade dans un taillis voisin. Après quelques minutes de marche, Monsieur l'abbé, me dit-il, voulez-vous réciter le chapelet? Je vous laisse à penser si j'hésitai à accepter une invitation si consolante pour mon cœur de prêtre. Le lendemain, ce même officier me dit: « Monsieur l'aumônier, vous étiez aujourd'hui d'expédition contre les Prussiens, j'ai dû réciter seul mon chapelet. » Nos soldats se confessent. La plupart l'ont fait et bien des fois, sur les grandes routes, dans les chemins creux, au milieu des bois.

« Presque tous portent le Sacré-Cœur cousu sur leur vareuse ; c'est leur décoration, ils en sont fiers. »

Les Vendéens étaient souvent cités dans les ordres du jour de l'armée. Presque toujours aux avant-postes, ils éclairaient l'armée, tenaient l'ennemi en respect, enlevaient ses convois, tuaient et prenaient chaque jour des hommes et des chevaux. A la hauteur du grand nom de leurs pères, les soldats de Charette et de Cathelineau soutenaient la gloire des *quatorze siècles* que le ministre de la guerre rappela à la France.

Dans les premiers jours de novembre, les Vendéens rencontrèrent une colonne ennemie. Les Prussiens étaient trois mille; les Vendéens n'étaient que cinq cents. Les deux corps se trouvaient sur deux hauteurs voisines, à huit cents mètres l'un de l'autre.

Après quelques instants de délibération, les Vendéens résolurent l'attaque. Quand le signal fut donné, l'aumônier parut, et se dressant au milieu de ces hommes qui allaient jouer leur vie : « Mes enfants, leur dit-il, voici l'heure! à genoux! recommandez votre âme à Dieu! je vais vous donner l'absolution! » Et puis d'un geste solennel étendant la main au-dessus des soldats prosternés, le prêtre prononça les paroles sacramentelles : *Ego vos absolvo !*

Ce fut notre Thabor, disait plus tard un des Vendéens; nous nous relevâmes transfigurés. « En avant! » cria le chef. Tous partirent d'un seul élan, les cavaliers ventre à terre, les fantassins au pas de course. Mais les Prussiens ne les attendirent pas; ils avaient vu le mouvement, l'acte religieux de tous ces hommes, la prière du prêtre, et devinant à qui ils avaient affaire, ils avaient préféré décamper.

Le souvenir leur en resta, et partout où ils allaient, leur premier soin était de demander aux paysans *où étaient les Vendéens*.

Les états de service des volontaires de la Vendée furent : la prise de la rive gauche de la Loire, depuis Saint-Laurent-des-Eaux jusqu'à Orléans, où ils eurent l'honneur insigne d'entrer les premiers.

La garde de la forêt d'Orléans, où ils ne laissèrent jamais l'ennemi pénétrer. Dans ce poste ils comptèrent comme victoires, celles de Nancray et Chambon, Courcelles, et l'appui sur la gauche de l'attaque de Beaune-la-Rolande et de Batilly, pour laquelle le général qui en était chargé écrivit au général de Cathelineau : « Dans cette journée vous avez sauvé notre armée. »

Rappelés dans la forêt d'Orléans, les volontaires de la Vendée y couchèrent quand elle fut traversée par quarante-cinq mille Prussiens. Obligés à la retraite et en retard de vingt-quatre heures sur l'armée, ils la firent dans le plus grand ordre, à travers les colonnes ennemies, emmenant leurs bagages et recueillant cartouches, fusils et bagages abandonnés. Ils rejoignirent la première armée de la Loire à Bourges. Bourbaki les destinait à lui servir d'avant-garde et d'éclaireurs, pour marcher soit sur Paris, soit dans l'Est.

Le ministère prit une autre détermination; il les attacha à la seconde armée de la Loire. Trois jours et quatre nuits de chemin de fer les amenèrent au Mans.

C'était la première fois que le général de Cathelineau voyait le général Chanzy; il lui demanda un repos nécessaire non pour réparer des fatigues, mais pour guérir des pieds gelés. Chanzy fit connaître au brave général Vendéen la nécessité absolue de l'occupation de Vibraye et de Montmirail. Devant le devoir, les Vendéens ne reculent jamais : ils partirent donc pour Montmirail; ce pays était ravagé par les réquisitions ennemies, comme la rive gauche de la Loire quand ils y étaient allés. Ils les firent cesser, et là encore la forêt de Montmirail resta intacte tant qu'ils la gardèrent. Ils la quittèrent quand le général Rousseau fut obligé de se replier et que Vendôme fut abandonné.

Les volontaires de la Vendée avaient devant eux la colonne prussienne du centre, et sur leurs flancs et plus avancés qu'eux les deux autres colonnes ennemies. Trop pressés, ils arrêtent l'ennemi sur le pont de Vibraye, assez de temps pour ne rien perdre et se retirer en bon ordre.

A Montfort, on les charge de la droite de la division Rousseau : le pont de Champagné étant occupé par l'ennemi, ils courent à Fatine, ont des engagements meurtriers, des fatigues inouïes, restent un jour et une nuit dans la neige, sans vivres, mais ils tiennent assez pour permettre à toute la division de faire sa retraite en bon ordre et méritent du général Rousseau des remerciements toujours si chers au cœur du soldat.

La retraite s'effectuait partout. Le 21e corps passait à la Guerche, la division Rousseau était d'arrière-garde, suivie de près par l'ennemi. Le général Rousseau demanda alors au brave Cathelineau ce qu'il voulait faire. — Nous passerons la Sarthe les derniers, dit le chef Vendéen. — C'est crâne, lui répondit le général, et ils se quittèrent.

Quelque temps après, une douloureuse nécessité mit fin à la guerre, et les braves Vendéens rentrèrent dans leurs familles laissant dans l'armée le souvenir impérissable de leur bravoure et de leurs vertus militaires.

Après nos premiers désastres, un des députés les plus sympathiques de nos Assemblées législatives, aussi zélé patriote que fervent catholique, M. Keller, organisa une guerre de partisans en Alsace. Bientôt après, le général Cambriels, commandant en chef toutes les forces militaires dans l'Est, le nomma colonel de la garde mobile et commandant supérieur de tous les corps francs. M. Keller ayant fait un appel à la France en faveur de l'Alsace, un de ses collègues au Corps législatif, M. le marquis d'Andelarre, adressa à l'*Union Franc-Comtoise* la lettre suivante :

« La parole enflammée de mon illustre et héroïque ami Keller allumera le feu du patriotisme dans le cœur du dernier franc-comtois.

» Héroïque et illustre ! car ce qu'il dit avec la simplicité de l'homme antique, il le fera avec la simplicité du soldat et l'impassibilité du martyr.

» Ce qu'il fera, ce sera de donner à son Alsace bien-aimée sa vie qu'il donnait à ses neuf enfants.

» Et quand il l'aura donnée, la sainte qui est leur mère les élèvera à sa place, en leur montrant deux images : celle du Christ donnant sa vie pour la liberté du monde, celle de leur père donnant la sienne pour la liberté de l'Alsace.

» Cette parole de feu, il faut qu'elle pénètre jusque dans notre dernière chaumière.

» C'est à vous, Monsieur le rédacteur, à vous qu'il en a fait le dépositaire, qu'il appartient de la faire courir sur les arêtes de nos plus hautes montagnes et dans le fond de nos vallées.

» Je vous adresse deux cents francs pour la faire parvenir dans toutes les communes des trois départements de notre vieille Franche-Comté. Nos maires et nos curés la distribueront.

» Elle enfantera des légions. »

Formé au mois de septembre, le *Bataillon des francs-tireurs du Haut-Rhin*, commandé par M. Keller, combattit dans les Vosges jusqu'à l'investissement de Belfort.

Forcé de quitter l'Alsace faute de munitions, il se mit à la disposition du commandant du 20e corps d'armée. Placé dans la 1re division, il fit avec elle toute la campagne de la Loire et celle de l'Est; il prit part aux combats de Bois-Cammun, Beaune-la-Rolande, Pont-aux-Moines, Villersexel et Héricourt; il fut cité quatre fois à l'ordre jour de l'armée.

Ce résultat ne put être obtenu sans des pertes importantes, plus du tiers des hommes tombèrent sous les balles de l'ennemi.

———

Le Midi eut aussi ses corps de francs-tireurs catholiques.

M. François Viale, capitaine au corps de M. de Cathelineau, fut autorisé à former un corps franc sous le nom de *Chasseurs du Midi*, qui eut pour chef d'état-major M. Dubosc de Pesquidoux.

Voici la proclamation patriotique et chrétienne du chef de ce corps :

« Nous faisons un appel suprême aux défenseurs de la patrie. La guerre en se prolongeant rend la situation plus solennelle et l'heure plus décisive. C'est le moment de nous lever tous pour frapper ou recevoir les derniers coups. L'hésitation serait un crime, la faiblesse une honte.

. . . .

» Nous convions surtout le Midi. Le Midi est menacé; le Midi doit se défendre.

» Des officiers et des instructeurs dont la plupart ont fait leurs preuves, conduiront notre troupe. Les corps de Charette et de Cathelineau comptent dans leurs rangs de nombreux jeunes gens. Les bulletins nous apprennent que ces jeunes gens ne sont pas les moins brillants soldats. Guidés par ces nobles exemples, nous inspirant du même esprit, désireux de former dans le midi un pendant aux illustres légions de la Bretagne et de la Vendée, nous prenons comme elles, pour devise, les mots qu'un illustre général a donnés à la France : DIEU ET PATRIE.

» La Patrie tombe, parce qu'elle a quitté Dieu. Elle ne se relèvera qu'en revenant à Dieu.

» Que ceux qui veulent combattre pour leur foi et leur pays viennent se ranger sous le signe de la Croix que nous mettons sur nos poitrines. »

§. 3. Bravoure des officiers et soldats religieux de l'armée.

La guerre désastreuse dont nous rappelons ici les plus touchants épisodes fit éclater aussi dans l'armée de grands exemples de courage et de dévouement. Nous croyons utile de signaler à la reconnaissance publique quelques-uns des noms des héros chrétiens qui honorèrent la France dans cette crise douloureuse.

— Le général Renaut, commandant le premier corps de la 2ᵉ armée de Paris, succomba le 6 décembre à la suite de l'amputation de la jambe.

Atteint d'un éclat d'obus à la bataille de Champigny et relevé par les Frères des écoles chrétiennes, il avait témoigné le désir d'être transporté à l'hôpital de Lariboisière, où il devait trouver un ami, le docteur Kusko, un des habiles chirurgiens de cet établissement. Transporté dans un appartement que le directeur lui avait préparé, le général déclara énergiquement qu'il voulait une religieuse pour sa garde ; et aussitôt les religieuses Augustines de la maison se mirent à sa disposition pour le jour et la nuit et remplacèrent sa famille absente.

A la première visite de l'aumônier, le général lui serra si affectueusement la main que le prêtre put comprendre qu'il avait affaire à un homme de foi. Ses paroles le prouvèrent bien :

« Je crois, dit-il, en Dieu le Père, le Fils et le
» Saint-Esprit..... J'ai confiance dans les
» prière de ma sœur religieuse (à Tours).
» Oh ! oui, elle prie pour moi..... » A la vue
d'une image de la Sainte Vierge : « Oh ! oui,
s'écria-t-il, je l'aime et je l'invoque. » En parlant de l'Archevêque de Paris, qui se proposait de lui rendre visite, « Oui, dit-il, c'est mon
» ami, nous parlerons de bien des choses...
» mais surtout morales ! »

Pendant qu'on l'administrait, il pressa le crucifix sur ses lèvres avec une telle expression de foi et de confiance, que l'assistance en fut attendrie jusqu'aux larmes.

Enfin quand on lui dit qu'on allait continuer à prier : « Oui, répondit-il, priez pour moi,
» pour la France... Je meurs pour la France ! »

Le général Renaut, surnommé dans l'armée Renaut *l'arrière-garde* à cause de sa bravoure, fut enterré aux Invalides, aux frais de l'Etat.

Le général Blaise tué au combat de la Villa-Evrard, près Paris, commandait avant la guerre la subdivision de Bastia. Sa famille était originaire de Verdun, où il avait sa maison paternelle ; il y avait laissé sa femme et ses enfants.

On a raconté l'odyssée d'un jardinier qui, quatre fois, traversa les lignes ennemies, venant de Verdun à Paris ; ce jardinier n'était autre que celui du général Blaise qui, à son grand étonnement, le vit apparaître quatre fois de suite aux avant-postes, lui apportant des nouvelles des siens.

Le général écrivait tous les jours, non pas un journal, mais un sommaire rapide de sa vie, — quand on releva son cadavre à la Villa-Evrard, il portait sur lui le carnet contenant ces notes quotidiennes, quelques lettres de sa femme et de ses enfants, et, recouvert d'un papier, un précieux petit volume, un pieux souvenir sans doute, l'*Imitation de Jésus-Christ*. On comprend quel homme était ce général mort pour la patrie, en lisant les dernières lignes qu'il a tracées la nuit même qui précéda sa mort.

« 20 décembre. — J'ai dîné chez le général Vinoy, au fort de Rosny. Pour la première fois depuis vingt-huit jours, je couche dans des draps. Le général m'a fait appeler pour me donner mes instructions. — De sombres préoccupations m'assiégent et m'empêchent de dormir. — Que Dieu protége la France, ma famille et moi ! »

Le 23 décembre 1870, le journal officiel publiait le décret suivant :

Le gouvernement de la défense nationale,

Considérant la mort glorieuse de M. le général de brigade Blaise, tué l'épée à la main, à la tête de ses troupes :

Décrète :

Article premier. Les obsèques du général de brigade Blaise, commandant la 2ᵉ brigade de la 2ᵉ division du corps d'armée de la rive gauche, auront lieu aux frais de l'État. . . . . .

· · · · · · · ·

———

Nous devons inscrire dans ce martyrologe de l'honneur national le brave commandant du 17ᵉ corps, le général de Sonis, amputé après la bataille de Patay, et qui a survécu à ses glorieuses blessures.

Le général de Sonis appartient par sa naissance au département de la Gironde. Son père était commandant de place à Libourne. Lui-même suivit fort jeune la carrière des armes. Entré d'abord dans la cavalerie, il était depuis quinze ans en Afrique. Au commencement de l'année 1869, étant lieutenant colonel et commandant du cercle de Laghouat, il dispersa, avec 450 hommes, près de 5,000 Arabes marocains rebelles, ce qui mit fin au soulèvement. A la suite de ce brillant fait d'armes, il fut nommé colonel, et, placé à la tête de la subdivision d'Aumale ; il remplissait ainsi les fonctions de général, lorsque, au mois d'octobre 1870, il fut nommé général de brigade.

A l'époque de la guerre d'Italie, il avait pris part à la campagne, et avait eu un cheval tué sous lui dans une charge à la tête de l'escadron qu'il commandait. Vingt-trois hommes seulement se retrouvèrent après cette charge, et il se releva presque seul du champ de bataille à travers le feu de deux carrés autrichiens sans avoir été blessé. « C'est, disait-il avec foi, c'est la Sainte Vierge qui m'a protégé ! »

Lors de la déclaration de guerre à la Prusse, il demanda un commandement ; mais comme il possède à fond la langue arabe, chose précieuse pour traiter avec les chefs, sa demande ne fut pas agréée. Cependant, la guerre prenant des proportions alarmantes, il télégraphia à Tours qu'il voulait marcher à l'ennemi, dût-il quitter les épaulettes et se faire simple soldat. C'est alors qu'il fut nommé général de division et commandant du 17e corps.

Voici maintenant l'homme privé et le chrétien. Il s'est marié, fort jeune, avec la fille de M. Roger, notaire à Castres (Tarn).

Il n'avait que quarante-six ans lorsqu'il fut nommé commandant en chef du 17e corps, et était père de dix enfants qu'il élevait dans ses fermes principes de chrétien fidèle.

Trois de ses fils ont fait la campagne de 1870 comme soldats. Le plus jeune n'avait pas seize ans ; l'aîné, fait prisonnier à la frontière, s'évada, et se réfugia dans la citadelle de Bitche, où il lutta vaillamment pendant la durée du siége.

Le général de Sonis a toujours placé la religion au premier rang, au-dessus de tout. Catholique fervent, d'une piété angélique, il prend part à toutes les bonnes œuvres. Plein de distinction et de noblesse, d'un abord doux, modeste à l'excès, tout en lui captive et attache.

Ayant fait un voyage à Bordeaux en 1869, il se rendit en pélerinage à Notre-Dame-de-Lourdes où il laissa sa croix d'officier. Il avait déposé sa croix de chevalier à Notre-Dame des Victoires, à Paris.

La dernière lettre qu'il écrivait d'Aumale, le 1er novembre 1870, porte l'empreinte d'une profonde tristesse ; on ne peut en faire la lecture sans être attendri :

Il disait :

« Lorsque Dieu se mêle de donner des leçons, il les donne en maître. Rien ne manque à celle que la France reçoit en ce moment.

» J'ai télégraphié à Tours pour marcher à l'ennemi ; je ne veux, à aucun prix, rester ici... Plutôt mourir les armes à la main, en soldat ! »

Et plus loin, avec des considérations sur les hommes qui ont perdu la France :

« Pour nous, ne parlons pas ; mais demandons à Dieu qu'il ne nous quitte pas et de nous faire la grâce de savoir mourir comme un chrétien doit finir, les armes à la main, les yeux au ciel, la poitrine en face de l'ennemi, en criant : Vive la France ! »

Et plus loin encore :

« En partant pour l'armée, *je me condamne à mort,* Dieu me fera grâce, s'il le veut ; mais *je l'aurai tous les jours dans ma poitrine, et vous savez bien que Dieu ne capitule jamais, jamais !* »

Tels sont les héroïques soldats que forme la foi catholique !

Toutes nos grandes familles historiques furent représentées dans nos armées et prirent une part glorieuse à la défense du sol national.

L'illustre famille des Luynes et des Chevreuse se montra digne de ses glorieux ancêtres et donna à la France malheureuse des exemples éclatants de patriotisme et de dévouement aux intérêts publics.

Madame la duchesse de Chevreuse, veuve depuis de longues années et ayant déjà perdu une fille qu'elle adorait, n'hésita pas lorsque la guerre fut déclarée. Il lui restait deux fils, Charles, duc de Luynes, et Paul de Chevreuse, duc de Chaulnes. Elle les envoya avec son gendre le marquis de Sabran, se battre contre l'ennemi.

Une autre âme d'élite donna aussi un touchant exemple d'abnégation et de dévouement. Ce fut la jeune et excellente duchesse de Luynes, accouchée quelques jours auparavant, le jour même de la bataille de Reischoffen, qui sut sacrifier à Dieu et à la patrie menacée ses plus chères affections. La noble épouse du duc de Luynes était la fille d'un des membres les plus éminents de l'Assemblée nationale, type parfait aussi du vieil honneur français, le duc de Larochefoucauld-Bisaccia.

La duchesse de Chevreuse avait élevé ses fils dans des principes de religion qui développèrent leurs généreuses facultés et en firent des héros.

Charles de Luynes joignait aux plus précieuses facultés du cœur et de l'esprit un courage à toute épreuve qui était pour lui une habitude. Quelques jours après Sédan, et au moment où nos ressources militaires étaient dans le plus complet désarroi, le jeune duc, qui avait appris le métier des armes en servant au corps des zouaves pontificaux, essaya d'organiser un corps de volontaires afin de s'opposer à l'envahissement de la vallée de Chevreuse. Il ne demandait que 100 hommes pour exécuter son hardi projet et occuper les grands bois qui entourent la vallée. N'ayant pu les réunir et n'écoutant que son courage, il alla rejoindre, à l'armée de la Loire, son frère le duc de Chaulnes, et son beau-frère, le marquis de Sabran, déjà enrôlés dans les mobiles de la Sarthe.

Charles de Luynes fut tué près de Patay. Un obus venait de tomber près de lui, quand un mobile l'avertit que le cheval sur lequel il était monté servait de point de mire aux Prussiens.

— Cela m'est bien égal, répondit avec indifférence le jeune duc.

Au même instant un obus éclata. Un des fragments le surprit par derrière, pénétra dans le dos et ressortit par le côté gauche de la tête. Il tomba raide mort.

L'avant-veille, son frère, Paul de Chevreuse, avait reçu une blessure grave au pied et il avait dit à ses compagnons qui étaient venus pour le ramasser :

— Allez vous battre, mes amis ; je ne suis bon à rien, laissez-moi.

Et il était resté sept heures sur la terre gelée, quand son frère, le duc de Luynes, ne le retrouvant pas à son corps, vint lui-même le relever sur le champ de bataille. C'est en cette circonstance douloureuse qu'eut lieu le dernier embrassement et la dernière entrevue des deux héros que la mort allait bientôt séparer.

Quelques années auparavant, leur grand-père, grand ami des arts, et, ce qui vaut mieux encore, bon, affable, charitable et providence de son pays, était allé, malgré ses 68 ans, offrir son dévouement au Pape et avait trouvé une mort glorieuse à Rome.

Madame la duchesse de Chevreuse, après le départ de ses fils, s'était installée seule au château de Dampierre où elle avait eu bientôt à supporter toutes les rigueurs de l'invasion.

Cependant, grâce à son intervention et à son courage, elle sut préserver Dampierre et les communes environnantes des représailles de l'ennemi. — Le major du 17e régiment de uhlans ayant été blessé, en traversant le bois situé entre les villages de Rochefort et de Saint-Arnoult, ces villages furent immédiatement menacés de pillage et d'incendie si l'on ne découvrait les coupables. Ce fut madame la duchesse de Chevreuse qui, par ses démarches à Rambouillet et à Versailles, parvint à les faire épargner.

Voilà comment les plus nobles et les plus chrétiennes familles de France entendaient l'honneur national et savaient affirmer leur patriotisme pendant que les sectaires de la Révolution, peu soucieux des malheurs de la patrie, vivaient largement dans leurs nouvelles positions, toujours à distance de l'ennemi.

———

Le commandant de Boissieu, tué devant Orléans, avait 32 ans. Sorti de Saint-Cyr en 1859, il avait fait, sur sa demande, la campagne de Chine et celle de Cochinchine dans le 2e bataillon de chasseurs à pied. Il était des 600 chasseurs qui soutinrent si vaillamment la perfide attaque du pont de Palikao. Envoyé ensuite en Cochinchine, il prit part aux combats de Bienoa, de Chi-oa et au siége de Mitho.

Revenu en France, il s'engagea l'un des premiers dans la légion d'Antibes qu'on organisait alors pour l'envoyer à Rome soutenir la glorieuse phalange des zouaves pontificaux et défendre les droits du Saint-Père. Il prit une large part à la campagne qui se termina par l'héroïque combat de Mentana.

Dès le début de la dernière guerre, envoyé avec le 16e bataillon de chasseurs à l'armée du Rhin, il fut presque constamment sur la brèche, et, après Wissembourg, Reischoffen et Sédan, ayant refusé de signer la capitulation, il fut emmené prisonnier en Allemagne. Après vingt-quatre heures de marche, le commandant de Boissieu parvint à s'échapper, et, à l'aide d'un déguisement, il gagna la frontière belge d'où il put rentrer en France. Tout à son devoir, il alla se présenter au ministre de la guerre qui le destina au dépôt de son corps réuni à Besançon. Mais pressé de reprendre du service actif, il obtint bientôt de partir pour le théâtre de la guerre. On lui confia 550 hommes, avec lesquels il se rendit à Bourges ; là, on compléta son effectif, et il fut nommé commandant du 5e bataillon de marche de chasseurs à pied.

Les Prussiens menaçant Orléans, il fut mandé en toute hâte avec ses hommes dont il avait en peu de jours gagné la confiance et complété l'instruction. Parti de Bourges le 10 octobre au soir, il entrait en ligne le 11 au matin ; toute la journée il soutint le choc sans fléchir et protégea la retraite du 15e corps; mais bientôt l'ennemi le déborda de toutes parts, et vers le soir un obus vint terminer pour lui et pour une poignée de braves qui l'entouraient cette lutte héroïque.

Français et catholique, s'il ne put, comme il le désirait, verser son sang pour l'Église, il mourut comme tout chrétien eut voulu mourir, dans ces tristes jours, pour le devoir, l'honneur et la patrie.

Gaston de Belsunce, petit-neveu du saint et célèbre évêque de Marseille, s'était engagé, au commencement de la guerre, dans le 125e de ligne.

Blessé grièvement au premier combat de Villiers, le 30 novembre, il fut d'abord porté à l'hôpital Saint-Antoine, puis à l'ambulance du Grand-Hôtel, boulevard des Capucines, où il rendit saintement son âme à Dieu le 2 janvier.

Intelligence distinguée, nature délicate et modeste, conscience admirablement loyale et chrétienne, tels étaient les traits saillants de ce jeune homme.

Le jeune comte d'Estourmel, lieutenant de la garde nationale de Paris, se trouvait, le 19 janvier, au sanglant combat de Buzenval. Il s'offrit pour porter un ordre pendant la nuit, rencontra un poste prussien et tomba horriblement frappé. La balle lui brisa le coude et traversa tout le corps. On l'apporta à la ferme de Fouilleuse, où il fallut passer la nuit sur le pavé d'une écurie ouverte à tous les vents. Un prêtre, heureusement, se trouvait là et put lui donner quelques soins, comme aux autres blessés qui encombraient ce misérable asile. La nuit fut longue. M. d'Estourmel en supporta patiemment les atroces douleurs. De temps en temps, pour se délasser, il reposait sa tête sur les genoux du prêtre. Profitant d'un moment de répit, il se confessa avec une admirable tranquillité d'âme et une parfaite résignation à la volonté de Dieu.

Tout secours matériel manquait; son charitable infirmier ne put trouver à lui donner qu'un peu d'eau saumâtre, et lui, non moins charitable envers celui qui se désolait de ne pouvoir mieux le servir, lui rendit grâce de ce peu d'eau dont il ne voulut point lui avouer l'amertume. Quoique la douleur lui arrachât quelques gémissements, il ne se plaignit de rien.

Les voitures d'ambulance arrivèrent plusieurs heures après le jour. Le prêtre put alors y installer son cher blessé qu'il suivit à pied par des chemins effroyables. Il fallait arrêter souvent pour que le malade n'expirât point dans la violence des tortures. Ce voyage, après une telle nuit, dura jusqu'aux approches du soir. C'est là, disait plus tard le vénérable prêtre, que l'on voit, que l'on sent ce qu'est la guerre.

M. d'Estourmel avait demandé d'être conduit à l'ambulance des Missions-Etrangères, à laquelle appartenait le prêtre que la miséricorde divine lui avait fait rencontrer, M. Guérin, l'un des directeurs de cette sainte et illustre congrégation. L'on vit tout de suite que son état était désespéré. Lui, n'en parlait point. Il reçut avec courtoisie la visite de son colonel et celle de plusieurs autres officiers de son bataillon, leur disant quelques mots et leur serrant la main. Mais le lendemain matin, vers dix heures, il fit éloigner les personnes qui l'entouraient et dit à M. Guérin : « Monsieur, le temps presse. Je » sens que je m'en vais. Si vous voulez bien » me donner l'extrême-onction, je suis prêt. » Il se confessa de nouveau et reçut le sacrement qu'il avait demandé, comme un tel homme le devait recevoir.

Il pria ensuite M. Guérin de lui mettre au cou une médaille de la Sainte Vierge, et depuis ce moment il ne prononça plus que de rares paroles, se contentant de lever des regards pleins de douceur et de sérénité vers ceux qui le veillaient. Il expira vers trois heures, paisiblement endormi dans le contentement d'avoir fait son devoir et d'aller à Dieu.

Il n'eut ni délire, ni fièvre, pas même de sueurs. Il s'endormit, et après sa mort, son visage ne portait aucune trace de douleur ou de fatigue ; il goûtait le bon sommeil qui suit le bon combat.

Le comte d'Estourmel avait appartenu à l'armée. Il venait de donner sa démission pour se marier, et le jour de cette union était marqué lorsque la guerre éclata. Dès que l'on put prévoir que Paris serait assiégé, il quitta sa province dans l'intention de s'offrir à la défense commune. Il n'en eût pas fait moins quand il eût su qu'il y laisserait sa vie.

Ainsi il mérita d'abandonner la vie comme le voyageur qui s'éloigne avec indifférence du point de vue dont la beauté l'a charmé un instant, car son cœur est déjà au bout de sa course, et rien n'égale la beauté du foyer paternel où il se sent appelé.

———

Au nombre des zouaves pontificaux morts glorieusement au combat de Patay se trouvait le comte de Bouillé. Le comte de Bouillé, suivi de son fils unique et de son gendre, avait quitté une vie tranquille et les joies de la famille pour aller volontairement au devant des ennemis de son pays. Tous les trois s'engagèrent comme soldats dans cette héroïque légion qui a éteint les préventions et fait taire les haines à force de gloire. Ils acceptèrent gaiement les épreuves de leur nouvelle existence, et montrèrent dans les plus pénibles fatigues ce que peuvent les âmes fortement trempées.

Au combat de Patay, M. de Bouillé, abordant les Prussiens, s'écria comme d'Assas : « A moi, mes enfants, — c'est l'ennemi ! »

Quelques instants après il relevait le drapeau qui tombait avec son fils ; atteint à son tour, il le remettait à son gendre, auquel il ne restait plus qu'une main pour le soutenir.

———

Charles-Henri-Scipion Lambert, baron de Cambray, sous-lieutenant au 4ᵉ bataillon de la garde mobile du Loiret, fut blessé à Champigny, près Paris, le 30 novembre, en chargeant vaillamment à la tête de son peloton. Il fut recueilli sur le champ de bataille par M. le docteur Morin, médecin des ambulances de la Presse, et par M. l'abbé Le Rebours. Conduit par eux à l'ambulance du Grand-Hôtel, il dut subir l'amputation de la jambe droite. L'opération avait admirablement réussi ; on espérait sauver le courageux jeune homme, mais il succomba le 20 décembre aux suites de ses blessures. Il mourut dans les bras de ses deux oncles, M. le comte d'Hulst et M. l'abbé d'Hulst qui lui avaient prodigué leurs soins. Sa fin fut celle d'un chrétien : à plusieurs reprises, avec une grande énergie, il fit à Dieu le sacrifice de sa vie pour la France. Il n'avait que vingt-trois ans.

Le commandant Hippolyte de la Mollère trouva la mort à la tête d'un bataillon de mobiles d'Eure-et-Loir, au sanglant combat d'Epernon.

Au bruit de la canonnade entendue par nos mobiles pour la première fois, leur sang-froid ne se démentit pas ; sur les hauteurs et dans les derniers replis des environs d'Epernon, ils brûlèrent jusqu'à leur dernière cartouche. Partout apparaissait, l'œil en feu, le sabre au poing, prêchant de parole et d'exemple, leur intrépide commandant. « Courage, mes enfants, disait-il, » courage et en avant ! — Commandant, di- » saient aussi ces jeunes gens, retirez-vous, car » vous mort, que nous restera-t-il ? » Ils combattirent ainsi jusqu'à ce qu'enfin se rencontra ce fatal cimetière d'Epernon où eut lieu une de ces scènes dont le souvenir restera comme une tache indélébile au front des soldats prussiens. Rappelons, pour l'éternelle flétrissure du peuple allemand, que des soldats prussiens étaient entrés dans le cimetière, avaient descellé les pierres des tombes et que, blottis derrière, ils poussaient des cris suppliants. « *Ne tirez pas, nous pompiers ! nous mobiles !* Un éclair d'humanité traversa l'âme du commandant : ce sont peut-être des enfants de Rambouillet ou des villages voisins, pensa-t-il, jetés au premier rang par ces misérables. Dans tous les cas, les voilà prisonniers, puisqu'ils mettent la crosse en l'air ; et se tournant vers les siens : « Mes enfants, s'écrie-t-il, cessez le feu. » Ce loyal cœur avait compté sans l'infamie du guet-à-pens ! Un bruit sec retentit ; il vient d'une de ces pierres où s'était embusquée la félonie, le commandant tombe percé au cœur.

Le commandant Hippolyte de la Mollère avait l'âme éminemment française. Sa valeur était l'efflorescence de la foi. Il savait qu'à la tête de soldats braves, jeunes et inexpérimentés, sans cavalerie pour éclairer ses mouvements, sans artillerie pour se défendre, il allait à une mort certaine. Il résolut de l'affronter à la façon de Bayard et de Duguesclin. « Mes amis, disait-il à ses soldats, quelques jours avant sa mort, aujourd'hui je fais dire une messe pour nous tous. Je ne force personne à y assister, mais en venant prier avec moi Celui qui tient en main les destinées de la France et les nôtres, vous me ferez plaisir. Pas un de ses chers mobiles n'y manqua. Au matin même du combat, dans cette rue d'Epernon témoin quelques heures plus tard de si navrantes tristesses, le commandant de la Mollère, sabre en main et révolver chargé, s'était agenouillé dans la poussière, aux pieds d'un prêtre, devenu plus tard prisonnier des Prussiens : « Mon père, lui avait-il dit, je puis mourir, recevez l'aveu de mes fautes et daignez m'absoudre. » Suprême consolation! Bayard, mortellement blessé, au pied d'un arbre, ne put avoir qu'un serviteur pour confident de ses faiblesses et la poignée de son épée, en guise de croix, pour recevoir son dernier soupir. Hippolyte de la Mollère fut en mourant plus heureux ; son âme chrétienne put recevoir les consolations suprêmes de la religion avant d'accomplir son sacrifice.

M. de Verthamon succomba aux blessures qu'il reçut à la bataille de Patay. Dès son retour de Rome, où il avait servi dans les rangs des zouaves pontificaux, il s'était empressé de voler à la défense de la France avec ses compagnons d'armes. Rien n'avait pu le retenir dans ses foyers, ni les séductions d'une position brillante, ni l'affection d'une famille qui l'adorait, ni sa jeune femme enceinte, ni ses deux petits enfants.

M. de Verthamon a vécu et combattu en héros ; il est mort en saint.

Un mobile de Maine-et-Loire écrivait du champ de bataille :

« Je vais te raconter la mort héroïque et chrétienne d'un capitaine d'une compagnie de mobiles de Maine-et-Loire. Il se nomme d'Epinay-Saint-Luc. Il a été atteint d'un éclat d'obus au côté ; se sentant mortellement blessé, il s'est fait porter à cent mètres plus loin. Là l'aumônier est venu le confesser et lui donner la sainte communion. Mais avant de recevoir son Dieu, il a fait approcher ses hommes autour de lui et leur a dit : « Mes amis, je vous ai appris à combattre, maintenant venez tous autour de moi, afin que je vous apprenne comment meurt un chrétien. » Puis, d'une voix mourante, mais forte encore, il a commandé : « Portez armes. — Présentez armes. — Genou terre. » Et pendant que tous ces braves soldats, vivement émus et fondant en larmes, présentaient les armes au Roi des rois, le chrétien, qui allait mourir, recevait avec bonheur le viatique de l'éternité. Après avoir reçu son Dieu, M. de l'Epinay a ajouté : Adieu, mes amis, en avant, au feu ! ! ! » Et comme autrefois Bayard, il a attendu la mort avec calme, priant Dieu de bénir sa pauvre mère et ses six enfants que sa mort allait laisser orphelins.

» M. de l'Epinay-Saint-Luc était veuf depuis un an ; son fils aîné, élève de l'école de Saint-Cyr, défendait la France sous les murs de Paris. Que Dieu nous donne de pareils dévouements, et notre pauvre France sera sauvée. »

Un des pieux religieux qui partagèrent avec

nos soldats les dangers de la guerre, membre de la Compagnie de Jésus, raconte ainsi la mort du commandant de Dampierre au combat de Bagneux.

« Hier, au début d'une journée brillante pour nos armes, et glorieuse surtout pour les mobiles de la Côte-d'Or et de l'Aube, le commandant de Dampierre a été frappé à la tête de son bataillon. Je me trouvais en ce moment aux avant-postes, sur la route d'Orléans, à gauche du village de Bagneux, vers dix heures du matin, lorsqu'un messager vint en toute hâte chercher un prêtre. Le commandant avait en tombant réclamé ce suprême secours.

» J'arrivai, en courant de toutes mes forces, à une petite maison abandonnée, où il venait d'être transporté. Le major lui avait déjà donné les premiers soins. Ses chers mobiles l'entouraient avec une émotion et des paroles que je ne saurais mieux rendre qu'en disant qu'on eût cru voir un père mourant au milieu de sa famille éplorée. Ces braves gens ne savaient qu'imaginer pour lui adoucir ses souffrances. L'un quittait sa vareuse pour la lui étendre sur les jambes, car il faisait froid sur ces hauteurs; un autre lui soutenait la tête; un troisième lui serrait les mains, ce qui paraissait le soulager, car une sorte de crispation qui se produisait dans l'avant-bras lui semblait pénible, et l'appui d'une main amie lui faisait du bien.

» A mon arrivée, son visage, déjà bien pâle, s'illumina d'une joie céleste. Sans perdre de temps, il récita très-fermement : *Je confesse à Dieu tout-puissant,* se confessa et reçut l'absolution avec des sentiments dignes d'un héros chrétien. Je lui demandai plusieurs fois s'il consentait à offrir à Dieu le sacrifice de sa vie. — Oui, me répondit-il, *que la volonté de Dieu soit faite.* Il réitéra cet acte de parfaite charité quatre ou cinq fois pendant que nous le transportions à l'ambulance d'Arcueil. Il récita, de plus, le *Souvenez-vous, ô très-pieuse Vierge Marie,* et répéta souvent : *Jésus, Marie, Joseph.* Je dus le quitter à mi-chemin d'Arcueil parce que d'autres blessés réclamaient mon ministère.

» Je n'ai pu encore retourner jusque-là pour connaître le moment précis de sa sainte mort ; mais j'ai tout lieu de penser, à en juger par l'état dans lequel je l'ai laissé, qu'il ne sera pas arrivé vivant jusqu'à l'ambulance.

» . . . . . Une patrie qui suscite de pareils dévouements ne sera jamais ni abattue, ni déshonorée. »

Le capitaine Rouvière tomba glorieusement dans un des premiers combats de la campagne, après s'être battu comme un lion. C'était un fort bel officier, très instruit, d'un brillant avenir.

Albert Rouvière était âgé de trente-deux ans. Ancien officier d'ordonnance de l'empereur Maximilien, capitaine adjudant-major au 77ᵉ de ligne, il allait être promu au grade de chef de bataillon, dont il faisait les fonctions à Saarbruck et à Forbach.

A Saint-Avold, il avait reçu *le pain des forts*, ce pain qui donne la vie et le courage, et qui transforme les chrétiens en lions pour le combat, — « après avoir fait la meilleure de ses confessions, » disait-il dans l'intimité. Au soldat qui se penchait sur son corps pour recueillir son dernier soupir, il put dire dans un suprême effort : « Je vous prends à témoin que je meurs en soldat et en chrétien. » Sentiments qui élèvent la mort sur le champ de bataille, à la hauteur du martyre ?

Le jeune Renaud de Bernard de la Frégeolière, officier de marine, tué à la bataille de Béhagnies, semblait être une de ces âmes prédestinées que Dieu avait mises en réserve pour la douloureuse époque de nos désastres où il fallait des exemples et des victimes d'apaisement.

En retournant vers les années de son enfance et de sa courte jeunesse, on retrouve des souvenirs qui paraîtraient puérils, si l'on n'y voyait les germes de sa destinée dernière, le sentiment chrétien et le généreux instinct du sacrifice.

Du collége des Jésuites de Vannes, où il fit ses études, il écrivait avec ses impressions naïves et son style d'enfant de 12 ans : « Je compte dire tous les soirs un *Souvenez-vous* (et il ne sera pas le moins fervent de ma journée) pour que je quitte la terre avant mon père et ma mère. Je t'en supplie, ma petite mère, prie avec moi ; cette prière m'évitera d'abord un grand chagrin dont je mourrais peut-être, et ensuite un grand nombre de péchés ; car qui m'avertira quand tu ne seras plus là, et que je serai livré à mes passions ? Ça me fait bien de la peine de te dire ça, mais, vois-tu, c'est pour mon bien. » Puis une autre fois : « Figure-toi que j'ai fait un rêve singulier ; j'étais sur un champ de bataille, frappé d'une balle et je voyais mon âme monter au ciel ; j'avais peur et pourtant j'étais content. »

Lorsqu'il dut choisir une carrière, il hésita entre les lettres et les mathématiques. Sa remarquable intelligence, claire, vive, flexible, se prêtait avec la même facilité à ces deux facultés si différentes ; mais il se décida pour la marine qui plaisait à sa nature contemplative, à son attrait pour les grands et beaux spectacles.

A seize ans, il fut reçu brillamment à l'école navale, et, deux ans après, commençait pour lui cette vie de voyages lointains qui, en fortifiant son caractère et développant les belles qualités de son esprit, ne lui ôta rien de cette sensibilité vive, de ce culte de la famille qui était un des côtés dominants de sa nature. Tout en aimant passionnément sa carrière, à chaque retour au foyer il ressentait une joie d'enfant qui éclatait en récits exubérants, en joyeusetés intarissables.

Au milieu de sa vie aventureuse, dans le contact d'opinions et de convictions si diverses, tout en respectant celles des autres, il n'abandonna pas les siennes ; les faiblesses du respect humain étaient incompatibles avec son caractère indépendant et élevé. S'il ne maîtrisa pas toujours sa vive imagination et l'entraînement d'une ardente jeunesse, il ne put jamais supporter longtemps le malaise de la conscience, et ne manqua jamais de venir retremper son âme aux divines sources qui donnent la force et la vie.

Ce fut à Sonins, pendant qu'il suivait un cours d'infanterie, que lui arriva la nouvelle des premiers et terribles désastres de la France. Il en ressentit une douleur d'autant plus grande qu'il espérait peu de la reprise de la guerre :

Ce sera une horrible tuerie sans résultat ; mais si petite que soit notre chance, tentons-la. Malheureusement il y a si peu de vrai patriotisme ! Les uns se retranchent derrière des opinions politiques, d'autres disent : Que ferais-je moi, un de plus ? Est-ce ainsi qu'on doit raisonner ? Dans ces moments terribles l'abnégation complète, le souverain mépris de la vie doit s'allier dans le cœur avec l'amour de la patrie. République ou empire, n'est-ce pas toujours la France ? »

Bientôt il fut appelé à Brest, et chargé de l'instruction d'un bataillon de fusiliers marins, dont il s'occupa avec ardeur. Le préfet maritime passant l'inspection du bataillon, et frappé de la façon dont il manœuvrait, en fit compliment au jeune enseigne de 22 ans et lui envoya le soir même sa nomination de professeur d'infanterie à l'école navale. Mais celui-ci remercia l'amiral de ce poste flatteur, réclamant comme seule faveur le commandement de la première compagnie du bataillon qu'il avait formé, celle qui serait la première au feu. Cette demande fut accordée, mais la nomination à l'école navale n'en fut pas moins maintenue, pour lui être rendue après la guerre...

« Hier, écrivait-il, j'ai fait un petit speech à mes hommes. Je leur ai dit qu'étant tête de colonne ils devaient donner au régiment l'exemple du courage et de la discipline. Sans me flatter, je suis très-respecté et obéi par eux, car ils savent qu'ils peuvent compter sur moi. Ma position de capitaine de cette compagnie est un poste de confiance. J'en suis tout étonné. »

« Moi qui m'étais toujours cru un officier médiocre ; ma nomination à l'école navale avait commencé à me donner de l'orgueil, maintenant je suis comme la grenouille. Pourvu que je ne finisse pas comme elle ! »

Le mois suivant, les fusiliers marins quittaient Brest pour Lille, puis pour Cambrai, et enfin étaient appelés à se joindre à l'armée du général Faidherbe, qui voulait porter vers Amiens un coup décisif. Le pauvre enfant partit sans défaillance, mais sans illusions. « Oui, ma chère petite mère, écrivait-il, je serai un vaillant soldat ; là-dessus, tu peux m'en croire. Mais ce sera uniquement pour l'honneur : je vois l'horizon très-sombre ; je suis écœuré de ce qui se passe depuis deux mois. »

Son début de la campagne fut la prise de Ham.

A Pont-Noyelles, il combattit pendant la journée sous une pluie d'obus, et une partie de la nuit, attaquant l'ennemi de maison en maison à la baïonnette. Près de la moitié du brave bataillon resta sur le terrain.

« Je ne sais par quel miracle je suis encore vivant, » écrivait-il après la bataille.

Quelques jours après, l'armée du Nord se portait vers Bapaume, et l'héroïque bataillon décimé était encore au feu. Mais là devait s'éteindre cette jeune carrière si noblement commencée. Renaud de la Frégeolière tombait sur le champ de bataille de Béhagnies, frappé à mort par une balle prussienne. Dieu avait jugé sa belle âme mûre pour une autre patrie, où le bonheur est sans fin, la gloire inaltérable !

Voici ce qu'écrivait une dame de Lille, entièrement inconnue à sa famille, mais saisie d'intérêt et d'admiration pour le jeune marin dont le nom était dans toutes les bouches :

« Madame,

» Dans l'immense malheur qui vous frappe, si une consolation peut vous être donnée, c'est celle de vous dire que votre fils est mort en chrétien et en brave. J'ai recueilli de la bouche de M. Fitz-James, lieutenant de vaisseau, des détails qui m'ont si vivement impressionné que je ne puis résister au désir de vous les faire connaître.

» Quelques jours avant la bataille de Pont-Noyelles, M. de la Frégeolière disait à ses amis : « Je veux trouver un prêtre qui me connaisse » pour me confesser, et lorsque j'aurai accom- » pli ce devoir, j'irai bravement au feu. Sinon, » il me semble que j'aurais peur. »

Le Révérend Père Vautier, jésuite de la résidence de Lille et aumônier de l'armée du Nord, put lui donner cette consolation, et voici les paroles si pleines de foi que votre cher fils prononça devant plusieurs de ses amis, le jour de la bataille de Pont-Noyelles :

« Maintenant que j'ai rempli mes devoirs de

chrétien, je n'ai pas peur de la mort, et je l'attendrai sans trembler. »

La mort l'épargna ce jour-là. Mais bien peu de jours après, cette pauvre et chère victime succombait à Béhagnies en se couvrant de gloire. Je ne vois rien de plus beau que cette résignation chrétienne unie à la bravoure, et à l'impression que j'en ai ressentie, il m'a semblé que je ne devais pas laisser tomber dans l'oubli les paroles qui doivent être le seul baume consolateur de votre cœur de mère si douloureusement frappé.

Le 23 janvier, à l'ambulance de Rueil, un jeune breton de la garde mobile, au moment de rendre l'âme, fit un suprême effort, se souleva sur sa couche et d'une voix forte et solennelle, il dit : « Jésus-Christ vaincra..... » ..... » Jésus-Christ Notre-Seigneur. Oui, il vaincra, » son règne arrivera sur la terre..... Mon Dieu, » que votre règne arrive ! que votre volonté soit » faite !..... » Sa voix s'éteignit et il expira.

Il y avait là diverses sortes de gens bien éloignés des pensées religieuses : mobiles de 48, francs-tireurs de Paris, etc. Ils se regardèrent étonnés, quelques-uns émus jusqu'aux larmes. D'autres découvrirent leur front, saluant involontairement cette âme qu'ils semblaient voir monter au ciel, et un long et respectueux silence régna dans la salle.

— Le même jour, dans une autre ambulance, on amputait des deux jambes un soldat blessé d'un éclat d'obus. La double blessure était affreuse, et l'opération fut longue et formidable. Le soldat, garçon de vingt et quelques années, subit le terrible traitement sans donner aucun signe de faiblesse, ne disant que ces mots : « Mon Dieu, pardon ! Mon Dieu, pardon, pour la » France et pour moi ! »

La voix du témoin qui raconta le fait, ses yeux pleins de larmes et l'illumination de son visage rendaient mieux que ses paroles l'impression de cette sérénité sublime.

Georges de Geffrier, sous-lieutenant des mobiles du Loiret, fut tué devant Paris, le 19 janvier 1871, à vingt-deux ans.

Ce jeune officier fit preuve d'un admirable courage. Il était au jour de l'action dans un tel état de souffrance que ses camarades et ses chefs le conjuraient de ne pas sortir. Il refusa et quelques instants plus tard, il partait pour l'attaque de Buzenval. Il n'en revint pas.

Atteint au-dessus du sein gauche d'une balle qui traversa son corps d'outre en outre, il tomba pour le devoir et la patrie. Dieu le ravit à ce monde où il n'avait fait que passer, épris du bien, ignorant du mal. Bien des victimes succombèrent dans cette triste journée, mais jamais ne fut répandu un sang plus pur que le sien.

Les amis de Georges de Geffrier se demandaient qui avait transformé en héros ce jeune homme si timide et si doux, à peine sorti des joies de la famille et des bras maternels ? Qui ? Le devoir sans doute, et mieux encore, la foi. Dans un jour de bataille, les plus résolus sont les plus croyants. Plus on espère, moins on regrette.

Un jeune lieutenant de la garde mobilisée de Maine-et-Loire, Théophile Grenouilleau, de la commune de Montrevault, fut tué à la bataille de Monnaie. Sans reproche pendant sa vie, il fut sans peur au combat. Profondément religieux, il avait toujours bravé le respect humain, qui prépare à la lâcheté devant l'ennemi.

Il n'avait accepté un grade que pour donner des exemples de plus grande portée. « Vous étiez avec Mgr d'Angers lors de son pélerinage à Notre-Dame-des-Ardilliers ? » lui demandait-on quelques semaines avant sa mort.

« Assurément, répondit-il ; mon commandant m'avait fait le plaisir et l'honneur de me nommer pour conduire le détachement. Moi qui aime tant la soutane noire, jugez si je me trouvais bien auprès de la soutane violette. »

« Ne crains rien, écrivait-il en partant de Saumur à sa mère qu'il a laissée inconsolable, ne crains rien pour moi : j'ai fait une petite retraite ; on me trouvera toujours sur le chemin de l'honneur et de la vertu. » Voilà les caractères fortement trempés qui sortent de nos familles chrétiennes.

Voici une note envoyée à un journal de Paris par M. Scias, lieutenant de vaisseau, sur une des glorieuses victimes du siége de cette capitale.

« La marine vient de perdre un vaillant officier, le capitaine de frégate, Eugène Desprez, officier de la Légion-d'Honneur, tué à la tête d'un bataillon de marins, au combat du Bourget, près Paris, le 30 novembre.

» Le jour où la nouvelle de nos premiers malheurs se répandit à Cherbourg, où il commandait un navire, je me rendis chez lui pour prendre ses ordres. Il écrivait au gouvernement pour réclamer l'honneur d'exposer sa vie pour la défense de la France et de commander un des forts de Paris. « Je vous réponds que celui-là ne se rendra pas, » me dit-il en fermant sa lettre.

» Son intrépidité au feu et sa mort héroïque ont noblement justifié sa promesse.

» Le commandant Desprez avait une foi vive et agissante. Il ne craignit jamais de montrer ses sentiments religieux. Il honorait et aimait spécialement la sainte Vierge et, à la veille de partir pour une campagne où les dangers pouvaient être grands et fréquents, il voulut mettre son navire sous la protection de cette reine toute-puissante, et fit placer à son bord une statuette de Notre-Dame. »

Au moment où commençait la déroute de Forbach, un capitaine arriva à l'ambulance du quartier général avec six hommes. Ils étaient tous criblés de blessures légères. Le vieux soldat dont la figure était inondée de sang et de sueur, s'approcha du personnel de l'ambulance et dit avec une animation extrême : « Messieurs, voici le capitaine et sa compagnie. De tous mes pauvres enfants, voici les six qui me restent. Messieurs, je ne sais si vous avez la foi, mais je dois vous dire que ces six hommes et leur capitaine portent le scapulaire, et qu'ils professent hautement que c'est à ce signe qu'ils doivent leur salut. » Et se découvrant la poitrine, il montra son scapulaire avec un tel accent de foi que tous les assistants ne purent lui répondre que par un silence de respect et d'admiration.

Un artilleur qui avait eu la jambe emportée par un boulet souffrait horriblement. L'aumônier voulait le consoler et lui faire reprendre courage.

« O mon père, dit le courageux soldat, pourquoi me consoler ? Jésus-Christ a été blessé aux deux pieds et aux deux mains et il était innocent, moi, je n'ai qu'une blessure et je suis pécheur. J'offre ma blessure pour la pénitence de mes fautes. »

Le soldat français, au camp et sur le champ de bataille, est profondément chrétien. Un jeune sous-officier de Paris abordait un prêtre et lui disait : « Monsieur l'abbé, je n'ai plus été me confesser depuis ma première communion. Je ne puis aller ainsi en Prusse. » Et il tomba à genoux, dans la poussière du grand chemin..... Quelques minutes après, il se relevait radieux. « Ah ! si ma mère, s'écria-t-il, connaissait le bonheur de son fils ! Maintenant je puis mourir..... Adieu, Monsieur l'abbé, et mille fois merci ! »

Voilà le soldat français.

— Un autre, quittant Langres pour se rendre à la frontière, envoyait le testament suivant à ses parents :

« A mon père J. Lemoine, propriétaire, à Larchamp (Orne).

» Au nom du Père, du Fils et du Saint-Esprit.

» Si je viens à succomber dans la campagne
» de Prusse, je fais le sacrifice de ma vie au bon
» Dieu, qui est mort pour moi sur la croix ; je
» lui donne volontiers mon sang pour ma pa-

» trie, notre chère France. Je pars content et
» sans crainte, car le bon Dieu est pour moi
» et la bonne Vierge Marie ; par conséquent je
» ne suis pas orphelin. Je veux mourir dans le
» sein de l'Eglise catholique, apostolique et ro-
» maine, à laquelle j'ai le bonheur d'apparte-
» nir. Je prie le bon Jésus, mon Sauveur, de
» me recevoir dans sa miséricorde infinie. Ma
» dernière pensée est pour mon bon papa, pour
» ma tendre mère et tous mes frères et sœurs.
» Oui, je vous embrasse tous en Jésus et Ma-
» rie. »

Un dragon écrivait à son frère : « Recommande-moi à Notre-Dame de Séez. Je suis campé à moins d'un kilomètre des Prussiens. Je ne crains pas la mort, pourvu que Dieu me fasse la grâce de mourir en chrétien. »

Un autre soldat écrivait à ses parents : « Comme Français, je désire la guerre ; comme chrétien, avec mon scapulaire, et la communion que je viens de recevoir, je ne crains pas la mort. »

Un officier d'infanterie, parlant de la mort glorieuse du général Abel Douay, dit ces paroles :

« Succomber devant l'ennemi, la poitrine

trouée par un éclat d'obus..... *c'est rudement chic*. Quand on est mort comme ça, et qu'on arrive devant le bon Dieu, *on peut le regarder en face.* »

Beaucoup de soldats qui sont tombés sur les champs de bataille de Metz et de Sédan, sont morts non-seulement en héros, mais en chrétiens.

Des témoins oculaires ont raconté que, parmi les morts, plusieurs portaient encore sur leurs traits l'empreinte de la suprême prière, qu'en exhalant le dernier soupir, ils adressaient au Seigneur. L'on a même raconté qu'en des vallées où les cadavres étaient tellement serrés les uns contre les autres que les morts restaient debout, l'on voyait de nombreux soldats les mains jointes et la tête tournée vers le ciel que l'on pouvait prendre pour des blessés occupés à prier.

S'arrêtant devant la gare du Mans, une escouade de jeunes soldats bretons disait à un voyageur : « Priez pour nous qui allons mourir pour vous. » Un monsieur, peu clérical et esprit fort, disons mieux faible, semblait ne pas comprendre cette supplication de la foi. Un soldat, lui frappant sur l'épaule, accentua d'une manière énergique sa chrétienne demande : « Oui, bourgeois, priez pour nous qui allons mourir pour vous ! » Et le bourgeois cessa de rire.

Un garde national de Dijon écrivait de Paris, le 20 octobre, à une de ses parentes :

« Tu serais édifiée si tu voyais combien Notre-Dame-des-Victoires est honorée, priée, conjurée. Dès le grand matin jusqu'à neuf et dix heures du soir, une foule compacte, silencieuse et recueillie se presse dans l'enceinte de cette chère église..... Passant un jour par hasard devant cette église, j'y suis entré, et depuis, j'y cours dès que mon service me le permet. . . . .

. . . .

» Mon service aux remparts devient chaque jour plus difficile. Je viens d'être nommé lieutenant et porte-drapeau, cher honneur que j'ai tant caressé dans mes rêves et qui me rend si fier. Depuis quelques jours pourtant, je me sentais abattu, tiède, distrait. A la prière du soir, j'ai entendu un excellent sermon du P. Ricard, jésuite ; il m'a ranimé: Quelle puissance a la parole sacrée ! Le lendemain, mon digne confesseur m'a fait du bien encore, puis j'ai reçu le pain des forts. O délices de la table divine, ineffable paix de la maison du Seigneur, qui donc vous a connues sans fouler aux pieds avec mépris les folles joies de la terre et son néant? Je suis à présent très-calme, presque heureux ; j'attends avec confiance les attaques de l'ennemi, et je souris aux balles qui pleuvent autour de moi, en contemplant les oriflammes de Notre-Dame-des-Victoires qui couvrent les remparts. Nous attendons avec confiance la fin de ce drame mystérieux et sanglant, en répétant les louanges de Marie inscrites sur ces étendards qui ombragent nos têtes. »

Un mobile parisien écrivait du plateau d'Avron les lettres suivantes :

Plateau d'Avron, 28 novembre.

« Dix ou quinze mille hommes sont autour de moi. Nous occupons le plateau d'Avron, autour duquel on a braqué 12 batteries de mitrailleuses et des pièces de 24, nouveau modèle.

» Les obus du fort de Noisy sifflent au-dessus de nous et éclatent au bord de la Marne.

» Je viens de récolter des légumes ; la soupe chauffe ; je guette, sachant que les Allemands ont coutume de jeter des pierres dans nos marmites.

» Cent officiers courent en tous sens avec les éclaireurs pour escorte. Ce sont des colonels, amiraux, généraux, que sais-je ? Ce que je voudrais voir, c'est un général prussien. — Nous n'avons encore trouvé de ces messieurs qu'un godillot abandonné.

» Nous avons passé une nuit des plus curieuses, marchant pendant dix minutes toutes les demi-heures, sans faire le moindre bruit et sans rien voir que notre plus proche camarade. Rien de fantastique comme ces cuirassiers courbés et endormis sur leurs chevaux, ces artilleurs assis sur leurs mitrailleuses, ces cacolets, ces omnibus de chemin de fer porteurs de drapeaux blancs.

» Je n'oublierai jamais cette nuit où j'ai beaucoup prié mon ange gardien et où je n'ai pas même eu froid ; cette nuit où j'ai renouvelé à Notre-Seigneur, et le sacrifice de ma vie pour vous, pour l'Eglise et pour la France et la prière instante de me conserver la vie pour vous, pour l'Eglise et pour la France. O France, ô Pie IX, que j'aimerais vous servir encore et vous voir triompher de vos ennemis, qui sont les ennemis de Dieu ! »

1ᵉʳ décembre, 10 heures du matin.

« Me voici de faction (en sentinelle perdue, dit-on) : j'ai demandé ce poste. Or voici que je ne suis pas perdu du tout.

Je trouve ici, indépendamment du soleil, un bon petit restant de feu, allumé derrière un petit mur qui m'abrite du vent. Mille bruits courent sur notre victoire d'hier. Pour moi, je n'ai pas encore vu un Prussien. J'ai fait trois heures de faction de nuit seulement, et sous prétexte de manque de vivres, j'ai mangé tout le temps les provisions que maman m'avait données : chocolat, biscuit, etc. Dame, l'isolement ! Mon seul ennui est de penser que vous êtes peut-être inquiets de moi. Certes, vous avez bien tort. Oublié en faction, j'ai manqué le vaguemestre. Je confie ma lettre à..... »

3 décembre.

« Chers parents, je vais très-bien. Nous avons maintenant des vivres en abondance. Avez-vous reçu mes lettres ? Pour moi, je n'en ai reçu aucune depuis que j'ai quitté Montreau. C'est une rude épreuve pour moi. Je l'offre au bon Dieu, pour qu'il vous bénisse et qu'il fasse que les bruits de victoire qui courent dans notre camp soient bientôt confirmés. Ils sont si beaux que je n'ose y croire...... Mais, si l'heure de grâce est venue. Vive Dieu ! vive la France de saint Louis ! »

Dimanche 4 décembre.

« Nous allons avoir la messe sur le plateau d'Avron. Vive Dieu ! J'ai passé une nuit humainement cruelle, spirituellement douce et précieuse. Je ne la donnerais pas pour quantité d'écus. La nuit dernière, grand'garde ; la nuit d'avant, grand air. On méprise les abris, n'en ayant pas. Cette nuit, poste avancé : sept heures de faction nocturne, avec tous les agréments que peut fournir la température, et toujours point d'abri. C'est à prendre ou à ne pas laisser !

» Que mon papier est donc sale. Excusez le soldat. Un plus petit et encore plus sale, mais qui me donnerait de vos nouvelles, comme il me ferait plaisir !

» Courage, espoir ! Bientôt nous sortirons de ce purgatoire. Cette nuit j'ai pensé à la Sainte Vierge pendant mes factions.

» Et mon pauvre Eric, mon vieux type, mon ami Jean-Paul, que deviennent-ils tous ? Vive la France !

» Je vous embrasse tous de tout mon cœur, votre fils, frère, ami.

» G. L., enfant de Marie. »

———

Le plateau de Villejuif était une des positions les plus avancées et les plus importantes de notre armée de Paris. Sans cesse exposés au feu des Prussiens, nos soldats n'oubliaient pas leurs devoirs religieux. Plusieurs jours avant la Toussaint, les soldats de la ligne et les mobiles de Saône-et-Loire, bataillon d'Autun, qui occupaient cette position militaire, manifestèrent le désir de célébrer cette fête avec toute la solennité possible. Plusieurs d'entre eux consacrèrent tous leurs loisirs à apprendre des chants religieux avec le secours d'un caporal du 86e, habile organiste, qui fit preuve d'un zèle admirable dans cette circonstance, et qui tenait l'orgue, du reste, depuis plusieurs dimanches.

Avant dix heures, le jour de la solennité, l'église de Villejuif était remplie. Ceux qui n'avaient pas pu pénétrer dans la nef principale se tenaient pressés, debout, dans les nefs latérales. Comme les dimanches précédents, il avait fallu laisser ouvertes les portes de l'église afin que les soldats restés sur la place pussent aussi entendre la messe. Pas une parole, pas un murmure ; recueillement parfait. Les officiers très-nombreux, qui étaient aux stalles et dans le chœur, donnaient d'ailleurs l'exemple à leurs soldats.

Après la grand'messe, on entonna le *Magnificat* pour se mettre sous la protection de la Sainte Vierge, et puis l'aumônier ayant invité les soldats qui n'avaient pas encore de médailles, de scapulaires ou de chapelets à s'approcher devant l'autel, plusieurs centaines de soldats vinrent avec recueillement les prendre de sa main.

Les confessions auraient été ce jour-là comme les autres jours, très-nombreuses, si, vers midi, les soldats n'avaient pas reçu l'ordre de se préparer à changer de position. Ils quittèrent donc Villejuif après un séjour de plusieurs semaines, pendant lesquelles ni le froid, ni la boue, ni les veilles n'avaient pu leur arracher le moindre murmure, heureux de souffrir pour la patrie et pleins d'espoir de la délivrer bientôt.

En Alsace, l'occupation prussienne força, pendant la guerre, la religion et le patriotisme à se réfugier dans les catacombes. Néanmoins, la piété des Alsaciens leur fit souvent transgresser la défense.

Le jour de l'Assomption surtout, le 15 août 1871, toute l'Alsace s'agenouilla, communia et pria. Beaucoup d'églises présentèrent le plus saisissant spectacle. Un jeune Alsacien nous a raconté qu'au retour de la procession qui avait eu lieu après les vêpres, le chœur de l'église de sa commune avait été transformé en une chapelle ardente au milieu de laquelle s'élevait un catafalque décoré d'armes et du drapeau national voilé d'un crêpe. Diverses inscriptions rappelaient les douleurs de la France. Sur l'un des côtés du catafalque étaient inscrits ces mots : *La Patrie en deuil*; sur un autre, *Honneur aux soldats martyrs*, et ailleurs, *Courage ! Confiance !*

Ajoutons à ces détails touchants que lorsque la patrie se réfugiera dans le temple, elle deviendra invincible comme l'âme unie à Dieu.

On a admiré la rapidité avec laquelle un grand nombre de bataillons de mobiles s'étaient formés à la vie militaire et la bonne contenance de ces jeunes troupes devant l'ennemi. Le sentiment du devoir avait produit ce résultat. La plupart de ces jeunes gens avaient conservé leurs sentiments religieux qui les initièrent bien vite aux vertus militaires.

Voici ce qu'écrivait à ce sujet M. l'abbé Gélot dans les *Annales d'Orléans* :

« J'ai vu, à l'heure même de l'exercice, de jeunes Nivernais quitter un à un les rangs et venir, tout en se promenant avec leur aumônier sur la place d'Armes, confesser leurs fautes et s'incliner sous la main qui pardonne et qui bénit.

» J'ai vu dans l'église Saint-Pierre du Martoi convertie en dortoir pour les mobiles de Cahors, des centaines de jeunes gens, tous à genoux, près de leur couche, faire la prière du soir avec une ferveur et un recueillement qu'on eût admiré même dans une communauté religieuse.

» J'ai vu tous les confessionnaux de la cathédrale d'Orléans assiégés par des Savoisiens qui, le lendemain réunis dans une chapelle, assistaient à une messe de communion générale, huit jours après avoir communié déjà tous ensemble à Chambéry, avant de dire à leur pays un adieu qui pour plusieurs devait être le dernier. »

Pendant que nos héroïques volontaires versaient leur sang pour la défense nationale, les journaux irréligieux, à l'abri de tout danger, continuaient à débiter leurs sottises et leurs gravelures. Non contents de vomir leurs blasphèmes contre Dieu, ils insultaient ceux qui, à la dernière heure, voulaient être consolés des espérances trompeuses de la terre par les promesses de la foi. Sous prétexte de liberté, ils s'efforçaient de fermer aux prêtres la porte de certaines ambulances de Paris, et de faire conduire, sans prières, dans le terrain municipal, nos chers et glorieux défunts. Le souffle de vie chrétienne qui passait sur nos têtes et imprégnait l'air de ses parfums durables excitait leur rage.

Un membre de l'ambulance du Grand-Hôtel, à Paris, répondait ainsi aux sarcasmes du *Charivari*.

« Pauvre gros homme ! Il faut vous en consoler pourtant ; on continue de mourir en saint au Grand-Hôtel, et ici, et là, et plus loin.

» Tenez, en voulez-vous un exemple ! J'en demande pardon à votre bile. Hier, pas plus tard, est mort au Grand-Hôtel, en brave et *en saint*, un jeune officier de la mobile du Loiret. Il avait tout ce que le monde a l'habitude de regarder comme l'idéal du bonheur ici-bas, la jeunesse, une belle fortune et un grand nom. J'ajoute, mais cela le monde ne l'estime guère, qu'il avait des amis qui aimaient son âme.

Savez-vous quelle a été une de ses dernières paroles après un martyre de huit jours ? — L'enfant qui ne sait pas marcher se laisse conduire par sa mère, èt moi qui ne le suis plus, je me laisse conduire par Dieu ......, et il me conduit bien. »

Dans un club démagogique de Paris, un orateur accusait un général de momifier ses soldats en leur faisant distribuer des livres de prières. Tout-à-coup, une voix énergique réclame la parole.

— Est-ce pour ou contre ce que dit l'orateur ? Demande le président.

— C'est contre, répond la voix avec un ton plus énergique encore. On pousse l'interrupteur à la tribune. C'était un jeune homme de fière mine, de mâle tournure, dont la seule vue impressionne les clubistes.

« Messieurs, dit-il, je viens protester contre les paroles de l'orateur. Il a osé dire que le général D**** est un lâche. Je donne à cette accusation le plus formel démenti, car l'orateur ne connaît point le général, et je le connais, moi ! L'orateur a osé dire encore que ce général voulait momifier les soldats parce qu'il leur faisait faire leurs prières. Eh bien ! je le dis très-haut : pour moi, je trouve mon meilleur secours et ma plus grande joie dans les prières que m'enseigna ma mère. Et cependant je n'ai pas peur, car je suis un des cuirassiers de Reichshoffen, et à peine revenu, l'on m'a revu parmi les éclaireurs qui vont le plus près de l'ennemi. »

Ces paroles furent dites d'un ton si loyal et si ferme, qu'elles enlevèrent la plus grande partie de l'auditoire. Le jeune homme fut vigoureusement applaudi et l'insulteur réduit au silence.

Les batailles de Gravelotte et de Rezonville furent très-honorables pour nos armes.

A l'entrée et au point culminant du plateau de Gravelotte gisent sous un énorme mausolée les 3e et 7e Poméraniens, leurs colonels en tête.

Au bas de la plaine parcourue par notre fameuse charge de cavalerie, qui sabra deux régiments de cavalerie ennemie et le régiment royal Brandebourg, se trouve aussi un immense tumulus qui mesure 90 mètres de long sur trois de large. De Saint-Marcel et Vionville à la gorge de Gorze, c'est comme un champ de vignes dont les échalas seraient remplacés par des croix.

Mais, à l'entrée de Vionville, en marchant sur Tronville, deux tombes, — des tombes françaises, — sont couvertes de verdure et de couronnes. Les visiteurs s'y agenouillent, car tous ont connu la mort héroïque de ceux qui y dorment de leur glorieux sommeil.

L'une, surmontée d'une large croix en marbre blanc, au milieu de laquelle sont les armoiries du défunt, entourées d'une couronne de laurier. On y lit : « A la mémoire de M. le comte Antoine de Levezon de Vezins, lieutenant au 90e de ligne, blessé mortellement le 16 août à Rezonville-Gravelotte, entraînant ses soldats par ces mots : « *Dites à ma mère que je meurs en* » *soldat et en chrétien.... Marchez en avant !* » Relevé le lendemain 17 sur le champ de bataille, et mort le même jour à l'ambulance de Vionville ; à l'âge de 25 ans ! »

Que d'illustres parmi les illustres de nos sinistres révolutions, plus mûrs d'années et plus prodigues de belles promesses, ont oublié de succomber pour la patrie !

L'autre tombe, que domine également une croix avec ces mots : « *hinc victoria,* » est chargée de cette inscription :

« A la mémoire de Henri de Vauxonne, ex-zouave pontifical, décoré de la médaille militaire de Mentana, engagé volontaire le 25 juillet au 23e de ligne, tué à Rezonville le 16 août, à 27 ans. »

« Le courage est l'ornement du jeune homme comme les cheveux blancs celui des vieillards. (Prov. xx, 29.) »

Henri de Vauxonne s'était héroïquement battu

au milieu de ses braves camarades du 23ᵉ, à Saarbruck, à Forbach, à Rezonville ; là, il avait péri — mais vengé — au milieu d'un régiment de cavalerie prussienne que le 23ᵉ avait laissé s'avancer jusqu'à l'angle de Flavigny, où il l'avait soudain enveloppé.

Le régiment de cavalerie allemande s'élançait bravement pour permettre à l'infanterie prussienne, ébranlée, de se reformer et protéger une quarantaine de pièces d'artillerie fort compromises.

Le colonel et le lieutenant-colonel du 23ᵉ étant blessés, le commandant Dumont avait ordonné, à la vue du régiment de cavalerie, au 23ᵉ de se coucher ; puis, lorsqu'il fut bien à portée, le commandant, se levant, avait crié : « Debout, et feu à volonté ! »

Une vingtaine au plus des cavaliers prussiens échappèrent ; parmi eux un lieutenant d'une taille gigantesque, désarçonné, et qui s'enfuyait invulnérable au milieu d'une grêle de coups.

C'est lui qui avait tué Henri de Vauxonne. Le lieutenant Rebcux, fouillant alors dans sa ceinture, avait saisi son revolver, et, courant après l'officier prussien, il lui avait crié : « Eh là-bas ? tu oublies quelque chose ! »

Le lieutenant prussien se tourna imprudemment. « Et la réparation, » cria l'officier français. — Et l'autre reçut une balle en pleine poitrine.

« Te voilà vengé, Vauxonne ! » murmura le brave Reboux, en glissant son revolver dans sa ceinture.

Les fils de toutes nos vieilles familles françaises, élevés dans le respect de Dieu et dans le culte chrétien, ont montré le même héroïsme.

Un gentilhomme du Midi écrivait vers la fin de la guerre à *La Province*, journal de Bordeaux :

J'avais à l'armée huit cousins ou *plus proches* parents.

MM. Prince de Berghes (Pierre), mort.
Duc de Berghes (Guillaume), blessé.
Comte de Marcellus (Lodoïs), mort.
Comte de Lasteyrie (Robert), blessé.
Vicomte de Malet (Edouard), blessé.
Comte de Viel-Castel (Edouard), pas de nouvelles.
Alexis d'Assailly, prisonnier.
Richard de Chassey, mort.

Même dévouement de la part des travailleurs chrétiens de nos campagnes et de nos villes qui bravaient la mort et la recevaient héroïquement pendant que des sectaires impies, occupant des emplois lucratifs, conspiraient et jugeaient des coups..... qu'ils ne portaient ni ne recevaient pas.

Après tous ces exemples de dévouement et de patriotisme, devant tout ce sang versé si généreusement sur les champs de bataille et ces autres dévouements qui trouvaient une mort plus obscure mais non moins héroïque dans les ambulances, qui oserait encore mettre en doute l'utilité sociale du prêtre ou du religieux? Quel contraste entre cette abnégation, ce patriotisme, ce mépris de la mort et les tristes défaillances dont l'irréligion et le sensualisme ont été la cause trop évidente! Cette terrible épreuve sera-t-elle salutaire? Comprendra-t-on enfin, sinon par l'histoire des autres peuples, du moins par nos propres malheurs, qu'une nation qui oublie son Dieu est à la veille de disparaître dans la honte et le mépris, dans le démembrement et la dissolution?

La France n'est point arrivée à cet état qui annonce la chute des nations. Elle se relèvera et redeviendra la grande nation de l'Europe parce que se réconciliant avec son Dieu elle retrouvera sa vitalité et les vertus qui ont fait sa grandeur.

L'indifférence religieuse avait fait au milieu de nous des progrès effrayants, et il suffit d'ouvrir les yeux pour mesurer l'étendue du mal. L'excès de la prospérité avait comme affolée notre malheureuse patrie, en même temps qu'il l'avait amollie. Mais cette prospérité exubérante a disparu, et saignante et meurtrie des coups les plus terribles, la France en revenant à Dieu tirera de ses malheurs la force de les réparer. Il y a des catastrophes qui assainissent et fortifient les peuples, comme le métal sort plus solide et plus pur de la fournaise où il a été pétri.

TABLE DES MATIÈRES

Au lecteur. 1
Chapitre Ier. Etat de la France en 1870-1871. . 3
Chapitre II. Nécessité sociale de la Prière. . 16
Chapitre III. Les Vertus sociales et les Vertus militaires ne peuvent exister sans religion. 25
Chapitre IV. L'Enseignement catholique a toujours imposé le dévouement à la patrie comme un devoir . . 45
Chapitre V. Dévouement du Clergé catholique pendant la guerre de 1870-1871. 53
Chapitre VI. Patriotisme des Ordres religieux . 196
Appendice. § Ier. Les Zouaves pontificaux. . 268
§ II. Les Volontaires de l'Ouest. . 296
§ III. Bravoure des officiers et soldats religieux de l'armée. 345

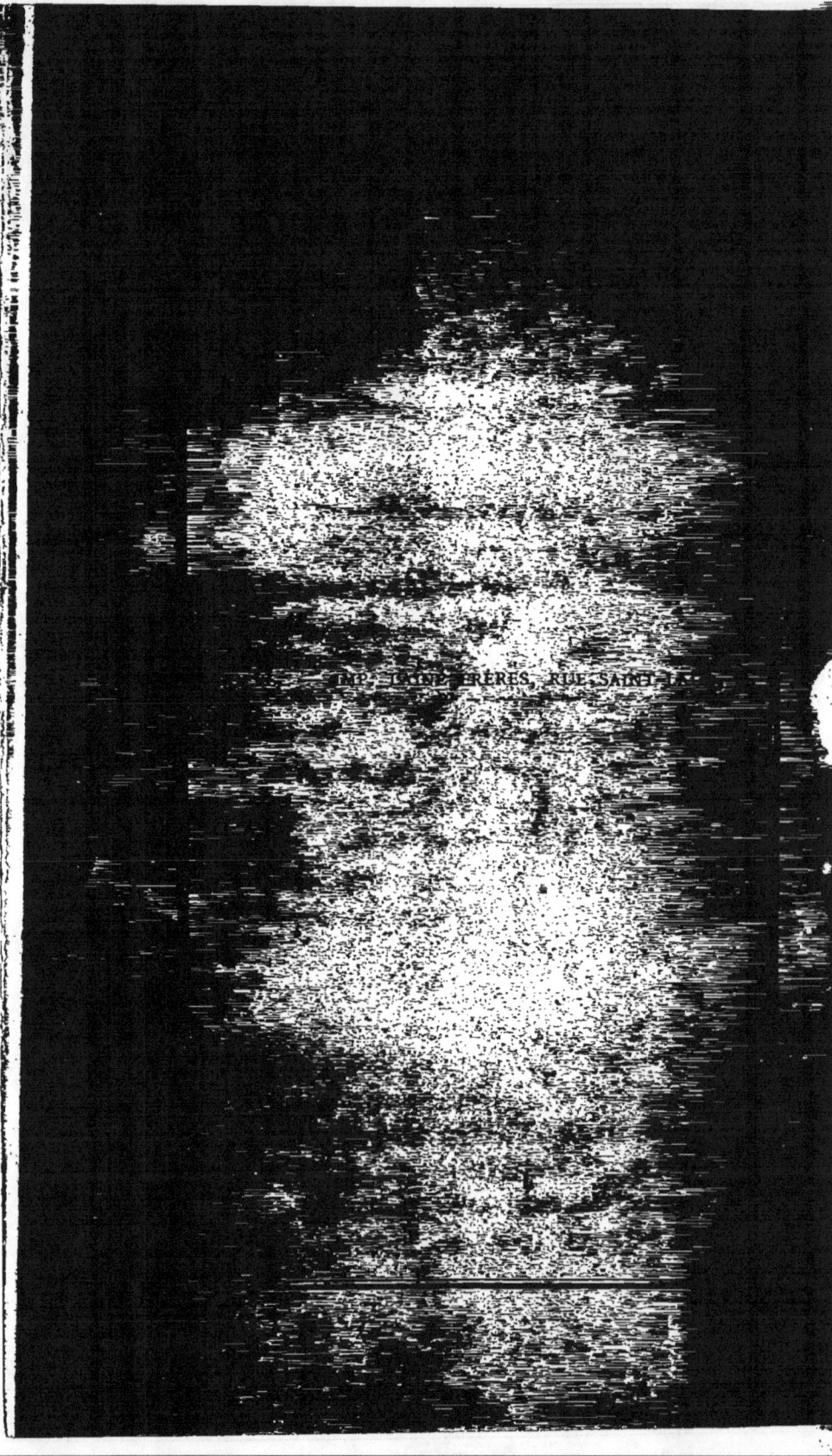

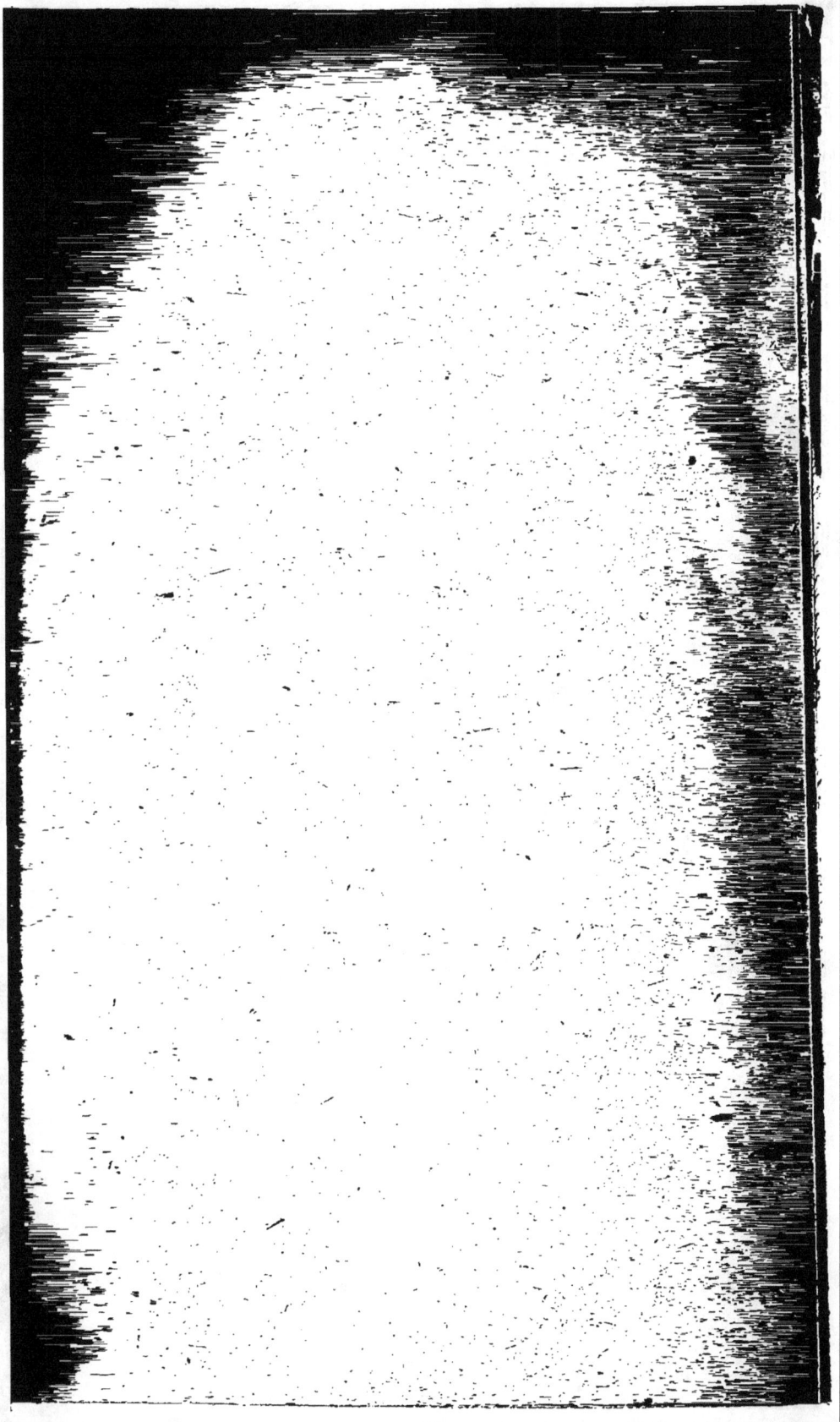

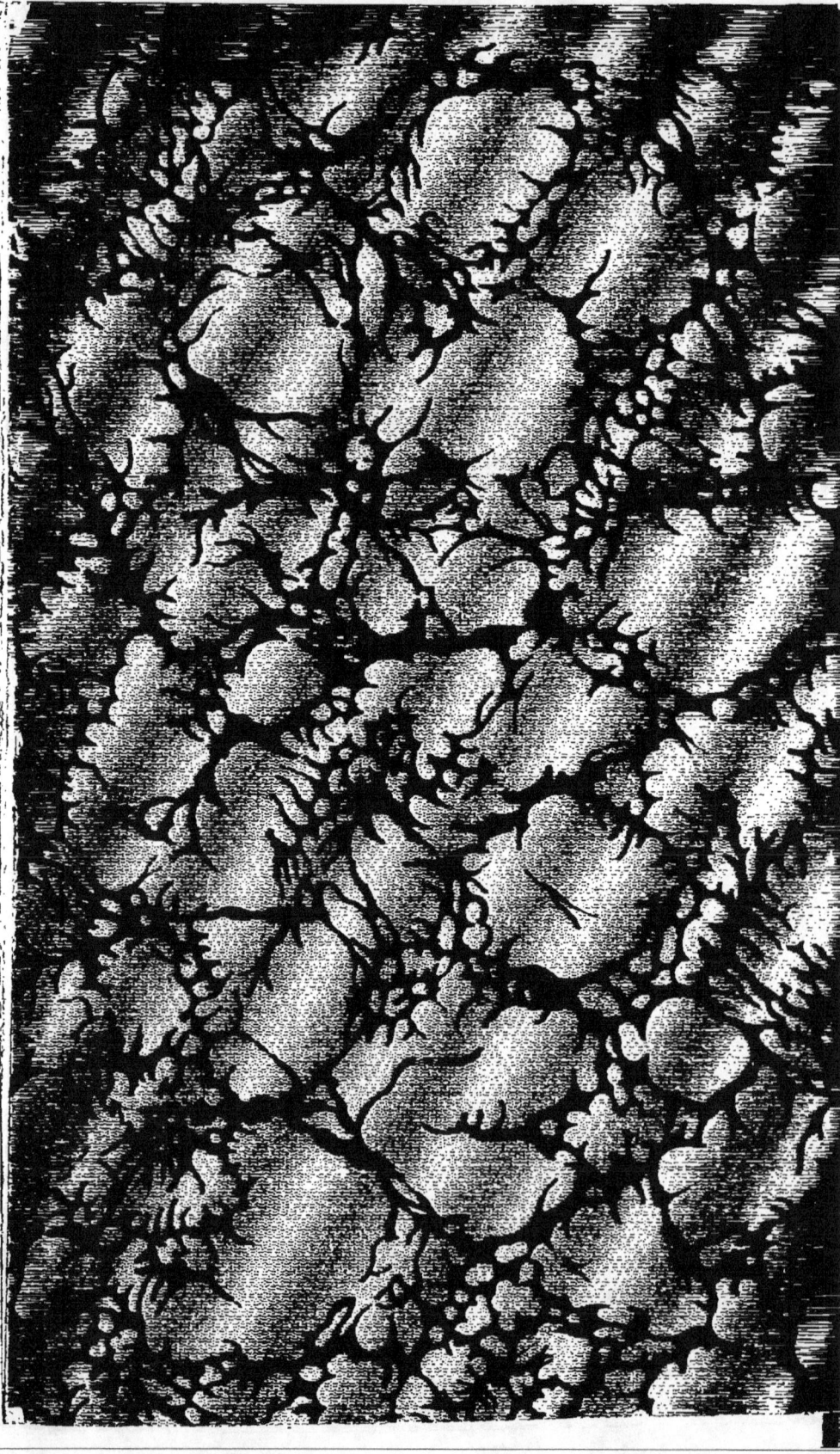

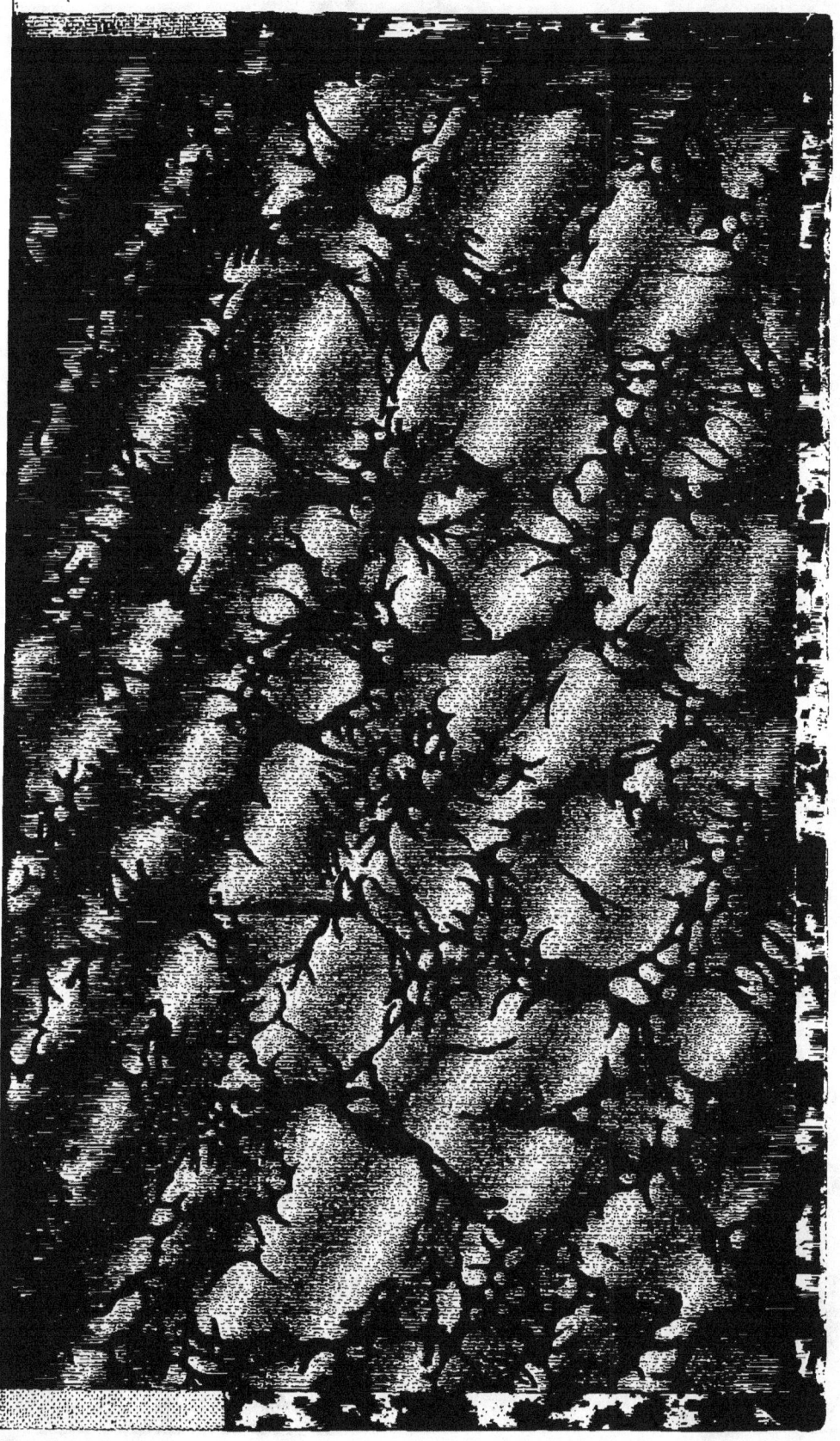

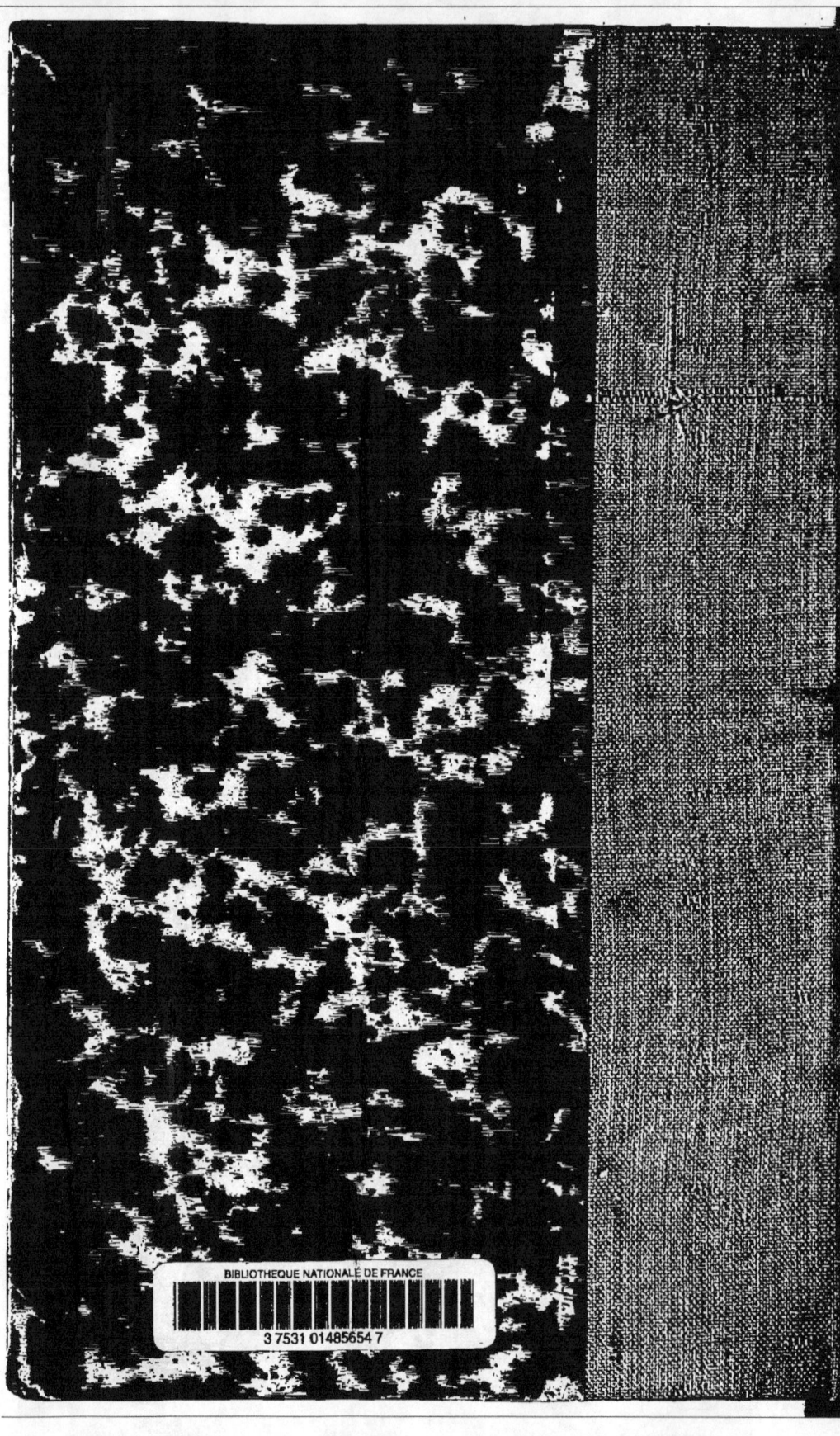

www.ingramcontent.com/pod-product-compliance
Lightning Source LLC
Chambersburg PA
CBHW060611170426
43201CB00009B/981